U0857890

幼儿园男教师教学实践路径研究

张　葵　陈志斌◎主编

華中科技大學出版社
http://www.hustp.com
中国·武汉

图书在版编目(CIP)数据

幼儿园男教师教学实践路径研究 / 张葵，陈志斌主编. —武汉 ：华中科技大学出版社，2022.7
ISBN 978-7-5680-8413-0

Ⅰ. ①幼… Ⅱ. ①张… ②陈… Ⅲ. ①幼儿园－教学活动－教学研究 Ⅳ. ①G612

中国版本图书馆CIP数据核字(2022)第099042号

幼儿园男教师教学实践路径研究
Youeryuan Nanjiaoshi Jiaoxue Shijian Lujing Yanjiu

张葵 陈志斌 主编

策划编辑：饶 静
责任编辑：饶 静 李 祎
封面设计：琥珀视觉
责任校对：刘 竣
责任监印：朱 玢
出版发行：华中科技大学出版社(中国·武汉) 电话:(027)81321913
武汉市东湖新技术开发区华工科技园 邮编:430223
录 排：孙雅丽
印 刷：湖北新华印务有限公司
开 本：787mm×1092mm 1/16
印 张：16
字 数：292千字
版 次：2022年7月第1版第1次印刷
定 价：58.00元

本书若有印装质量问题，请向出版社营销中心调换
全国免费服务热线:400-6679-118 竭诚为您服务
版权所有 侵权必究

编 委 会

主　编：

张　葵　　陈志斌

副主编：

吴　琳　　高思琪　　李　雪　　赵　妙

编写人员(按姓氏笔画排序)：

李　娟　　李　浩　　李智超　　杨晓龙　　汪　磊

吴炎坤　　张俊夫　　於琼芳　　周　盼　　赵　卿

赵　晋　　徐　艳　　柴　烨　　熊立群

为幼儿发展撑起一片清朗的“男”天

近十年来，在党和国家的殷切关怀下，我国的学前教育事业发展迅速，尤其是学前教育教师的素质提升受到高度重视。2010年中共中央、国务院印发的《国家中长期教育改革和发展规划纲要（2010—2020）》明确要求：严格执行幼儿教师资格标准，切实加强幼儿教师培养培训，提高幼儿教师队伍整体素质，依法落实幼儿教师地位和待遇。幼儿园男教师作为我国学前教育师资的重要力量，其职业优势和专业发展也日益受到国家、社会及各方人士的关注。教育部有关数据统计显示，近十五年来我国幼儿园男教师占幼儿园教师总数的1.5%-2.5%。男教师因其乐观、豁达、果敢的个性深受幼儿的喜爱，他们已经成为幼儿园师资队伍不可缺少的中坚力量，对促进学前教育发展有着不可替代的作用。

从幼儿发展角度来看，幼儿园男教师对幼儿的学习与发展具有独特的价值和意义。中国青少年研究中心孙云晓认为：“幼儿园男教师就像是孩子成长中所需要的‘钙’，他们对于塑造幼儿的健全人格、坚强勇敢的性格以及良好的思维方式非常重要。”首先，男教师的存在有助于幼儿性别认知的发展。社会学研究表明，性别意识可以通过对传统性别角色行为、偏好和态度的观察而形成，而幼儿可以通过模仿他人和强化练习来习得性别意识。男教师的加入，可以给幼儿提供模仿样板，让幼儿更容易在男教师与女教师的对比中明确性别的差异，从而获得性别认同。其次，幼儿男教师能够更好地调动幼儿好动的天性。在体能游戏中男性有着显著的优势，不论是在体力还是在身体协调方面，幼儿园男教师均能带给幼儿信心和安全感，给予幼儿更多的自信。最后，男教师能促进幼儿全面发展。幼儿园男教师不仅在幼儿的性别意识、人格培养、体能发展方面有重要作用，在语言、数学等领域也有其独特的价值。有研究表明，男性在视觉空间感上优于女性，在建构游戏中，可以充分利用他们的空间感知能力引导幼儿去思考、去想象、去创造。

从幼儿师资队伍的建设角度看，社会心理学表明：教师队伍中合理的男女比例结构，能有效激发群体动力，提高学前教育工作者的工作和谐度和愉悦度。

然而，上述幼儿男教师的职业优势并不是自然而然发生的。男性加入幼儿教育行列，必须面对性别角色认同的问题，而且从社会学角度看，幼儿园男教师面对幼小的教育对象需要有女性“柔”的一面，同时也需要保持男性“刚”的一面，处理好“适应”与“同化”之间的平衡是幼儿园男教师面临的较大难题。幼儿园男教师作为特殊的幼教群体，面临着社会压力、缺少归属感等困难，有的男教师甚至出现被女性“同化”的现象，丧失了男教师区别于女教师的优势与价值。因此，研究男教师的职业状态，规划男教师的专业发展，对于建立幼儿园男教师专业自信、发挥其专业优势、促进其专业发展意义重大。

期待武汉市幼儿园男教师能克服重重困难，在幼儿园和所有男教师的共同努力下，保持初心与责任，持续磨合与坚守，坚定专业与信念，为幼儿发展撑起一片清朗的“男”天。带着热情与执着，奋力耕耘，不断收获，成为幼教改革中的一支生力军，伴随着学前教育欣欣向荣的发展同步成长、壮大、成熟。

武汉市教育科学研究院基础教育研究所　张汉强

2022年1月

为了那推动一朵云的力量

随着学前教育的迅猛发展，幼儿园男教师作为一个特殊的群体，在幼儿园教师队伍建设研究、政策与实践中受到了越来越多的关注，男教师在幼儿身心发展中发挥着独特而不可替代的重要作用。我们在现状调查中发现，幼儿园男教师主要承担着幼儿园专职体育教师的工作，但大部分幼儿园男教师对自身的专业发展不满意，认为专职教师限制了自身的全面发展。虽然幼儿园会提供外出学习培训、制定发展规划、提供发展平台、参加课题研究、体能定向培养等多种策略来帮助男教师的专业发展，但为何男教师依旧感到专业发展困难？

2018年在我园与新疆博乐市第一幼儿园开展结对帮扶活动时，我们团队中的男教师吸引了对方教师们的注意："原来幼儿园里真的有男教师。""他们和我们的角色定位是一样的吗？""他们是怎么组织一日活动的呢？"于是，武汉市幼儿园男教师俱乐部的汪磊老师、张俊夫老师和赵卿老师，亲自为他们解答疑惑，并在短时间内为新疆博乐市第一幼儿园组建了首支幼儿足球队。一时间，在幼儿园教师里掀起了一股"同课异构"的热潮。他们积极查阅资料，在不断的研讨中了解男教师活动组织的特点，在激烈的思想碰撞中擦出新的火花。在研讨中，我们常常听到女老师说"我也在班上组织了同样的活动，但是效果与男教师组织活动的效果完全不一样"。为什么女教师和男教师组织同样的活动呈现的效果会不一样？我们仔细观察女教师和男教师组织活动的区别，并且做了调查研究，了解女教师对男教师开展活动的看法，发现男教师的思维方式和教学行为的确有别于女教师。男教师更容易给幼儿带来安全感，更容易帮助幼儿养成亲社会行为；而且，在社会交往能力的培养、积极人际关系的建立、社会适应能力的提升、对困难的应对能力的培养等方面，男教师都对幼儿有重要且直接的影响。而课例研究恰好是以具体教育实践问题为线索而展开的研讨，能够深入探究男教师的内在教学思维方式和教学行为。要想真正挖掘男教师的教学优势，更多还需要落实在教育实践上，男教师的成长需要在教学实践中历练。于是，研究课例这一想法便扎根在我的脑海中，挥之不去。

《幼儿园教师专业标准》中强调幼儿园教师必须具备教育教学实践能力。教育实践能力是教师对幼儿施以积极影响、引导幼儿发展的基础。在实践中，我们更加提倡教师在研究过程中发展，走“研训一体化”的道路是教师专业发展的必然选择，而课例研究是男教师研究自身专业发展的重要途径之一。它不仅促进男教师之间的交流分享，起到了经验的纵向传承作用，而且在解决具体教学问题的过程中，实现了新的课程内容和教学方法的传播。课例的实施也有助于培养男教师的问题意识，提高教师发现问题、分析问题、解决问题的能力。

本书以幼儿园男教师教学活动为契机，解析教学过程中的活动片段，深入分析活动环节，剖析教师的提问、回应及思考，呈现出幼儿园男教师在教学设计、教学组织和教学反思上的独特思维模式。他们的教学设计将孩子的“体验感”放在了核心的位置，设计更注重自由创新、参与互动等方面。“知与行”相融合，理论与实践对话，演绎出了幼儿园男教师们生动的教育教学历程。

现在，我们欣喜地看到，社会正以越来越开放的姿态与胸怀，接纳这一新生力量，幼儿园需要男教师，更需要富有个性、专业性强且全面发展的男教师。而这一切，都离不开学前教育管理者为他们提供的生涯发展支持和专业素质提升指导。愿这微弱的星星之火可以助推学前教育的发展，为每一个孩子的身心健康发展做出独有的贡献。

武汉市实验幼儿园　张葵

2022年1月

目录

| 第一章 |

幼儿园男教师专业发展中教学实践的影响因素

随着《国家中长期教育改革和发展规划纲要（2010—2020）》和《国务院关于当前发展学前教育的若干意见》的贯彻实施，大力发展学前教育已经成为我国教育事业发展的重要工作之一。儿童为本，教师为表，幼儿园教师师资队伍的发展是学前教育事业发展的关键任务。男教师是幼教队伍中不可缺少的组成部分，但是在学前教育的发展中，有一个不可忽视的问题，即教师性别倾斜问题。

随着政策的传达和社会的进步，幼儿园男教师的数量越来越多。男教师因其乐观、豁达、果敢的个性深受幼儿的喜爱，他们已成为幼儿园师资队伍不可缺少的中坚力量，对促进学前教育发展有着不可替代的作用。许多专家学者研究发现，幼儿园男教师的加入，不仅能促进幼儿全面、完整地发展，也能优化幼儿园师资队伍。国家及社会对学前教育的重视程度与日俱增，家长对园所及教师专业素养提出了更高的要求，同时也对男教师的专业素养提出了更高的要求，因此促进男教师的专业发展将成为幼儿园培养男教师的重要工作之一。

一、幼儿园男教师及其专业发展研究的意义

（一）幼儿园男教师

1. 幼儿园男教师的概念

要界定幼儿园男教师，首先要先界定幼儿教师。幼儿教师是教师队伍中不可或缺的力量，是指从事学前教育活动的工作者，对幼儿进行启蒙教育，帮助他们获得有益的学习经验，促进其身心全面和谐发展。幼儿教师在教育过程中的角色绝不仅仅是知识的传递者，而且是幼儿学习活动的支持者、合作者、引导者。[①]

因此，本研究中的幼儿园男教师是指在学前教育相关专业经过培训、在幼儿园承担幼儿教育教学工作、班级工作、促进幼儿身心全面发展的男性幼儿教师，在本研究中也包含非学前教育专业毕业从事幼儿教育工作的男性幼儿教师。

2. 幼儿园男教师的现状

幼儿园教师作为学前教育的主力军，他们的专业素质和性别结构构成会对幼儿园教育的整体质量乃至幼儿的终身发展产生至关重要的影响。但是从我国当前的幼儿园教师配备现状来看，幼儿园男教师在整个幼儿教师群体中所占比例较低。2020 年教育部统计数据显示，我国幼儿园教职工总数为5198165人，专任教师总数为2913426人，其中男性教职工总数为395636人，所占比例为7.61%；男性专任教师总数为64817人，所占比例为2.22%。[②]在学前教育领域，幼儿园教师性别倾斜是一个普遍存在的现象。在大多数人的观念中，幼儿园教师队伍是女性的天下，幼儿园里的男教师则是凤毛麟角。

因此，幼儿园男教师这一角色也受到了许多研究者的关注，但从现有的文献来看，对幼儿园男教师的研究主要集中在政策的提出、男教师的优势以及男教师的生存现状，对幼儿园男教师专业发展的研究却很少，且大部分集中在现状研究上，提出的问题和策略针对性不足，较少对男教师自身专业发展的历程、阶段、路径和维度来进行分析。为此，我们还需要更深入地以幼儿园男教师为对象进行研究，以便解释男幼师专业发展的普遍规律，提出有效的发展建议。

3. 幼儿园男教师存在的意义及价值

庞丽娟在《儿童发展指导》中提到“在学前教育和小学阶段，成人的作用是‘父

---

① 尹德琪.幼儿园男教师流失问题个案研究[D].重庆：西南大学，2013.

② 教育部.2020年教育统计数据[EB/OL].http：//www.moe.gov.cn/jyb_sjzl/moe_560/2020/.

母式’的教养，即使教师也应该提供类似父母的形象。父母的形象是分别由不同性别的人承担的。”所以幼儿园男女教师应维持适当的比例，才能更好地为幼儿的教育服务，男教师在幼儿教育阶段具有不容忽视的重要作用。[①]

一方面，幼儿园男教师能够优化幼儿园师资结构和工作管理。进入幼儿园看到的基本是清一色的女教师，幼儿园男女教师比例失衡现象突显。幼儿园男教师的加入不仅会给幼儿园带来活力，而且适度地引进幼儿园男教师将促进幼教师资队伍的健康成长，缓解幼儿园男女教师比例失衡的现状。同时，男女教师也会因各自在行为、心理上的性别优势，在工作中互补互助，互相促进，更有利于幼儿教育的发展和创新。男教师加入幼儿园教育、行政、管理工作，可进一步优化幼儿园管理，促进幼儿园事业的发展。幼儿园能够借助男性特有的思维方式、看待问题的视角、解决问题的方式方法以及在创新能力等方面的优势，从比较宏观的角度把握和确定幼儿园的发展方向和目标，为幼儿园的发展提供创造性和建设性的建议，促进幼儿园的发展。

另一方面，幼儿园男教师有利于幼儿的全面发展。要使幼儿身心全面健康成长，就必须全方位、多角度地创造各种条件，运用多种方法、途径对他们进行潜移默化的影响和科学合理的教育培养。而幼儿园男教师的加入，能够进一步优化幼儿的受教育环境，增加幼儿教育活力。并且男性所特有的性别和性格特征，能够增强幼儿的性别意识，学会区分女性特征和男性特征，使幼儿正确定位性别角色，促进幼儿园性别和性格的养成教育，尤其在男幼儿的性别、性格特征认知和培养方面影响更大。

（二）幼儿园男教师专业发展

1. 教师专业发展

“教师专业发展”是一个众说纷纭的概念，至今没有一个被广泛认同的界定。从已有文献来看，主要有以下三种不同的角度：

第一，从社会学与教育学的角度进行界定。根据社会学的界定，教师专业化是指教师职业成为专门职业，并获得应有的专业地位的过程，所关注的问题有专业的历史发展、专业资格审定、专业组织、专业守则、专业自主等。而站在教育学的角度则更着重于教师教学水平的提高、教师的专业知识和专业技能的提高。

第二，从“教师的专业发展”的角度进行界定。强调教师个体的、内在的专业性的提高，关注教师如何形成自己的专业精神、知识、技能。叶澜认为教师的专业发展是教师个体的、内在的专业性的提高，是教师专业成长或内在结构不断更新、演进和

---

① 庞丽娟，韦彦.学前教育立法：一个重大而现实的课题[J].学前教育研究，2001（01）：5-8.

丰富的过程，依教师的专业结构可以有观念、知识、能力、专业态度和动机、自我专业发展需要等不同侧面，根据教师的专业结构发展水平，可以有不同等级。①

第三，从教师专业发展过程和促进教师专业发展的角度进行界定。认为教师专业发展即教师专业成长过程，并涉及成长过程中的影响因素、途径和方法，探究教师如何学会教学，如何获得知识和专业成熟度，以及如何长期保持对工作的投入等。

本研究更加侧重于第三种角度，即认为教师专业发展是一个教师由新手教师成长为专家型教师的动态的发展过程，教师在此过程中不断接受新知识、学习技能、提高职业素养、拓展其专业内涵，从而达到专业成熟的境界。我国的《幼儿园教师专业标准（试行）》中指出，教师应以师德为先、幼儿为本、能力为重和终身学习，并从专业理念、专业知识和专业能力三个方面对幼儿教师的专业发展提出要求。

2.幼儿园男教师专业发展特点

教师是履行教育工作职责的专业人员，需要经过严格的培养与培训，具有良好的职业道德，掌握系统的专业知识和专业技能。《幼儿园教师专业标准（试行）》从专业伦理、工作态度、专业知识、专业能力以及实践水平等方面对幼儿园教师的专业发展提出要求，有利于引导幼儿教师朝着不断提高综合素质的方向发展。而幼儿园男教师要想得到专业发展，学科和专业知识是基础，实践能力是核心。专业知识是体现幼儿园男教师专业特点的最重要的依据；扎实的专业知识是专业发展的基础，将专业知识转化为实践智慧的能力则是专业发展的核心。

首先，幼儿园男教师专业发展具有全面性。幼儿园男教师专业发展不仅涵盖了教师的专业知识、专业能力、专业精神、专业伦理，而且突出了教师的专业态度与价值观、专业品质的重要性，从而改变了以往对教师素质中“软”的方面不受重视的局面，让教师素质中“软”的方面和“硬”的方面都得到充分关注和体现。

其次，幼儿园男教师专业发展具有差异性。在教师发展的不同阶段，其关注的内容表现出明显的阶段性，面临的专业发展也各不相同。幼儿园男教师专业发展过程一般需经历四个阶段，即初任期（1~3年）、探索期（4~9年）、成熟期（10年以上）、学者期（15年以上），这样充分考虑了教师专业发展的阶段性规律，具有较强的差异性和针对性。

最后，幼儿园男教师专业发展具有开放性。教师专业发展具有强烈的时代色彩，专业化教师本身就是一个历史的概念，每一个特定的时代和社会都有自己所定义的高素质教师。如《幼儿园教师专业标准（试行）》提到的，将信息技术能力、终身学习

① 叶澜等.教师角色与教师发展新探[M].北京：教育科学出版社，2001.

的能力融入教师专业目标中。同时对教师教育理念和专业态度中的开放性、生成性给予关注，如“有开放的心态和批判性思维，思想开放而能接受多元观点”“勤于学习，善于反思，能够较深刻分析教育过程中出现的问题，并不断改进，提升教育教学水平”“善于质疑和寻求答案，善于在反思的基础上总结和提升教育教学经验，用理论指导、支撑教育行为”等，体现了较强的开放性。①

3.幼儿园男教师专业发展的意义

幼儿园教师是专业人员，他们的工作对象是处于人生发展关键时期的幼儿，基本任务是保育教育好幼儿，促进他们身心健康成长。幼儿时期是许多重要品质和能力形成的时期，需要教师具备很多特殊的专业素质和能力，这些素质需要经过一个长期的、系统的专业学习和训练。而男教师是特殊的幼儿教师，其专业发展有着重要的价值和作用。男教师是学前教育不可缺少的资源，但相比女教师，他们面临更大的工作压力、家庭压力以及社会压力，因此男教师专业发展是特殊的，是急需的，是必要的。

首先，幼儿园男教师专业发展是教师职业发展的必然要求。我国的幼儿教育事业经历了幼儿教育理念的改革、幼儿园课程改革、幼儿教育体制改革等几个阶段。幼儿教育的改革对幼儿教师的专业发展提出了客观的要求，同时也对幼儿园男教师提出了客观要求。为了适应每次的改革浪潮，男教师也要不断进行专业提升和专业发展。著名幼儿教育专业学者、北京师范大学教授庞丽娟在解读《国家中长期教育改革与发展纲要（2010—2020）》时提到，该纲要的出台对幼儿教师专业素养提出了更高的要求，其中一种要求是教师要有不断的专业化学习意识和能力，因此幼儿园男教师也应具有专业发展的自主意识和能力，才能从容面对一次次幼教改革，才能在幼教行业立足扎根。

幼儿园男教师专业发展是提高其专业化程度的根本途径，因此男教师专业发展是男教师职业的必要要求。男教师因为其性别的特殊性，学校及社会对其也提出了特殊的要求，专业发展是男教师终身学习的过程，其可以在这个过程中进行反思，不断发现问题、解决问题，将事业一步一步推向专业化。近年来，国家教育政策支持力度不断加大，《国家中长期教育改革与发展纲要（2010—2020）》的出台给幼教团队的发展提供了前所未有的机会，但也对幼儿教师的自身职业发展提出了更高的期望。男教师作为这个团队的特殊组员，其自身的专业发展必不可少，是其立足之本。

其次，幼儿园男教师专业发展是男教师实现人生价值的途径。从宏观意义来讲，教师这一身份存在太多道德层面的内涵，这些道德内涵大多指向教师的责任与担当，

---

① 彭兵.成就专业的幼儿教师：幼儿教师专业发展阶段研究[M].北京：北京师范大学出版社，2012.

强调教师的付出与奉献。幼儿园男教师面对的教育群体很特殊，他们是弱小的、可爱的、需要呵护的，男教师在面对这些群体时需要付出更多的耐心和爱心，但这些也是远远不够的。男教师专业发展是男教师全面发展的过程，提升了师德修养、丰富了专业知识、提高了教育教学能力，这些都是男教师专业化的象征，这些专业化象征均可在男教师的工作实践中得到验证。因此，面对纯真的幼儿，男教师可以通过专业发展来促进人生价值的体现。因为良好的师德修养、丰富的专业知识和精湛的教育教学能力不仅可以提高男教师的专业形象，还可以帮助男教师得到社会的认可，从而进一步帮助男教师实现自我人生价值。再次，幼儿园男教师专业发展有利于深入把握男教师的专业特质。胡锦涛曾在全国优秀教师代表座谈会上提到教师的队伍建设，并提出教师如何提升自己方方面面的修养，以承担起教书育人的伟业。可以看出幼儿园男教师的专业发展最终取决于自己的心态和行动。幼儿园男教师专业发展不仅给男教师提出了专业的要求，同时也给男教师指引了专业化的发展方向。

从专业标准看，《幼儿园教师专业标准（试行）》的出台给男教师专业发展提供了方向，这也成为男教师专业发展的起点。男教师结合专业标准可以从专业理念与师德、专业知识和专业能力三个方面去把握自己的专业特质，从而不断将自己推向专业化。正确的教育理念是男教师专业发展的基础，丰富的知识储备是男教师专业发展的内在特质，精湛的能力结构是男教师的外显特质，这种“三分法”的模式，给男教师专业发展提供了更专业和具体的支持，让男教师更全面地把握了自己作为一名幼儿园教师应具备的专业特质。

最后，幼儿园男教师专业发展有利于增强职业认同感。北京师范大学张燕教授认为，由于心理定式和社会惯性，男教师受到的压力较大。虽然时代理念的改变吸引了许多男同胞投入幼教事业，但是为了保持他们的工作热情，不仅需要满足他们体现自身内在价值的需求，也需要提高男教师的职业认同感。幼儿教师职业认同是指幼儿教师个体当下对其所从事职业的现状、社会价值等持肯定态度。从幼儿教师职业认同的内涵可以看出，幼儿园男教师的职业认同体现在职业现状和社会价值上。影响职业认同的因素有很多，有外在的社会地位、工资待遇等因素的刺激，也有内在的自我认可、主观能动性等因素的激励。首先，内在的影响因素才是促进职业认同的根本原因。男教师专业发展不论是从教师的职业素养还是专业知识或是教育教学能力，都能促进教师的自我认可，激发其主观能动性，进一步激励男教师不断学习和自我完善，最终有利于男教师增强自身的职业认同感。其次，外在的影响因素是促进男教师职业认同的保障。男教师在从非专业走向专业的过程中不仅满足了自身的价值需求，也得到了家长和社会的认可，社会地位不断提升，而这些由专业发展引发的正面效应可以进一步促进男教师的职业认同。

因此，男教师专业发展是一项不可以终止的课题，是男教师扎根幼教事业的必要条件。只有男教师的专业得到长效发展，男教师才能在专业上走向更高的平台。

二、幼儿园男教师专业发展阶段研究的意义

从人的发展理论看，个体发展是在发展主体与周围环境积极地相互转化中，通过主体的各种活动实现的，其实质是个体生命的多种潜在可能逐渐转化为现实个性的过渡。①幼儿园男教师专业发展阶段是男教师专业发展的关键。幼儿园男教师的发展也是在一定环境中，呈现不同阶段特点的动态发展过程。许多研究者从教师专业发展存在阶段性这一特点，提出了教师专业发展的阶段理论，为促进幼儿园男教师专业发展提供了理论依据。

（一）幼儿教师专业发展阶段

自20世纪60年代以来，教师专业发展阶段理论蓬勃发展，异彩纷呈。本研究在参考国内外众多研究资料的基础上，对其中较有影响的教师专业发展阶段理论进行了较为全面的整理，并进一步分析了各理论的得失及其对当前教师专业发展阶段研究的启示。

1. 教师关注阶段论（Concerns of Teachers)

1）教师关注阶段论的主要思想②

美国学者费朗斯·富勒（Fuller，F.，1969)在研究职前师资课程时，通过文献回顾、大量访谈以及对教师关注清单进行提炼，编制了著名的《教师关注问卷》(Teacher Concerns Questionnaire)。通过研究，富勒根据教师们所关注的事物把教师的专业发展过程分为任教前关注阶段、早期生存关注阶段、关注教学情境阶段、关注学生阶段四个阶段。

（1）任教前关注阶段（preteaching concerns)

此阶段是职前培养时期，教师们仍扮演学生的角色，未曾经历教学，没有教学经验，对教师角色只是想象，因此只关注自己，而不关注教学以及和教学相关的事情。不仅如此，对于任教的教师还抱着观察、评判的态度，在观察初期，往往对教师不表

---

① 叶澜.教育概论[M].北京：人民教育出版社，2006.

② 叶澜等.教师角色与教师发展新探[M].北京：教育科学出版社，2001.

同情，甚至还带有敌意。

（2）早期生存关注阶段（early concerns about survival）

此阶段是初次接触实际教学的实习阶段。在此阶段，教师们所关注的是自己的生存问题，即能否在这个新环境中生存下来。所以此时，教师们所关心的是一些外在的东西，比如，我上课应该站在哪个位置，能不能够控制得住课堂，上级怎么评价我，学生喜欢我吗，与同事的关系如何等。教师渴望得到表扬，渴望假期，甚至想逃离“现场”。此阶段教师表现出一定的焦虑与紧张，故这一时期的压力是相当大的。

（3）关注教学情境阶段（teaching situations concerns）

在此阶段，教师固然还要关心前一时期的种种问题，但同时会较多关注教学所需要的知识能力与技巧，以及尽其所能地将所学运用于教学情境之中，即如何正确地完成教学任务，掌握相应的教学技能。此阶段教师关注的是教师自己的教学表现，仍然不是学生的学习。

（4）关注学生阶段（concerns about pupils）

虽然许多教师在实习教学阶段就表现出对学生的学习、品质及其情绪需要的关注，但不能真正地适应和满足学生的需要，往往要等到适应教学角色压力之后才会真正地关怀学生。这个阶段教师常常会问：“学生真正需要的是什么？”“学生现在所学的是他们真正所需要的吗？”“什么样的教学内容和教学手段能够满足学生的需要？”教师不但关注学生的需要，还会关注学生的进步，教师常常会问：“我们怎样提升自己以满足学生的进步？”“我怎样能让大部分的学生都有所提高？”此阶段教师不但关注学生学习方面的发展，还关注学生道德、情感、社会性等方面的发展。

2）富勒的教师关注阶段论的启示

他首次提出教师专业发展理论，在教师发展领域为后人开辟了一条新的道路。[①]该理论的研究视角是独特的，它把教师所关注的内容作为衡量发展水平的标志，教师关注的内容经由自身（及课堂控制)到教学任务，最后才到学生的学习以及自身对学生的影响，它从教师的关注点这样一个侧面反映了教师专业发展过程，即教师的关注点在不同的发展阶段有所迁移与变化。

富勒在德克萨斯大学奥斯汀分校致力于职前师资课程研究，其教师关注阶段理论的重点亦在教师的职前培训时期，因此该理论在师资培训方面有重要的参考价值。但是，影响教师专业发展的因素多而复杂，仅从教师关注的焦点来探讨教师的专业发展阶段特征，研究范围单一，内容单薄，不足以窥视整个教师专业发展生涯；富勒提出

① 杨秀玉.教师发展阶段论综述[J].外国教育研究，1999（6）：36-41.

的四个阶段，尤其是后三个阶段，确实存在于教师身上，却未必是按照这三个顺序渐次形成，教师往往同时有多个阶段的关注；而且，有些关注项目（如对学生影响的关注)往往在各个教龄阶段的教师中都保持较高的水平，而另外的关注项目（如自我关注)会随着教龄增加而减少，然后维持在相对稳定的水平上。[①]

该理论的主要启示是：作为发展主体的教师，在专业发展过程中的关注点会有所变化，因此我们要关注教师在不同的发展阶段所遇到的问题及变化情况。

2. 教师专业发展五个阶段说（Cognitive Professional)

1）教师专业发展五阶段说的主要思想[②]

20世纪80年代末美国亚利桑那州立大学心理学教授伯利纳（D.C.Berliner)在对教师教学专长发展的研究中，受人工智能（AI)研究领域中“专家系统”思路的启发，在德雷福斯（Dreyfus，1980)职业专长发展五阶段理论的基础上，提出了教师专业发展的五个阶段。

（1）新手阶段（novice)

新手水平的教师是师范生或刚进入教学领域的教师。此阶段，教师的任务是学习一些陈述性知识，如一般的教学原理、教材内容和教学方法等，并熟悉课堂教学的步骤和各类教学情景，获得初步的教学经验。

（2）高级新手阶段（advanced beginner)

许多具有2年和3年教龄的教师大致处于这一阶段。此阶段，教师从教学活动中积累了一些经验，意识到了教学情境的相似性，能把过去所学的知识与现在所遇到的情境和问题相联系，也会运用一些教学策略来调节和控制自己的行为。

（3）胜任阶段（competent teacher)

在拥有了更多的教学经验并且尝到了成功的喜悦后，大多数的高级新手有望进入胜任阶段。此阶段，教师能按个人想法自由处理事件，并能对所做的事情承担更多的职责。

（4）熟练阶段（proficient teacher)

一般到第5年，有一定教学经验的教师便进入了熟练水平的发展阶段，成为有经验的教师。此阶段，教师对教学情境产生了敏锐的直觉感受，能从积累的丰富经验中，综合识别出情景的相似性，从截然不同的事件中考虑到事物的相互联系。这种综合性识别能力的提高使教师能够更准确地预测事件。

---

① 王建军. 课程变革与教师专业发展[M]. 成都：四川教育出版社，2004.

② 楼汉葳. 教师专业发展过程研究述评[J]. 湖北广播电视大学学报，2007（04)：56-57.

（5）专家阶段（expert teacher）

有一定教学经验的教师可以发展到熟练阶段，而再进一步发展到专家阶段的教师就为数不多了，且过渡的过程有快有慢，有的第5年便能进入专家阶段，有的则需要大约7年的时间。专家阶段的教师对教学情景不但有直觉的把握，而且能以非分析性、非随意性的方式，理智地做出合适的反应。他们的行为表现流畅灵活，不需要刻意加工。专家型教师知道在什么时间和什么地方该做什么，与前几个阶段的教师相比，他们采用的方法更加多种多样。

2）教师专业发展五阶段说的启示

该理论运用了教育心理学的知识，根据教师“教学专业知识和技能的学习和掌握的情况”来划分教师专业发展的阶段。对成熟阶段的教师尤其是专家型教师的职业发展特点作了探讨，这对教师教育有着重要的理论意义和实践价值。但是伯利纳没有对不能进入专家阶段的教师的发展做进一步说明；该理论的侧重点在教师的专业知识技能方面，忽略了教师专业成长的其他方面的因素；每一个阶段的过渡方式相对单一，似乎这些阶段的过渡是不可逆的。

该理论的主要启示是：在设计或组织教师培训时，应把教师的教育教学能力作为确定其所处的专业发展阶段的重要标准之一。对处于不同专业发展阶段的教师应设计不同的培训内容和提供不同的培训方式，进而使师资培训达到最好效果，促使教师尽快成为专家型教师。

3. 王秋绒（1991）的教师发展阶段论

1）王秋绒的教师发展阶段论的主要思想

台湾学者王秋绒将教师的专业化发展过程分为师范生、实习教师和合格教师三个阶段，并把每阶段分为三个时期。

第一个阶段，师范生的专业社会化，分为三个时期。第一时期是探索初任期，主要指一年级师范生的专业社会化情况。他们处于观望、探索和初任期。社会化的关键是增进人际关系、适应师范院校的环境。第二时期是稳定成长时期，主要指二、三年级师范生。他们与同学、教师等的社会关系稳定发展，表现出恰当的社会角色。社会化的重点是学习教育专业知识、专门学科知识、社会知识，提高人际关系和组织能力。第三个时期为成熟发展期，主要指四年级师范生。其重点在于如何将已有的教学专业知识技能应用于教学实践。

第二个阶段，实习阶段的教师的专业社会化，也分为三个时期。第一时期为蜜月期，实习教师体会到做教师的快乐并全身心投入教学工作。第二时期为危机期，当实际遇到的问题越来越多，面临的现实压力越来越大时，教师则会产生危机感。第三时期为动荡期，面对现实与理想的教师角色之间的差距，有的教师重新设置自我预期，趋于妥协，有的则准备脱离教学岗位。

第三个阶段，合格教师的专业社会化，仍然分为三个时期。第一个时期为新生期，时间从入职开始到工作第三年。这一时期的教师，对教学中问题的处理能力有所增加，又有了对教学工作的胜任感和成就感。第二个时期为平淡期，在工作二到三年之后，基本上适应了教学工作的要求，工作不再富有挑战性，而是逐渐感到平淡。第三个时期为厌倦期，在工作多年之后，少数教师乐于为教育奉献一生，而多数教师对教学产生厌倦，失去教学动力。

2）王秋绒的教师发展阶段论的启示

该理论受英国社会学家莱西（Lacey，C.)观点的直接影响，将教师作为社会人来考察其专业成长的过程，关注的核心是教师个体与群体的相互融合、相互影响的过程。它关心专业社群对教师个人的影响，而对于教师专业特质和自我专业发展意识则关注不够。教师专业发展研究更应关注教师如何形成自己独特的专业特质和自我专业发展意识的过程，以及这种过程对作为整体的教师专业的影响。另外，教师专业社会化研究较为注重专业社会化的结果，而不是过程。与此相反，教师专业发展研究则更关心教师个人与专业知识技能、专业规范等的相互作用过程，以及这种过程对教师个人专业发展的影响。因此，教师专业社会化与教师专业发展并不完全相同。用教师专业社会化的发展理论来作为教师专业发展阶段研究的指导理论，还是较为单一，不全面的。

该理论的主要启示是：教师是社会中的个体，个体的发展会受到社会的影响，所以我们在考察教师的专业发展时不仅要关注教师主体，而且要关注社会背景对主体的影响；其次，每一个教师发展阶段的不同时期，都有其社会化的重点，学校可以根据其重点，给予师范学生或教师以恰当的支持；再次，关注教师的专业发展，应当注重每个阶段教师专业意识的培养，并为下一阶段的发展奠定良好的基础。

4.叶澜（2001）的教师专业发展论[①]

1）叶澜的教师专业发展论的主要思想

叶澜认为，教师专业发展是内在结构的变化过程，教师专业发展的阶段特征是教师专业发展的内在结构要素中每一阶段成长特征的特殊组合和表现方式。为此，叶澜以教师各阶段的自我专业发展意识为线索，以教师自我专业发展意识所关注的重点与所达到的水平为核心，考察教师专业发展过程，认为教师专业发展可分为五个阶段。

（1）非关注阶段

该阶段指进入正式教师教育之前，立志从教者具备了一些“直觉式”的“前科学”

① 叶澜等.教师角色与教师发展新探[M].北京：教育科学出版社，2001.

知识和与教师专业能力密切相关的一般能力，如语言表达能力、交往能力和组织管理能力等。

（2）虚拟关注阶段

该阶段指师范学习阶段（包括实习期)。在此阶段，师范生所接触的中小学实际和教师生活带有某种虚拟性，师范生自我专业发展意识淡薄。在经过实习期后，师范生开始对合格教师的要求进行思考，开始反思自我专业发展。

（3）生存关注阶段

该阶段指初任教师阶段，这是教师专业发展的一个关键期，突出特点是“骤变与适应”。角色转换和对教育教学实践的不适应迫使他们特别关注专业发展结构中的最低要求——专业活动的“生存”技能。此时尚谈不上对“自我更新”能力的关注及其发展。

（4）任务关注阶段

该阶段是教师专业结构诸方面稳定发展时期，由关注自我生存转到更大范围的专业发展。这一转向在很大程度上受到职业阶梯升迁和他人更高评价等一些外在因素的制约。自我专业发展意识的强度还较弱，发展尚不成熟。

（5）自我更新关注阶段

该阶段教师的专业发展动力转移到专业发展自身，不再受外部评价和职业升迁的牵制。教师已经能有意识地进行自我规划，以谋求最大程度的自我发展，关注学生的整体发展，积累了比较科学的个人实践知识，并追求卓越和专业成熟。

2）叶澜的教师专业发展论的启示

叶澜的教师专业发展论在把握教师专业发展阶段总体特征的基础上，以教师自我专业发展意识为线索，展现了自我专业发展意识由无到有、由弱到强的渐变过程。该理论关注教师本人在专业发展中的自主性和能动性，强调教师本人在利用外在影响因素促进自身专业发展中所起的不可替代的作用，以及注重自我专业发展意识的作用。同时，该理论还强调在师范教育中要重视教师自身的需要，但其立足于教育学和伦理学的思路，以思辨性为主，缺少定量分析。①

该理论的主要启示是：教师教育应该关注教师的自主性与能动性，以引发教师内在的发展需要。教师的专业发展意识是一个循序渐进、不断深入的过程。因此，关注教师的专业成长，需注重每个阶段教师专业发展意识的培养，并为下一阶段的发展奠定良好的基础。

① 肖丽萍.国内外教师专业发展研究述评[J].中国教育学刊，2002（05）：57-60.

5.彭兵（2012）的幼儿教师专业发展阶段论

1）彭兵幼儿教师专业发展阶段论的主要思想①

彭兵认为教师专业发展阶段是教师专业发展研究的一个重要方面，它重在捕捉教师的专业素质随着年龄和经历的时间轨迹所发生的变化。了解教师专业发展阶段特点，不仅可以给管理者提供一份教师培养方向的参考，也可以让教师明确自己专业发展的现有水平，通过学习借鉴不断完善自身的专业发展。研究教师专业发展阶段的理论很丰富，但是专门研究幼儿教师专业发展阶段的理论很少，彭兵基于实证研究的方法，在教师职业生命周期理论的基础上，从“就业—职业—专业”的发展模式，结合教师的教育教学实践，提出了幼儿教师专业发展阶段理论。该理论将幼儿教师专业发展分为初任期、探索期、成熟期和学者期四个阶段。

初任期是第一阶段，持续的时间为1～3年，这一时期教师的特点是时间充足，精力充沛，工作热情高，但缺少教育教学实践经验，与家长的沟通技巧不足，他们需要发展的是组织教学的能力，获得家长的认可。

探索期是第二阶段，工作时间为4～9年，这一时期教师的特点是思维活跃、创造力强，并且已经具备一定的常规工作经验，但教学教材和资源不充分，而且在此时期，教师之间会出现能力发展的分化现象，教师的个体差异也会凸显出来，他们会更关注自身的职业发展问题，专业发展意识较强。

成熟期是第三阶段，一般工作时间为10～14年，这一时期教师的特点是爱孩子，责任感强，教育教学经验丰富，初步形成自己的教学风格，在家园共育、引导幼儿自主学习方面都会有自己的思考与创新。他们最关注的问题是进一步提升课题研究及教育教学反思能力。

学者期是第四阶段，一般工作时间为15年以上，这一时期教师的特点是创新能力更强，具有较强的发散思维，教学风格突出，有自己的教科研成果，对团队及擅长的领域有一定的积极影响。

2）彭兵幼儿教师专业发展阶段论的启示

不论是从文献研究还是男教师专业发展调查研究均发现，幼儿园男教师专业发展呈阶段性，并且每一阶段均有相应的发展特点和亟待解决的问题。但是每一发展阶段不是独立存在的，要严格划分出每一个阶段并切实准确地概括每一阶段的特征是困难的。②因此，要把握好相邻阶段的过渡来促进幼儿园男教师专业水平平稳成长，需要

①② 彭兵.成就专业的幼儿教师：幼儿教师专业发展阶段研究[M].北京：北京师范大学出版社，2012.

建立幼儿园男教师专业发展阶段理论框架。

以上是对国内外主要的教师专业发展阶段论的述评，这些理论的先后出现，也正反映了教师专业发展阶段问题作为理论研究内容的逐渐完善的过程。学者杨秀玉（1999）曾对这些理论研究的视角、方法以及成果进行过较为精辟的概括，认为这些理论在研究视角上是一个不断拓展、丰富和完善的过程，在研究方法上是一个由单一到多样且逐渐科学的过程，在研究成果上也是一个不断发展超越的过程。这一看法的主要根据是：从富勒首创给予后人莫大启示的“教师关注阶段论”，到伯利纳的“教师专业发展五阶段说”，两种既各自独立又相互依赖的横向多维的教师专业发展论，充分体现了教师专业发展阶段的研究从点到线再到面的拓展，研究的维度也由教师的外部行为表现延伸到内部心理特征再到综合完整的考察。

我国教师专业发展阶段的理论研究历史短暂，20世纪80年代以引进国外相关研究成果为主，90年代后针对国内教师的研究渐多。王秋绒、邵宝祥、叶澜及申继亮相继提出的教师专业发展阶段理论在国内影响较大。这些研究分别从教师的“专业社会化”“教学能力”“自主发展意识”以及“职业专长”四个不同的视角切入，虽然作为研究切入点的每一个视角都有利于研究的相对深入，且不同视角的研究使得教师专业发展阶段理论更加多元，但客观上也引起了我国教师专业发展阶段划分的混乱。其次，国内各教师发展阶段论以专业成熟为发展终极目标，对达到成熟以后的教师发展尚未做进一步研究。另外，国内多数相关研究仅停留在文献研究或理论思辨层面，类似邵宝祥先生基于中小学教师专业发展状况，采取大样本且严密有序的问卷和个案交叉进行的研究较为少见。

本研究主要采用的是彭兵的幼儿教师专业发展阶段论。其对于探索幼儿园男教师教学实践的研究有三个方面的启示：第一，在探索影响幼儿园男教师教学实践的因素方面，可以通过对影响教师发展的各种因素的全面分析来综合考察教师专业发展的全貌；第二，在描述幼儿园男教师教学实践阶段的特点方面，可以在描述教师发展实际状况的同时描述教师专业发展的理想历程；第三，在探寻幼儿园男教师实践提升策略方面，可以在探索教师专业发展阶段性特征的同时，对教师由一个阶段走向另一个阶段的变化机制这一研究基础提出有效策略。

（二）幼儿园男教师专业发展阶段特点

1.初任期幼儿园男教师专业特点

这是个年轻而充满活力的群体。他们刚刚踏上教育教学岗位，对工作充满着热情却缺乏经验。他们往往毕业于师范院校，具有一定的专业知识和教育理论水平，但缺乏教育实践经验，“不了解幼儿”“不知道怎样教孩子”“无法组织半日活动”是他们常常会遇到的问题。工作一段时间后，有的新教师会突然发现，在教学实践中遇到的问题越来越多，而且觉得自己所拥有的知识与技能无法解决遇到的各种问题。对新教师来说，关键是如何通过短短两到三年的教育实践，尽快完成理论与实践的初步结合，初步形成自己的教学实践技能和技巧，使自己适应教育教学工作的基本需要。

新教师迫切要实现两个转变：一是由师范生向教师角色的转变；二是由教学知识向教学能力的转变。这要求新教师一方面要加强自身的教师角色意识，明确教师的职责与要求，自觉在实践中践行；另一方面，要自觉强化教师角色行为的规范训练，在师德规范、教学规范、管理规范上下功夫，尽快进入角色，适应幼儿园工作要求，成为合格的幼儿教师。

2.探索期幼儿园男教师专业特点

经过一轮周期的幼儿园教学的锻炼，新教师一般都能适应幼儿园工作进入探索期。探索期教师就其实际发展水平而言，他们还处于教师群体的较低层次。无论就其本人而言，还是从幼儿园要求来看，青年教师都有继续发展的压力和动力。绝大多数青年教师会从全面掌握和提高自己的教育教学管理技能和技巧入手，继续第一阶段的两个转变的进程，成为基本功扎实、教学经验丰富、教学实效明显的经验型教师，并从原有群体中分化出来，成为园领导放心、合作教师欣赏、班级儿童喜欢、家长欢迎的教坛新星，至少也能成为一名胜任幼儿园的常规教学、教育管理工作的合格教师。

从幼儿教师发展实际状况来看，这时青年教师专业发展已出现分类、分化发展的情况，一类教师由于个人先天条件较好：比较符合幼儿教师的要求，如气质、长相出众，弹、唱、跳、画教学技能技巧掌握较全面，容易得到孩子、家长的喜爱，同伴的接受、指导，以及园领导提供的更多的展示平台和锻炼机会，伴随着各种公开课、研讨观摩等活动的参与，逐渐成长为幼儿园的“骨干”，即经验型（实践型)教师。另一类青年教师在继续强化教学基本技能技巧发展的同时，更侧重于系统的教育理论和专业知识的学习，尽管他们在具体的学科教学上不一定能名列前茅，但在专业知识和教育理论修养方面却颇受人们的赏识，但与此相应的教学技能技巧的相对滞后，却又使人们对他们喜忧参半。这类教师尽管当时较易被人们所非议，但日积月累也能成为超越合格型的好教师。

3.成熟期幼儿园男教师专业特点

对于拥有10年以上教龄的幼儿园教师来说，一般经历了三轮幼儿园教育教学实践的循环，被认为是幼儿园的熟手教师，他们拥有较丰富的教育经验和技巧，多数承担着班长、教研组组长的任务，获得了幼儿园高级教师职称，对工作充满自信，有较好的胜任感。但从成熟期教师发展的实际情况来看，由于教学工作任务繁重，社会各界期望很高，同事间压力很大，再加上前进的道路也很迷茫，因此他们往往处于痛苦的蜕变期和高原期：退一步海阔天空，无忧无虑；进一步山高路远，前途渺茫。所以这时有些教师在碰壁之后，又退回原处，成为合格型的教师；但也有些教师“明知山有虎，偏向虎山行”，他们继续在自己的专业发展道路上向上攀登。在这一攀登的群体中，绝大多数的教师走的还是实践之路，少数行的是理论之途，但是他们发现，无论他们怎么努力他们也只能是在原有的基础上迈进几步，怎么也达不到预期的目标，一种可怕的高原现象降临到他们的身上，怎么办？这时的关键是找到理论与实践的结合点。

知识型教师要重视对所掌握知识的灵活运用，在教育教学的实践过程中消化所学的知识，并内化成自己的知识，变成自己的教育思想或信念，同时更要注意转化成自己的教学技能技巧，在课堂教学技能和技巧上做文章，用所学的理论指导实践，丰富实践来发展理论，在感性发展和技能、技巧上下功夫。经验（实践)型教师要在传统的理论学习上下功夫，力图把自己在系统实践中的智慧（缄默的知识)转化成明确的在教学实践过程中形成的教育理论，用理论指导自己的实践。要加强教育理论的系统学习和实践，使自己的教育教学行为科学化、规范化、理性化，在理性发展上下功夫。

成熟期教师都要以自己的悟性为基础，以自己的教学个性类型为条件。通过系统的反思、研究认清自我，正确定位，抓住薄弱点，整合利用资源，把握关键期，突破高原期，实现理论与实践的第二次融合，才能进入学者期，成为研究型教师。

4.学者期幼儿园男教师专业特点

学者期教师一般已经在自己擅长的某些幼儿教学领域内，经过一些探索，有了自己独特的教学体会和心得，在当地幼教领域小有名气，有的甚至取得了市区级学科带头人、特级教师等荣誉称号，成为名师。他们不仅具有高度的工作责任感和使命感，而且具有强烈的研究意识与能力。在工作中努力做到：把幼儿的成长和发展置于关心的焦点，广泛地思考幼儿的成长和发展并为此热情地工作；关心幼儿的生活经验，了解幼儿学习和发展的特点，能解读幼儿的表现和变化，不局限于一个班幼儿在幼儿园里的直接保教，而把家庭、社会这些影响到人发展的系统同样放在专业工作的视野中，推测影响幼儿发展的因素，并想方设法对这些发展因素进行持续有效的干预；反思自己所追求的教育目标是否对幼儿当前的生活以及应对未来的生活有价值，平衡短期效应与长远目标的关系；把自己的工作看成有吸引力的探索过程，对各种理论和方法保持开放而客观的态度，不断地学习和质疑，谨慎地试验和研究；主动与行政、媒体等各方面沟通与合作，成为提升整个幼教领域和园所机构专业水平的一股力量。

成为智慧型教师应是进入学者期教师的专业发展目标。智慧型教师就是具有较高教育智慧水平的教师。智慧型教师的教育智慧是教育科学与艺术高度融合的产物，是教师在探求教育教学规律的基础上长期实践、感悟、反思的结果，也是教师的教育理念、知识学养、情感与价值观、教育机制、教学风格等多方面素质高度个性化的综合体现。

要真正成为学者型教师光靠单纯的理论学习、技能诊断和发展，或几种知识的整合是远远不够的。因此，学者型幼儿教师要以自己擅长领域的学科性质特点为基础，要研究自己的教学个性，要有创新意识和精神，不仅要形成自己独特的实践操作体系，更要形成自己独特的教学思想或教育理念，形成自己完整的教学体系、教学风格和流派。

三、幼儿园男教师教学实践研究的意义

教师作为教育教学活动的关键因素，其专业发展关系到教学的质量及教育改革的推进，而研究幼儿园男教师教学实践，对其专业发展的研究有至关重要的作用。不仅可以重新认识幼儿园男教师教学实践的价值，更能找到教学实践研究对教师专业发展影响的特点及规律，从而促进教学实践的持续健康发展，丰富教师专业发展的理论。

（一）幼儿园教师教学实践

2010年教育部颁布《国家中长期教育改革和发展规划纲要（2010—2020）》，纲要中明确指出："要全面提高教育质量、提高人才培养质量和提升科学研究水平，教师要把教学作为首要任务，不断提高教学水平。"加强教学实践能力的培养、提高教学质量成为各阶段教育教学的重点。

1.教师教学实践的概念界定

关于教师教学实践的概念，不同学者从不同角度进行了界定。陈向明教授对于教学实践的认识是"教师在教育实践过程中在具体的课堂教学场景中所表现出来的教学智慧"。[①]姜美玲教授从教师自我的专业努力方面思考教学实践这一概念，认为它是教师的自我专业发展，是一个循序渐进的过程，是一个教师不断自我反思的过程，教师应该在课堂教学中学会成长。[②]

本研究比较倾向于朱旭东教授的观点，他从教学论和教师专业发展两个维度全面解读了教师教学实践的内涵。他认为，从教学论角度看，教师教学实践包括教学设计、

---

① 陈向明等.搭建实践与理论之桥：教师实践性知识研究[M].北京：教育科学出版社，2011.

② 姜美玲.论教师实践性知识的发展路径[J].当代教育科学，2009（13）：6-11.

教学实施力、教学评价、教学改进四个主要环节，这些环节是以实际的教学活动场景为逻辑来构建的；从教师专业发展的实践逻辑来看，教师教学实践包括备课、说课、上课、讲课力、评议课。结合朱旭东教授的观点，本研究中的教师教学实践是指教师在具体的教学情境过程中逐渐形成的用以指导教学的教育智慧，这种教育智慧是教师将教学信念内化于教学场景的教育行为，在实际教学中主要体现在教学设计、教学组织与教学反思及评价这个三方面。

2.幼儿园教师教学实践与专业发展的内在联系

教师专业发展影响着学校教育改革成果，从某种意义上说，离开教师专业发展，教育改革只能是美好的愿景而无法变为现实。同样地，幼儿教师专业发展对于学前教育发展而言也是至关重要的。国家相继颁布并实施了《国家中长期教育改革和发展规划纲要（2010—2020）》和《幼儿园教育指导纲要（试行）》（以下简称《纲要》），两个重要文件均为学前教育的发展指明了方向，从根本上推动学前教育质量的提高。在这样的要求下，幼儿教师需要对幼儿身心发展规律有更多的了解，对幼儿园的教学活动进行积极审视与反思，对自身的专业发展给予更多的关注。

1）教师教学实践是教师专业发展的重要组成部分

我国的教师专业发展研究已经比较成熟，教师专业结构包括教师的教育理想与信念、知识结构、能力结构，教师专业化的知识包括本体性知识、实践性知识、条件性知识等。[①]其中实践性知识是指教师在面临实现有目的的行为中所具有的教学实践知识以及与之相关的知识，具体而言包括教育对象身心发展的知识、教与学的知识等。[②]可见，教师教学实践是教师专业发展的重要组成部分，研究促进教师专业发展的路径离不开对教师教学实践的研究。

2）幼儿园教师教学实践是促进其专业发展的必然选择

教学实践是幼儿教师专业发展的重要组成部分，教学实践同时也能促进幼儿教师进行更好的专业发展。我国《幼儿园教师专业发展标准（试行）》文件正式出台，对幼儿教师应该具有的专业素质提出了明确的要求。从文件中可以了解到对幼儿教师的种种要求：了解幼儿身心发展的规律，并以此为基础为幼儿创造适宜的教学环境，开展具有创造性的教学活动；对幼儿采取适合其个体性特点的教学方式，并做出发展性的评价；善于发掘幼儿生活世界中的教学资源，并进行有机的组织。幼儿教师要想拥有这样的能力，需要经过职前的专业学习、职后的专业发展，最不可少的还有对自身

---

① 苏红.教师专业发展中的关键事件研究[M].北京：北京师范大学出版社，2014.

② 辛涛，申继亮，林崇德.从教师的知识结构看师范教育的改革[J].高等师范教育研究，1999（06）：12-17.

教学实践经验的审视、反思与升华，并最终完成教学实践。

幼儿园中的教学活动不仅包含具体的教学目标、教学内容、教学材料，还要求幼儿教师将这些因素转化为幼儿易于吸收和掌握的东西。在不断的教学实践中，幼儿教师的教学活动行为和技能逐渐达到了一个自动化的高度，自我监控与调节机制也日趋成熟，能够在教学实践中充分发挥主体性与创造性，更有效地促进自身的专业发展。同时，随着幼儿教师专业发展，幼儿教师既能够将过去的教学实践经验组织起来，同时又能够对当前的教学情境进行分析，对未来可能发展的情况进行大胆的推论和预测，还要对原来的教学目的与教学手段进行适时的补充与完善，这是一个完整的教学实践研究过程。审视研究自身教学实践的行为使得幼儿教师提高了自觉的程度，增强了幼儿教师的实践理性，提升了幼儿教师的专业自主性，促进了其专业的发展。

（二）幼儿园男教师教学实践研究的价值

1. 幼儿园男教师专业发展需要开展教学实践研究

幼儿园男教师专业发展的路径包括教师外部的专业发展路径以及内部自主专业发展的路径，具体包括教学实践、叙事研究、行动研究、学习共同体等，在众多路径之中，教学实践是有效手段之一。教学实践研究在幼儿园男教师专业发展过程中的地位举足轻重，它不仅能改变幼儿园男教师的专业理念，指导其教学实践，还能推动其专业发展。幼儿园男教师专业发展经历初任期、探索期、成熟期和学者期四个阶段，而进入学者期是教师发展的最终目标。要到这一高度的专业发展，男教师必须摆脱传统固定的教学理念和模式，在教学实践中不断拓展思维，注入新的内容，尝试新的方法。男教师在设计教学活动方案、准备材料、组织活动等教学实践中，经历了研究、实践，再研究、再实践的过程，最终形成了课例、报告、论文等研究成果，在这个教学实践研究过程中持续提升了自身的专业发展水平。

2. 幼儿的全面发展需要开展幼儿园男教师教学实践研究

幼儿的全面发展离不开学校、家庭和社区的影响。从教师影响的性质来看，教师作为专业工作者对幼儿的影响更具有目的性、计划性和系统性。在知识掌握、能力发展、态度养成以及行为训练等方面，教师总是遵循着教育的规律，根据一定的计划，按照特定目标有步骤、有次序地展开教学。幼儿园男教师作为特殊的幼儿教师，对幼儿的健康发展也起到特殊的作用。

幼儿园男教师在幼儿认知和学习发展中具有组织、引导和促进的作用。幼儿认知与学习主要是间接学习的进程，而教师则根据幼儿特点以适当的方式予以引导，起到幼儿认知经验和能力发展的组织者的作用。幼儿园男教师幽默的教学风格、理性的思维模式都渗透在教学实践中，在这个学习氛围中，可以不断影响幼儿在学习动机、认知方式、认知策略等方面的发展。

幼儿园男教师对幼儿个性与社会性行为发展的影响日益受到重视。教育绝不是客观信息传递的过程，更是一种人际互动的过程。在与幼儿园男教师的互动中，幼儿不仅形成对知识和学习、对自我和他人、对社会的基本概念，同时也形成一定的个性和行为方式。勒温（Kurt Lewin）提出的“人的行为是人与环境相互作用的产物”这一思想影响之下，研究者开展了教师领导风格的实验研究。结果表明，在不同的教师领导风格下，幼儿不仅在活动的表现上差异显著，而且其同伴交往行为和情绪等均不相同。①教学实践是重要的师幼互动形式之一，幼儿园男教师的自信、果敢、刚毅的性格深受很多幼儿的喜爱，他们教学实践中的互动模式影响着幼儿个性与社会性的发展。

幼儿园男教师是幼儿情感发展和心理健康的促进者。教师是幼儿情感依恋的重要对象，在幼儿情感世界中具有不可忽视的重要影响力。而幼儿园男教师不仅要完成传道、授业、解惑的任务，更应该成为幼儿心理健康的维护者和促进者。对于幼儿园男教师而言，最为关键的是面向全体幼儿，在日常的教育教学活动中为幼儿营造关怀、温暖、宽松、和谐和富有支持性的心理环境，从而在根本上为幼儿情感和心理健康提供有力保障。

3.幼儿园保教质量的提升需要开展幼儿园男教师教学实践研究

幼儿园保教质量，主要取决于教师在教育中的所作所为，取决于教师是否明白自己应该做什么，能够做什么。②第一，教师的主场立足于课程的设置与实施，幼儿园课程是贯穿所有保教活动的主要内容，同时，教师教学实践活动是课程实施的重要组成部分，男教师也是幼儿教师的重要成员，因此，提升幼儿园保教质量需要开展幼儿园男教师教学实践研究。第二，幼儿园保教质量评估是促进学前教育事业发展的重要手段，幼儿园教师评价作为幼儿园保教质量评估的一部分，在促进幼儿园保教质量方面具有重要作用。评价幼儿园男教师的教学能力、教学反思等教学实践环节是幼儿园教师评价的主要内容之一。因此，研究幼儿园男教师教学实践有利于促进幼儿园保教质量。

---

① 何叶.幼儿教师教学实践智慧研究[D].重庆：西南大学，2012.

② 朱家雄. 一个全球性和极具挑战性的问题：幼儿园教师应该做什么、能够做什么（一）[J]. 幼儿教育，2016（02）：6-7.

| 第二章 |

幼儿园男教师专业发展中教学实践的影响因素

研究教师专业发展阶段的理论很丰富，但是专门研究幼儿教师专业发展阶段的理论很少，彭兵基于实证研究的方法，在教师职业生命周期理论的基础上，从“就业—职业—专业”的发展模式，结合教师的教育教学实践，提出了幼儿教师专业发展阶段理论。该理论将幼儿教师专业发展分为初任期、探索期、成熟期和学者期四个阶段。本研究采用了彭兵的理论，将幼儿园男教师的专业发展阶段根据教龄分为初任期（1~3年）、探索期（4~9年）、成熟期（10~14年）和学者期（15年以上）。该理论认为，教师专业发展阶段是教师专业发展研究的一个重要方面，它重在捕捉教师的专业素质随着年龄和经历的时间轨迹所发生的变化。了解教师专业发展阶段特点，不仅可以给管理者提供一份教师培养方向的参考，也可以让教师明确自己专业发展的现有水平，通过学习借鉴不断完善自身的专业发展。

本研究从调查分析的角度进一步了解幼儿园男教师专业发展阶段的现状，通过调查发现，不同阶段的幼儿园男教师的专业发展存在显著差异。从内部因素和外部因素两个维度去探寻影响其专业发展阶段的因素，调查结果发现，专业知识、职业规划、自主学习意识和自我反思能力是影响幼儿园男教师专业发展阶段的主要内部因素；而培训、管理者态度和家长期望是主要的外部因素。在此基础上研究幼儿园男教师不同专业发展阶段的规律、特点，从内因去激发其专业发展的意识，从外因去引导和支持其专业发展，探索更适宜的专业发展路径和策略。

一、研究思路

本研究试图以更加人本的角度去关注幼儿园男教师的专业发展阶段特点，对其专业发展的规律、历程进行探讨，关注幼儿园男教师个人自主发展，从内部和外部因素唤醒他们对自我成长和发展的关注，促进他们在专业发展的过程中认识自我，做自我专业发展的主人。采用了定性研究和定量研究相结合的方式，对不同阶段的幼儿园男教师发放问卷，同时对幼儿园管理者、教师和家长开展了质性访谈和问卷调查。希望全面分析影响幼儿园男教师专业发展阶段的因素。

（一）研究对象

本研究选择了武汉市幼儿园男教师俱乐部里的31名男教师作为主要的调查对象，对其教龄、学历、职务、职称等基本信息进行了调查，并对调查结果进行分析，从而为后面的研究提供参考和依据。

（二）研发方法

本研究采用了问卷调查法、访谈法两种主要的方法收集资料和数据，通过SPSS.26来分析数据，最终完成调查报告。

（三）资料的分析

我们对武汉市幼儿园男教师俱乐部里的31名幼儿园男教师进行了问卷调查，同时对其所在幼儿园的领导和家长进行了问卷调查和访谈。调查主要包括3个方面的内容：幼儿园男教师专业发展阶段、影响幼儿园男教师专业发展阶段的内部因素以及外部因素。对问卷结果进行编码后录入数据库，采用SPSS.26统计软件对该数据进行了分析，完成了调查报告。

本研究的问卷采用自编问卷，一共涉及3个部分、9个方面的内容，共16个项目。具体内容上，第一部分是幼儿园男教师的基本情况，共3个题项；第二部分是幼儿园男教师专业发展阶段的内部影响因素的相关内容，共7个题项；第三部分是幼儿园男教师专业发展阶段的外部影响因素的相关内容，共6个题项。其中第二部分与第三部分问卷题项采用李克特五级量表计分方法，从1到5分别表示完全不符合、比较不符合、一般符合、较为符合、完全符合。为保证问卷的科学性、合理性等，对问卷进行了信度和效度检验。

1.信度检验

编制了问卷后，我们对问卷进行了信度检验。首先问卷的KMO统计量为0.967，大于0.7；Bartlett's球形检验的sig值为0.000，小于0.05，就可以进行探索性因子分析。经过第一次探索性因子分析，我们对专业知识部分进行了描述上的修改，并删除了无效的描述；在自我反思能力部分对关注个体差异进行了修改；在管理者态度部分，删除了无效题目。修改问卷后对13个项目进行了旋转后的成分矩阵分析，结果如表2-1所示：

表2-1 旋转后的成分矩阵

项目	成分		
	1	2	3
Q1		0.668	
Q2		0.753	
Q3		0.772	
Q4		0.760	
Q5		0.709	
Q6	0.627		
Q7	0.674		
Q8	0.749		
Q9	0.682		
Q10	0.632		
Q11			0.774
Q12			0.734
Q13			0.780

对三个主成分进行命名：活动设计、活动组织、活动评价及反思。根据旋转后的成分矩阵，Q1-Q5为成分2，即活动设计；Q6-Q10为成分1，即活动组织；Q11-Q13为成分3，即活动评价及反思。最终确定了量表的结构，分为教学计划、教学组织、教学评价及反思三个维度。接着进行克隆巴赫Alpha可靠性统计，结果发现每个维度的结果均在0.9以上，总问卷的系数也在0.9以上，说明问卷有效。各维度及总表信度统计结果如表2-2所示：

表 2-2　各维度及总表信度

维度	克隆巴赫 Alpha 系数	项数
活动计划	0.963	5
活动组织	0.963	5
活动评价及反思	0.962	3
总表	0.983	13

2.效度检验

本研究对问卷的结构效度进行检测，发现各维度之间的相关系数均在0.823~0.908之间。各维度与总表的相关系数在0.840~0.899之间，因此本问卷的结构信度较好。各维度及总表效度如表2-3所示：

表 2-3　各维度及总表效度

维度	活动设计	活动组织	活动评价及反思	总表
活动设计	1			
活动组织	0.866**	1		
活动评价及反思	0.823**	0.908**	1	
总表	0.840**	0.899**	0.850**	1

注：**表示 $P<0.01$ 显著水平。

二、幼儿园男教师专业发展及教学实践现状

幼儿园男教师专业发展是一个连续的、动态的、纵贯整个职业生涯的过程，其中，来自男教师个体的影响因素对其专业发展意义重大。由于影响因素的不同，男教师发展的状态也将各不相同，了解、掌握相关内部因素，主动利用这些因素，积极控制不利因素，有利于促进其专业发展。

（一）幼儿园男教师专业发展阶段现状

根据调查显示，武汉市幼儿园男教师处于探索期的比例最高，达到51.61%，而初任期最少，只有9.68%。这说明武汉市幼儿园男教师大部分处于探索期。不同阶段幼儿园男教师专业发展情况如表2-4所示：

表2-4　不同阶段幼儿园男教师专业发展情况

阶段（教龄）	N	百分比	均值	标准差
初任期（1～3年）	3	9.68	3.008	0.536
探索期（4～9年）	16	51.61	3.398	0.756
成熟期（10～14年）	8	25.81	4.029	0.601
学者期（15年以上）	4	12.90	4.789	0.545

（二）不同阶段幼儿园男教师从事的岗位

十几年前，幼儿园男教师的出现引起了社会公众和舆论的强烈反响。男教师深受幼儿喜爱，并逐渐被家长、园方接受和认可。但很快社会公众对其形成了刻板印象，最开始大家认为幼儿园应该有更多男性加入承担“苦力”工作，所以很多男教师成为后勤工作岗位的首选。随着时代的进步，社会对幼儿园男教师有了新的定位，认为其应更多地承担幼儿园专职体育老师的职责。调查中发现，不论是初任期、探索期、成熟期还是学者期，幼儿园男教师更多的是承担专职体育教师的岗位（见表2-5）。同时，处于初任期和探索期的男教师对自己的岗位不满意度分别高达66.67%和68.75%（见表2-6）。这样的社会刻板印象，必然使得幼儿园男教师的专业发展道路变窄，不利于其专业发展。

表2-5　不同阶段幼儿园男教师从事岗位的情况

岗位 阶段	带班 百分比	行政 百分比	教科研 百分比	专职体育 百分比
初任期	45.50	0	0	54.50
探索期	32.25	3.26	4.79	59.70
成熟期	19.35	9.68	12.90	58.07
学者期	16.13	29.03	6.45	48.39

表2-6　不同阶段幼儿园男教师对从事岗位的满意度

阶段（教龄）	频率		百分比	
	满意	不满意	满意	不满意
初任期（1～3年）	1	2	33.33	66.67
探索期（4～9年）	5	11	31.25	68.75
成熟期（10～14年）	5	3	62.5	37.5
学者期（15年以上）	3	1	75	25

（三）不同阶段幼儿园男教师教学技能现状

不同阶段幼儿园男教师教学技能的差异分析结果如表2–7所示：

表2–7　不同阶段幼儿园男教师教学技能的差异分析

教学技能	阶段	个案数	平均值 ± 标准差	F	P值
活动设计	初任期（1～3年）	3	3.14 ± 0.206a	5.712	0.000
	探索期（4～9年）	16	3.24 ± 0.276a		
	成熟期（10～14年）	8	4.15 ± 0.134b		
	学者期（15年以上）	4	4.19 ± 0.124b		
活动组织	初任期（1～3年）	3	3.14 ± 0.216a	5.887	0.000
	探索期（4～9年）	16	3.14 ± 0.237a		
	成熟期（10～14年）	8	4.10 ± 0.122a		
	学者期（15年以上）	4	4.19 ± 0.124b		
活动评价及反思	初任期（1～3年）	3	3.14 ± 0.216a	6.044	0.000
	探索期（4～9年）	16	3.04 ± 0.226a		
	成熟期（10～14年）	8	4.12 ± 0.134b		
	学者期（15年以上）	4	4.43 ± 0.124b		

注：字母a、b表示在$\alpha=0.05$水平下有显著性差异；$P<0.05$表示差异显著。

从表2–7的数据可以看出，不同阶段幼儿园男教师教学技能的差异性P值均小于0.05，存在显著差异；经过事后差异性分析发现，在教学活动设计方面，初任期与探索期之间没有显著差异，但是与成熟期这个阶段却存在显著差异，说明探索期是幼儿园男教师教学活动设计能力发展的关键期，同样，研究发现，成熟期是幼儿园男教师教学活动组织的关键期，成熟期也是活动评价及反思的关键期。这说明幼儿园男教师教学技能存在阶段性发展的特点，不论是男教师自身或者管理者都可以在相应的关键期进行重点锻炼或培养，有效促进幼儿园男教师教学技能的专业成长。

三、幼儿园男教师教学实践影响因素分析

（一）不同阶段幼儿园男教师的教学职业信念因素

1.不同阶段幼儿园男教师的专业知识差异（见表2–8）

从表2–8的数据可以看出，不同阶段幼儿园男教师的专业知识的差异值均小于

0.05，存在显著差异；经过事后差异性分析发现，初任期与探索期之间没有显著差异，但是与成熟期、学者期这两个阶段却存在显著差异，说明探索期是幼儿园男教师专业知识提升的关键期。

表2-8　不同阶段幼儿园男教师专业知识差异

阶段（教龄）	个案数	平均值±标准差	F	P值
初任期（1～3年）	3	3.14±0.206a	5.712	0.000
探索期（4～9年）	16	3.24±0.276a		
成熟期（10～14年）	8	4.15±0.134b		
学者期（15年以上）	4	4.19±0.124b		

注：字母a、b表示在$\alpha=0.05$水平下有显著性差异；$P<0.05$表示差异显著。

在不断的实践过程中，幼儿园男教师的专业知识也会渐渐积累。在初任期他们的专业知识的重要来源是学校的理论学习，步入探索期后，他们不断地通过操作经验来完善、更新自己的专业知识，从而在步入成熟期后使其专业知识有明显的提升。

因此，不论是男教师自身或是管理者在其探索期时都要注重专业知识的实践及总结，即对理论知识的理解和运用。

2.不同阶段幼儿园男教师的职业规划差异

不同阶段幼儿园男教师职业规划情况如表2-9所示，从表上的数据可以看出，不同阶段的幼儿园男教师的职业规划情况是不一样的。在初任期，有职业规划的男教师的比例只有33.33%，但是在成熟期与学者期该比例就达到了100%，说明后几个时期幼儿园男教师的专业发展规划意识逐渐增强。

表2-9　不同阶段幼儿园男教师职业规划情况

阶段（教龄）	频率		百分比	
	是	否	是	否
初任期（1～3年）	1	2	33.33	66.67
探索期（4～9年）	13	3	81.25	18.75
成熟期（10～14年）	8	0	100	0
学者期（15年以上）	4	0	100	0

不同阶段幼儿园男教师职业规划差异如表2-10所示，从表上的数据可以看出，处于成熟期、学者期的幼儿园男教师很重视自己的职业规划。不同阶段幼儿园男教师的职业规划的差异值均小于0.05，存在显著差异；经过事后差异性分析发现，初任期与

探索期之间存在显著差异，但是探索期、成熟期、学者期这几个阶段间不存在显著差异。因此，为了进一步促进幼儿园男教师专业阶段发展，可以在初任期重视职业规划，并进行合理的职业规划。

表2–10 不同阶段幼儿园男教师职业规划差异

阶段（教龄）	个案数	平均值 ± 标准差	*F*	*P*值
初任期（13年）	3	1.15 ± 0.226a	6.712	0.000
探索期（4～9年）	16	3.44 ± 0.076b		
成熟期（10～14年）	8	4.05 ± 0.098b		
学者期（15年以上）	4	4.18 ± 0.068b		

注：字母a、b表示在α=0.05水平下有显著性差异；P<0.05表示差异显著。

3.不同阶段幼儿园男教师的自主学习意识差异

自主学习强调学习的主动性、不受外界干扰、不受他人支配，是提高学习效率的有效方式。不同阶段幼儿园男教师自主学习意识差异如表2–11所示。从表上的数据可以看出，不同阶段幼儿园男教师的自主学习意识的差异值均小于0.05，存在显著差异；经过事后差异性分析发现，初任期与探索期之间没有显著差异，但是与成熟期、学者期这两个阶段却存在显著差异，说明步入成熟期后幼儿园男教师的自主学习意识逐渐增强。

表2–11 不同阶段幼儿园男教师自主学习意识差异

阶段（教龄）	个案数	平均值 ± 标准差	*F*	*P*值
初任期（1～3年）	3	3.18 ± 0.168a	5.887	0.000
探索期（4～9年）	16	3.34 ± 0.176a		
成熟期（10～14年）	8	4.11 ± 0.068b		
学者期（15年以上）	4	4.20 ± 0.104b		

注：字母a、b表示在α=0.05水平下有显著性差异；P<0.05表示差异显著。

在访谈中也有男教师提到，步入成熟期前，他们多数是在实践和运用已有的专业知识和技能，但是步入成熟期后其认为自身的教育理念也要转变，需要与时俱进、终身学习，真正实现自我发展和超越。

4.不同阶段幼儿园男教师的自我反思能力差异

教师反思能力是指教师在一定的教育理论的指导下，及时发现教育实践中存在的问题，并积极寻求解决问题的有效策略，丰富和完善自身教育理论知识，努力提升教育实践的合理性，从而促进自身专业发展的能力。不同阶段幼儿园男教师自我反思差异如表2-12所示。从表上的数据可以看出，不同阶段幼儿园男教师的自我反思能力的差异值均小于0.05，存在显著差异；经过事后差异性分析发现，初任期与探索期、成熟期、学者期这几个阶段间均存在显著差异。

表2-12　不同阶段幼儿园男教师自我反思差异

阶段（教 龄）	个案数	平均值 ± 标准差	F	P值
初任期（1~3年）	3	3.15 ± 0.168a	6.044	0.000
探索期（4～9年）	16	3.89 ± 0.064b		
成熟期（10～14年）	8	4.12 ± 0.038b		
学者期（15年以上）	4	4.44 ± 0.124b		

注：字母a、b表示在α=0.05水平下有显著性差异；P<0.05表示差异显著。

究其原因，初任期的幼儿园男教师经验不足，在教育理念和方法上需要继续学习提高，如：对教学活动的监控、调节能力较差，常规性的课后反思习惯也没有形成。而随着教龄的增加，其教育经验日益丰富，他们在自我反思的过程中不断明确自身的教育目的，丰富教育方法，提升教科研能力，更能及时捕捉保教实践中的问题，并积极寻求解决问题的有效策略。

（二）影响幼儿园男教师教学实践的幼儿园层面因素

从不同研究文献看来，可以肯定幼儿园男教师的专业发展也存在阶段性的特点。处于不同发展阶段的男教师，影响其发展的外部因素也不同，即使处于同一个环节、同一个发展阶段中，如果影响其发展的外部因素不同，其专业发展阶段的特点也会有所不同。

1.不同阶段幼儿园男教师受教师培训影响的差异分析

培训需求分析是教师培训的命脉，也是开展教师培训活动的起点。它既是确定培训目标、设计培训课程的前提，又是进行培训效果评估的基础。[①]不同阶段幼儿园男教师受教师培训影响的差异分析结果如表2-13所示，从表上的数据可以看出，不同阶段幼儿园男教师受教师培训影响的差异值大于0.05，不存在显著差异。

① 赵德成，梁永正，朱玉玲.教师培训需求分析研究的回顾与思考[J].教育科学，2010（5）：64-68.

表2-13　不同阶段幼儿园男教师受教师培训影响的差异分析

阶段（教龄）	个案数	平均值±标准差	F	P值
初任期（1～3年）	3	3.13±0.216a	6.044	1.100
探索期（4～9年）	16	3.18±0.226a		
成熟期（10～14年）	8	4.10±0.206a		
学者期（15年以上）	4	4.43±0.156a		

注：字母a、b表示在α=0.05水平下有显著性差异；P<0.05表示差异显著。

不同阶段幼儿园男教师对教师培训期待的情况如表2-14所示，从表上的数据可以看出，处于任何时期的幼儿园男教师均对教师培训有较高的期待，最低的占比也达87.5%。结合表2-11和表2-12的结果可以看出，教师培训对幼儿园男教师专业发展有一定的影响。

表2-14　不同阶段幼儿园男教师对教师培训期待的情况

阶段（教龄）	频率		百分比	
	是	否	是	否
初任期（1～3年）	3	0	100	0
探索期（4～9年）	14	2	87.5	12.5
成熟期（10～14年）	7	1	87.5	12.5
学者期（15年以上）	4	0	100	0

在访谈中发现，虽然男教师对培训的需求都很高，但是不同阶段男教师的教师培训需求内容存在很大的不同。在初任期，有89.1%的教师希望获得教学、环节创设等方面的培训；探索期的男教师更多人希望获得游戏特色活动、案例撰写、教育教学论文撰写方面的培训，占比达78.5%；而成熟期与学者期的男教师更偏重教科研、课题等方面的培训，占比为76%。

2.不同阶段幼儿园男教师受管理者态度影响的差异性分析

幼儿园园长作为幼儿园的管理者、决策者，从幼儿园内部政策上能够给予幼儿园男教师更高的平台和更多的帮助。不同阶段幼儿园男教师受管理者态度影响的差异分析结果如表2-15所示，由表可见，不同阶段幼儿园男教师受管理者态度的影响的差异值大于0.05，不存在显著差异。但是初任期、探索期、成熟期和学者期的均值均高于总平均值2.5，由此可见幼儿园管理者对不同阶段男教师的专业发展均很重要。

表 2-15　不同阶段幼儿园男教师受管理者态度影响的差异分析

阶段（教龄）	个案数	平均值±标准差	F	P值
初任期（1～3年）	3	3.16±0.176a	6.044	1.100
探索期（4～9年）	16	3.56±0.189a		
成熟期（10～14年）	8	4.12±0.144a		
学者期（15年以上）	4	4.43±0.149a		

注：字母a、b表示在α=0.05水平下有显著性差异；P<0.05表示差异显著。

管理者对幼儿园男教师的专业发展的帮助主要是提供各种平台、培训等途径。男教师对幼儿园提供的专业发展帮助的满意度如表2-16所示。结合表2-16数据看，初任期和探索期男教师对幼儿园提供的专业帮助的满意度不高，最高占比只有37.5%，而成熟期与学者期男教师对幼儿园提供的专业帮助满意度较高，最低也是62.5%。

表 2-16　男教师对幼儿园提供的专业发展帮助的满意度

阶段（教龄）	频率		百分比	
	满意	不满意	满意	不满意
初任期（1～3年）	1	2	33.3	66.67
探索期（4～9年）	6	10	37.5	62.5
成熟期（10～14年）	5	3	62.5	37.5
学者期（15年以上）	3	1	75	25

这是因为随着管理者与幼儿园男教师的相处，他们对其特点、性格有了更深的了解，在岗位安排与职业培训上也会考虑其自身实际情况，对其提供的帮助更有针对性。可见，管理者的态度对幼儿园男教师专业发展的阶段有一定的影响。

3. 不同阶段幼儿园男教师受发展平台影响的差异性分析

不同阶段幼儿园男教师教学技能受发展平台影响的差异分析结果如表2-17所示，从表上的数据可以看出，不同阶段幼儿园男教师教学实践受发展平台影响的差异值均小于0.05，存在显著差异；经过事后差异性分析发现，在教学活动设计方面，初任期与探索期之间没有显著差异，但是与成熟期这个阶段存在显著差异；在活动组织方面的结论相同；而在活动评价及反思方面，前三个阶段之间不存在显著的差异，但是与学者期存在显著差异，后者显著高于前者。

表2-17　不同阶段幼儿园男教师教学技能受发展平台影响的差异分析

教学技能	阶段	个案数	平均值 ± 标准差	F	P值
活动设计	初任期（1～3年）	3	3.10 ± 0.216a	5.812	0.000
	探索期（4～9年）	16	3.24 ± 0.276a		
	成熟期（10～14年）	8	4.05 ± 0.114b		
	学者期（15年以上）	4	4.19 ± 0.124b		
活动组织	初任期（1～3年）	3	3.14 ± 0.216a	5.787	0.000
	探索期（4～9年）	16	3.34 ± 0.247a		
	成熟期（10～14年）	8	4.10 ± 0.122b		
	学者期（15年以上）	4	4.19 ± 0.124b		
活动评价及反思	初任期（1～3年）	3	3.14 ± 0.216a	6.144	0.000
	探索期（4～9年）	16	3.04 ± 0.226a		
	成熟期（10～14年）	8	4.12 ± 0.134a		
	学者期（15年以上）	4	4.43 ± 0.124b		

注：字母a、b表示在α=0.05水平下有显著性差异；P<0.05表示差异显著。

进一步访谈发现，处于探索期的男教师有了更多教学活动展示的机会，每一次公开的展示活动都能集中体现团体的智慧。从教学活动的设计，到材料的准备，再到活动的组织，幼儿园男教师的教学技能有了明显的提高。访谈还发现，学者期的男教师参与了更多幼儿园的课题研究项目，在这个过程中，他们的理论总结能力、教学反思能力以及经验总结能力均得到了锻炼和提升。以上表明，学者期的幼儿园男教师的教学评价及反思能力显著高于前三个阶段。因此，教学活动展示、教学实践研究以及课题研究等发展平台都是影响幼儿园男教师教学实践的关键因素。

4.幼儿园男教师教学实践受成长环境影响的差异性分析

有无园际合作对幼儿园男教师教学技能的影响差异分析结果如表2-18所示。从表上可以看出，有园际合作与无园际合作的幼儿园男教师在活动设计与组织技能方面存在显著差异，有园际合作的男教师均显著高于无园际合作的；而在活动评价与反思技能方面不存在显著差异。

表2-18　有无园际合作对幼儿园男教师教学技能的影响差异分析

教学技能	园际合作	Mean	SD	*T*	*P*值
活动设计	有	4.18	1.118	0.188	0.000
	无	3.14	0.958		
活动组织	有	4.31	1.055	0.702	0.000
	无	3.08	1.032		
活动评价及反思	有	3.77	1.014	1.056	0.052
	无	3.55	0.968		

注：$P<0.05$表示差异显著。

通过访谈发现，园际合作主要以开展相关的教学活动为主体，在每次活动开展前，双方都会相互帮助做前期的准备，共同探索组织方案，所以有园际合作的幼儿园男教师的教学实践能力明显高于没有园际合作的。

由于评价与反思是需要建立在一定教学实践的基础上，虽然幼儿园男教师有了园际的合作帮助，但是由于工作地域的限制，无法长期集中研讨与学习，缺少教学实操经验的总结与反思，所以在评价及反思方面，有无园际合作没有显著差异。这进一步说明，教学实践和经验的积累对提升幼儿园男教师教学技能有重要的影响。

（三）影响幼儿园男教师教学实践的社会层面因素

家长对幼儿园男教师态度的调查结果如表2-19所示。在调查中发现，家长对幼儿园男教师的接受度高达69.14%，说明大部分家长还是希望幼儿园有男教师。这对幼儿园男教师的专业发展是一个利好的信息。

表2-19　家长对幼儿园男教师的态度

态度	频率	百分比
希望有	372	69.14
无所谓	124	23.05
不希望有	42	7.81

进一步调查不同阶段幼儿园男教师受家长期望的影响情况，其差异分析结果如表2-20所示。由表可见，家长期望这一因素对不同阶段幼儿园男教师的专业发展存在显著差异，差异值小于0.05；经过事后差异性分析发现，初任期与另外三个阶段之间存在显著差异，说明这个时期家长对幼儿园男教师的态度存在排斥现象。

表2-20 不同阶段幼儿园男教师受家长期望影响的差异分析

阶段（教龄）	个案数	平均值±标准差	*F*	*P*值
初任期（1～3年）	3	3.05±0.216a	6.044	0.000
探索期（4～9年）	16	3.89±0.049b		
成熟期（10～14年）	8	4.12±0.041b		
学者期（15年以上）	4	4.15±0.046b		

注：字母a、b表示在α=0.05水平下有显著性差异；P<0.05表示差异显著。

在访谈中发现，有的家长会对男教师的个性、细心程度有所顾虑，担心男教师体罚孩子，甚至出现猥亵幼儿的情况，这些社会刻板印象直接影响了他们对男教师的态度。但是随着长时间的观察，他们发现男教师坚毅的个性、幽默的态度等深受孩子的喜欢，因而对其态度大有改观。可见家长对处于探索期的幼儿园男教师的态度开始有所改变，往好的方向发展。这说明社会层面上，家长的态度是影响幼儿园男教师专业阶段发展的重要因素。

综上所述，影响幼儿园男教师专业发展阶段的因素包括其专业知识、职业规划、自主学习意识和自我反思能力等内部因素，以及培训、管理者态度和家长期望等外部因素。同一个因素对于某些男教师来说可能起促进作用，但是对另一个男教师可能会起阻碍作用。因为人的发展是一种开发性的、生成性的动态过程，我们必须结合并综合两种主要影响因素，在具体的环境中研究其专业发展，才能探索出真正促进幼儿园男教师专业发展的路径。

| 第三章 |

幼儿园男教师专业发展各阶段教学实践特点及标准

教师是教育实践的主体，在教育实践中起主导作用，而教师主导作用的发挥有赖于自身教学实践能力的充分展现。教师的价值必然需要通过教学得以体现，教学必然需要借助教学实践能力得以开展，作为教师基础能力的教学实践能力成为关乎教学效果乃至教育质量的关键性因素。

幼儿园男教师作为幼儿园教师结构中的重要组成部分，其教学实践能力对于履行教育教学职责、提升教学质量具有决定性作用。幼儿园男教师的专业发展应在教学实践中加以系统训练，夯实其教学能力基础，并于教学活动中加以充分发挥。

一、幼儿园男教师各阶段教学实践特点

（一）初任期

教师在刚进入这个行业时对自己大学几年的知识积累充满信心，普遍表现出对教育的热情，不过他们很快就发现，实际的教育工作并不简单。虽然他们所学的专业知识完全能够满足教学的需要，但如何把握教学的重点难点、如何进行有效教学、如何研究教学、如何管理教学活动等，这些问题常常让他们感觉到有些无所适从。在这一阶段，他们很难成为优秀教师，但这一段时间的态度和信念对他们从事教育事业有着重要的影响，也决定了他们未来能不能成为一名优秀的教师。

对初任期幼儿园男教师来说，关键是如何通过短短两到三年的教育实践，尽快完成理论与实践的初步结合，初步形成自己的教学实践技能和技巧，使自己适应教育教学工作的基本需要。

初任期幼儿园男教师教学实践的特征主要表现在三个方面。

第一，初任期幼儿园男教师的教学实践往往全程都是进行集体活动。在教学活动准备上，忽视了其必须与幼儿的发展特点与需求水平相适应的要求，比如会出现材料准备不充分、材料过于单一、教具无法得到充分运用等情况；在教学实践过程中有时会出现环节不清晰、无梯度的现象；在活动中对幼儿的提问只能刻板依赖制定好的规范和计划来进行，缺乏灵活性。

第二，在教学实践生成性事件中，初任期幼儿园男教师对幼儿的回应更多倾向于重复幼儿的回答。当幼儿回答出自己意料之外的答案时，更多的初任期幼儿园男教师的回应是回避和敷衍。在教学活动指导中，初任期幼儿园男教师与幼儿进行互动时，容易只关注与之正面互动的一个或者几个幼儿，忽视对其他幼儿的关注。

第三，在教学实践管理事件中，初任期幼儿园男教师无法调动自己的专业知识和能力来抓住问题的关键即刻进行处理，而是需要中断教学，先把纪律整顿好。但是他们往往非常具有激情，能够充分地调动幼儿的积极性。

在这个阶段，初任期幼儿园男教师需要了解与教学有关的一些实际情况和具体的教学情境，对于他们来说，积累经验比学习书本知识更为重要。

（二）探索期

教师经过5年左右的教学实践和对教学的理性思考，进一步认识到教育的重要性，体会到教育教学的欢乐，职业认同感得到加强。他们在专家或经验丰富的教师的指导

下，结合自身特点和教育发展要求，树立起正确的教育观念，形成了适合自身的教学设计方法、教学方法和学习指导策略。教师在这一阶段，虽然能熟练地把握课堂与教学，但教学更多地源于自身积累的经验和对学科教育专家的模仿。

这一时期的幼儿园男教师的主要任务是能够独立地、熟练地从事教学，并逐渐形成自己的教学风格。在站稳讲台的基础上，创造出自己的特色，在“精”上下功夫，并能够把在学校学到的知识逐渐运用于教学实践。

探索期幼儿园男教师教学实践的特征主要表现在以下三个方面。

第一，探索期幼儿园男教师的教学会多元化一些，主要表现为在活动过程中不会全程都是集体教学，而会穿插着平行的小组活动和个别活动。在教学活动准备上，基本能够准备与幼儿需求水平相适应的材料。在教学实践过程中，探索期幼儿园男教师注重组织策略的运用，环节清晰，次序基本符合教学规律。但是探索期的幼儿园男教师的教学行为还没有达到具有快捷性、流畅性、灵活性的程度。

第二，在教学实践生成性事件中，探索期幼儿园男教师的理答策略更多，在幼儿回答出现明显错误、困难时，会纠正、补充、追问幼儿的回答，但追问主要为了引导幼儿回答出自己期望的答案。在面对幼儿出乎意料的答案时，探索期幼儿园男教师会接纳，但难以给予适当回应。

第三，在教学实践管理事件中，探索期幼儿园男教师会使用部分高级语言，但是这些语言多出于无意识的个人语言表达习惯，尚未形成专业自觉。他们提出的规则与期望主要指向的还是幼儿的常规管理，如“保持桌面清洁”“安全正确地使用剪刀”等。

（三）成熟期

教师在经过了15年磨炼后，开始思考和检讨已有的教育理念与方法，逐步走出上一阶段形成的固定教学模式，能灵活自如地运用各种教学技能并组合成新的教学方式，发展更加实用和自主的教学方法，进入专业创造期阶段。

成熟期幼儿园男教师发展的关键是找到理论与实践的结合点。因此，要重视对所掌握知识的灵活运用，在教学实践过程中消化所学的知识，并内化成自己的知识，变成自己的教育思想或理念，同时也要注意转化自己的教学技能技巧，用所学的理论指导实践，通过丰富实践来发展理论。

该阶段的幼儿园男教师在教学实践中最突出的特征表现在以下三个方面。

第一，在教学实践预设事件中，成熟期幼儿园男教师已经能够充分把握前期的教学活动设计，对幼儿的提问也更多地呈现出开放性，同时对于问题的把握也开始逐步走向成熟化，能够适时注意到问题的目的性，激发幼儿进行思考。

第二，在教学实践生成性事件中，成熟期幼儿园男教师开始侧重于清晰应对需要帮幼儿梳理提升的概念。这个时期的幼儿园男教师对幼儿回答问题的回应更加具有针对性。在面对幼儿出乎意料的答案时，他们可以给予适当的回应。

第三，在教学实践管理事件中，成熟期幼儿园男教师更多地有针对性地对集体、小组、个人发问，这就具备了吸引幼儿注意并将幼儿的注意力维持在教学中的条件，那么会相应地减少幼儿的不当行为，缩短花在教学管理上的时间。

（四）学者期

教师通过对职业以及教育教学的不断反思、研究，在思想上，更加执着于教育事业，热心教学研究，有较为强烈的专业愿景，处于一种积极的、向上的、执着的追求事业的状态；在专业水平上，通过不断探索，逐渐形成自己的教育理念和教学风格。

该阶段幼儿园男教师在教学实践中最突出的特征表现在以下三个方面。

第一，在教学实践预设事件中，学者期幼儿园男教师对幼儿的提问能够反映幼儿的实际需要。问题的难度由浅入深，内容循序渐进，从而构成一个指向明确、思路清晰、具有内在逻辑关系的“问题链”，为幼儿提供适宜的“支架”，帮助幼儿在问题解决过程中建构认知结构。

第二，在教学实践生成性事件中，学者期幼儿园男教师具有较强的直觉判断能力。由于在长期的教学实践中积累了经验，他们对教学中出现的与以往教学事件类似的情况能凭直觉来观察与判断，并做出相应的反应。同时，学者期幼儿园男教师更善于在总结时通过迁移经验帮助幼儿建立知识（概念与原理）与生活之间的关联，其使用的高级语言都是出自专业自觉。

第三，在教学管理事件中，学者期幼儿园男教师更关注对儿童形成良好行为习惯和学习品质的长期影响，对幼儿行为的规则与期望不仅指向常规，也指向良好学习品质的培养，如 “认真倾听别人说了什么”“多试试几种不同的方法”等。

二、幼儿园男教师各阶段教学实践的标准

（一）不同阶段幼儿园男教师教学实践标准制定原则

幼儿园男教师专业发展阶段目标体系的建立在传统幼儿教师专业发展阶段框架的基础之上，不仅需要考虑基本的专业标准，而且需要科学规划幼儿园男教师专业发展的目标细则，才能建立可供幼儿园男教师、管理者及培训者参考的目标体系。

1.把幼儿的学习与发展放在首要位置

幼儿的身心和谐、全面发展一直是幼儿园教育的首要工作，是制定幼儿园男教师专业发展阶段目标的参考和依据。因为制定教师专业发展目标，本质上是确定教师的教育工作对幼儿的发展是否有正面影响，从而肯定有正面影响的工作，约束有负面影响的工作，为幼儿教师的工作确定一套基本原则。[①]本目标涵盖了幼儿身心发展特点、幼儿园男教师角色、幼儿一日生活、幼儿发展目标、家园共育等多方面元素。

2.以不同阶段男教师专业发展需求为依据

为了使幼儿园男教师专业发展阶段目标具有推广性、参考性、针对性，在制定目标细则的时候需要以不同阶段男教师专业发展需求为依据。本研究通过问卷调查、访谈等方法，对研究区域的男教师俱乐部中的幼儿园男教师专业发展需求与实际情况进行了充分的调查与分析，在掌握了第一手资料的基础上，结合专家与管理者对幼儿园男教师专业发展的预期，从专业发展特点、发展规划、发展重点、专业发展建议四个维度形成了幼儿园男教师专业发展阶段目标体系。

（二）不同阶段幼儿园男教师教学实践标准细则

不同阶段幼儿园男教师教学技能发展目标如表3-1所示。

表3-1　不同阶段幼儿园男教师教学技能发展目标

维度	初任期	探索期	成熟期	学者期
教学活动设计	1.注重保教结合，培育幼儿良好的意志品质，帮助幼儿形成良好的行为习惯。 2.了解幼儿的学习特征和发展规律，熟悉教育对象的阶段特点，清楚各领域的教育目标、任务、内容、要求和基本原则，制定阶段性的教育活动计划和具体活动方案，选择的内容合适，能围绕三个维度书写活动目标。	1.注重保教结合，培育幼儿良好的意志品质，帮助幼儿形成良好的行为习惯。 2.认真领会《纲要》精神，理解幼儿的学习特点和学习规律，熟练掌握3～6岁幼儿年龄特征和幼儿园教育的目标、任务、内容、要求和基本原则。根据本班幼儿的年龄特点，制定较完整的课程计划，较准确地书写三个维度的活动目标。	1.注重保教结合，培育幼儿良好的性格、意志品质和行为习惯。 2.掌握不同年龄幼儿发展特点、规律和促进幼儿全面发展的策略与方法。熟悉幼儿园教育的目的、任务、内容、要求和基本原则，并灵活运用于教学实践中，根据班级幼儿年龄特征、生成目标、个体差异调整教育教学目标，能创造性创编教学活动方案。	1.注重保护幼儿的好奇心，培养幼儿的想象力，发掘幼儿的兴趣爱好。 2.指导教师根据《纲要》要求及班级幼儿年龄特点，制定科学规范的课程实施方案。关注园本课程建设，适时反思、调整，不断提高课程对幼儿发展的有利条件。

① 郭良菁.上海市幼儿园教师专业发展自我评价体系研制简介：构建幼儿园教师专业标准的尝试[J].学前教育研究，2007（07-08）：10-18.

续表

维度	初任期	探索期	成熟期	学者期
教学活动实施	1.能依据教材，结合本班幼儿发展水平认真备课，掌握幼儿园各科教学法，选择合适的教学组织方式和教学策略，预设教学活动方案，活动方案完整。 2.能根据预设教学活动方案顺利组织和完成教学活动，使用符合幼儿年龄特点的语言进行保教工作，有一定的组织和实施能力。 3.在活动中能激发幼儿学习兴趣，灵活开展学习活动，积极回应幼儿。 4.具备较全面的弹、唱、跳、画、说等专业技能，具有相应的艺术欣赏与表现知识，能结合实践积极运用。	1.能完成、甚至是创造性地实施基础课程，在教育活动的实施中将各领域教育内容有机结合、相互渗透，体现趣味性、综合性和生活化，并能根据幼儿的兴趣和需要，生成新的主题。 2.有较丰富的教育教学经验，能用多种组织形式和恰当的教育方式，有效整合、运用家庭和社区的各种资源，较好完成教学目标。 3.善于倾听幼儿，敏锐观察幼儿的需求和兴趣，并及时做出回应和教学调整，注重随机教育。 4.能积极学习优秀的教学经验和方法，能利用自身特长形成教学风格。	1.能结合课程的特点，整合多元化的内容并设计出符合幼儿经验与兴趣、激发儿童思考、促进幼儿解决问题的活动，处理好预设与生成的关系，并因时因地因材料进行调整。 2.教育教学技能娴熟，教学幽默、风趣、有感染力，注重激发幼儿的学习兴趣，灵活运用多种教育策略和教育资源，有效组织和实施教学；能指导年轻教师教育教学，具备“传、帮、带”的能力。 3.相信每个幼儿学习与发展的主动性，提供更多动脑思考、动手操作、交流合作、表达表现的机会，能给予幼儿足够完成任务、处理问题的时间。 4.善于吸收并积极尝试优秀的教学经验与方法，灵活调整教学策略，具有独特并相对稳定的教学特长和风格。	1.有较强的创新能力，能创造性地实施课程，对课程中不完善之处能因地制宜地进行调整和完善；具有较强的园本课程开发能力和创新能力。 2.有独特的教学风格，充分彰显个性魅力，有自己擅长的学科领域，且有一定的影响力；能指导青年教师掌握各种组织形式和适宜的教育方式，促进幼儿发展的成效明显。 3.能认真倾听幼儿的表达，耐心观察幼儿的行为，并适时引导，追求教育实践的不断完善；及时发现青年教师教学中提问、回应中存在的问题并给予针对性指导。 4.注重将学前教育理论与保教实践相结合，突出保教实践能力；注重幼儿教师形成团队建设，指导自己的教学团队效果明显，有一定的影响力。

续表

维度	初任期	探索期	成熟期	学者期
教学活动评价与反思	1.合理看待教学评价的功能性，掌握观察、谈话、记录和分析幼儿行为的基本方法；能自觉运用评价的结果去引导幼儿健康发展。 2.在评价过程中，能配合其他主要成员、参与幼儿评价。 3.有初步的个案观察和教育诊断能力，关注幼儿日常表现，及时发现和赏识每个幼儿的点滴进步。 4.能综合采用观察、谈话、家园联系、幼儿作品分析等评价方法，客观、科学地评价幼儿。 5.能将教学过程中的问题在教学反思中进行记录，并能主动去寻找改进办法。	1.高度重视教育评价，能通过开展教育评价不断提高自己的教育教学技能、促进自我专业成长。 2.将教育评价渗透到一日活动的各个环节中，能准确判断幼儿发展水平和教学活动效果；有效运用评价结果，指导下一步教育活动的开展。 3.坚持在一日活动中全面观察和分析幼儿，关注特性与个性，科学、客观评价的同时给予幼儿指导与帮助。 4.灵活运用过程性评价与结果性评价等评价方法，多渠道、多途径地开展教育评价。 5.能综合运用多种教育理论，结合实际情况，对教育评价结果进行科学分析，整理、提炼教育评价过程中的有益经验，为开展集体和个别化教育提供依据。	1.明确教育评价对幼儿园课程建设的重要性，自主参与幼儿园教育评价制度，促进幼儿园课程的发展与完善。 2.善于听取园长、教师、家长、幼儿及其他人员对教育评价工作的意见和建议，科学分析与评估，随机调整教育目标、内容、策略等，增强教育教学效果。 3.在一日活动中灵活掌握和实施“面向全体，因人而异”的教育评价原则，关注每个幼儿，重视与特殊个体的有效沟通，了解他们的发展需求和发展潜能，帮助每个幼儿建立自信，使其富有个性地发展。 4.自觉建立评价理论与实践的联系，灵活运用多种评价方式，观察和记录幼儿的典型行为表现，对幼儿进行科学评价。 5.科学利用教育评价结果，指导青年教师通过多种方式适时向家长、幼儿反馈评价情况，制定个别化教育方案，不断调整、改进教育实践，撰写一定质量的教育评价分析报告，提高教师专业素养。	1.有成熟的教育评价理论体系和科学有效的评价方法，自觉将教育评价行为渗透入常规活动，建立动态、科学的教育评价制度。 2.熟练掌握各种评价方式，注重评价主体的多元化（园方、教师、幼儿、家长、社区等），将评价结果进行及时反馈与沟通，帮助幼儿体验成功感，效果明显。 3.指导教师灵活掌握“面向全体、因材施教”的原则，准确把握幼儿内在心理需求，通过评价对幼儿的语言、行为背后的原因进行深入分析并给予适时指导。 4.教育评价理论功底扎实，建立、完善园本课程、幼儿发展等评价体系，推广优秀评价活动的经验。 5.能根据需要制定园本特色的评价方案，善于总结园本教师科学教育评价的成功经验，提炼教育评价的专题教科研成果，切实发挥教育评价的作用和功能。

第四章

幼儿园男教师教学实践能力提升策略研究

通过上面对幼儿园男教师专业发展中教学实践的影响因素以及幼儿园男教师专业发展各阶段教学实践特点及标准的分析后，我们对幼儿园男教师专业发展及教学实践现状、存在的问题都有了比较深入的了解。

结合对文献的研究，幼儿教师专业发展需要从专业理念与师德、专业知识、专业能力三个维度来考虑。本研究针对武汉市区域内男教师专业发展的可行路径进行分析，对教学实践能力提升的策略进行思考，主要从教学实践技能研究、外驱力实践研究、内驱力实践研究这三个方面来提出针对性的策略建议。

一、幼儿园男教师教学实践技能研究

（一）以教学活动设计入手，做好教学准备工作

教学活动设计是对一个活动的具体行动规划，是教师进行教学的蓝图，也是教师取得良好教育效果十分必要的准备工作，它是构成教师教学准备策略的重要内容。设计教学活动，教师需要明确的基本要素包括活动目标、活动内容、活动准备、活动过程四个部分。这就要求教师在了解幼儿经验和水平的基础上，观察和分析幼儿的需要，确定符合“最近发展区”的适宜目标，选择幼儿感兴趣的活动内容，使其既符合幼儿的现实需要，又利于幼儿的长远发展。

第一，活动目标的制定要明确具体，操作性强。活动目标是教学活动所能达到的教学效果，决定着活动的方向，影响到活动的范围，涉及活动的难易程度，是教学活动所追求的价值所在。教学活动的目标应该是在有限时间内可以达成的目标，因此，教师要特别注意目标的具体性、针对性和可操作性。

第二，活动内容要贴近幼儿生活，具有开放性。幼儿园的教学活动关注幼儿的真实体验，强调幼儿主动学习，教师在选择活动内容时，要具有高度的问题敏感性，善于捕捉幼儿有价值的行为和信息，并加以推进和利用，引发幼儿的学习兴趣。

第三，活动准备要考虑全面，重视玩教具的准备。苏霍姆林斯基认为，直观的物体形象能吸引儿童的注意力，能帮助儿童领会概念、理解规律。[①]因此，教学道具的准备至关重要，它是实现教学目标的桥梁和支架。首先，在选择投放材料的时候，要注意投放的层次性，让幼儿敢于操作；其次，投放的材料要激发幼儿活动的兴趣，让幼儿喜欢操作；最后，注意教学道具的耐用性，让幼儿时常操作。

第四，活动环节设计要确保有效，具有层次性。教学活动环节蕴含着教师的教育指导思想，同时也体现了教师的设计能力。这就需要教师在教学活动环节的设计过程中具有目标意识、过程意识和发展意识，要始终围绕着“幼儿要获得什么”“我要怎么设计促使幼儿达成目标”这两个问题进行思考，要让每一个环节都能够对幼儿起到提升作用，层层深入，这样活动才能顺畅而生动。

武汉市幼儿园男教师Z老师在《勇敢的小鹿》教学活动中对材料进行了趣味性的设计，让孩子在活动中自己动手将泡沫垫变换形状，从而改变提高活动的趣味性，让孩子不断去完成新的任务。同时还在设计中加入了生生合作的情景，充分体现了孩子

---

① [苏联] B. A. 苏霍姆林斯基. 给教师的建议[M]. 北京：教育科学出版社，1984.

是活动的主体，把决定权交给孩子们。在游戏过程中让孩子们自己去拼搭方块，然后通过形状的改变给孩子一种新的体验，不断地调动他们的积极性，给孩子充分的自主性，让他们根据自己的意愿来完成游戏和挑战。从课例中也可以看出，Z老师在教学活动设计中意识到孩子积极参与才是活动的宗旨所在，因此活动内容设计也充分考虑到孩子的兴趣点。

（二）以教学实施为抓手，把握教学活动环节

1.精心设计提问，重视提问的密度与节奏

为了提高提问的质量，教师需要对以下几个方面加以认真考虑。首先，什么是好问题？一个好的问题应该是难易适度的问题。所谓难易适度，指教师提出的问题既有一定的难度，又是幼儿经过努力可以解决的，即问题的难易程度应在儿童的“最近发展区”内。[①]其次，好问题是具有启发性的。所谓的启发性，即能引起幼儿认识中的矛盾，使问题处在幼儿已知与未知的联系处，在其低级思维活动与高级思维活动的联系处，能激发幼儿探索与学习的积极性。最后也是最重要的，问题应该从何而来？第一是来自教学内容的关键处，对幼儿的思维有“统领”作用；第二在素材和幼儿的经验处设问，引导幼儿进行思考；第三借助幼儿的问题进行提问，引发幼儿思想的碰撞和交流。[②]

同时，教师也要学会适时提问，注意提问的目的性，力求少而精，且能够准确反映幼儿的实际需要。问题的难度要由浅入深，内容要循序渐进，以构成一个指向明确、思路清晰、具有内在逻辑关系的“问题链”，为幼儿提供适宜的“支架”，帮助幼儿在问题解决过程中建构认知结构。[③]问题的类型也可以灵活多变、丰富多样，如可以采取直问、曲问、反问、激问、引问、追问等多种形式；还可以让幼儿采用自由回答、集体回答或者讨论作答等多种回答方式，这样可以使提问不呆板，不落俗套，从而激起幼儿的学习兴趣与热情。

武汉市实验幼儿园C老师在《会变魔术的花》教学活动中，为了引导幼儿更多地思考，一连用了几个追问的方式。由于孩子们在前期主题活动中了解了各种鲜花的相关知识，所以对这些内容非常感兴趣，当C老师问到这些问题的时候，他们能够迅速回答出来。这个环节的提问式对话也让C老师意识到，在日常教学当中，要注重给孩

---

① 赵南．“最近发展区”概念解析及其对幼儿园教学的启示[J].学前教育研究，2006（09）：5-9.

② 康丹．幼儿园集体教学活动中教师提问的研究[D].长沙：湖南师范大学，2008.

③ 吴文艳．基于预设 显于生成：浅谈集体教学活动中的预设与动态生成[J].学前教育研究，2006（09）：10-11.

子空间去了解更为全面的知识。而在设计一节教学活动的时候，也可以用类似的提问方式来让孩子充分回顾自己的经验，这将给一节活动课带来一个良好的开端。

2.在教学实践中建构有效的师幼关系

教育过程是一个师生之间的双向互动的过程，著名的教育家蒙特梭利认为“教育的基本问题，不是教什么和学什么的问题，而是建立成人和儿童之间的关系的问题。”①因此，教师的有效回应至关重要，面对幼儿强烈的求知欲和探索欲，教师要依据不同的活动形式，根据幼儿的不同发展水平随时调整自己的教育目标和教育策略，不急于指导或释疑，不能简单地判断对错，要通过有效的回应引发幼儿的思考和讨论，激发其进一步探究的兴趣，支持和推动幼儿的自主学习、主动建构和整体发展。

第一，教师要学会适当等待。教师对幼儿进行提问的根本目的在于引导幼儿思考，开拓幼儿智慧。但是在教学实践中，教师总是急于给幼儿抛出一系列的问题，没等幼儿来得及思考，下一个问题就提出来了。因此，在互动过程中，教师要掌握“问”和“答”之间的时间间隔，学会等待。对于简单的问题，幼儿只需2~3秒的思考便可回答；对于复杂的问题，教师就要适当延长等待的时间，引导幼儿思考。

第二，教师对幼儿回答问题的回应要具有针对性。教师对幼儿回答问题的评价要具有针对性，这是对幼儿的具体指导，肯定其正确的回答，继续延伸问题，引发进一步思考，有艺术性地纠正幼儿错误的回答，引导其往正确的方向思考。

第三，教师在回应幼儿的时候，应尽量表现积极的情感倾向，努力克制自己的消极情感。眼神、微笑、语调都能传达出教师对幼儿的积极情感，用赏识、肯定的态度回应幼儿，使幼儿在教师热切的目光和赞赏的语言中体会师幼互动的快乐，架起沟通的桥梁，积极有效地回应，建构师幼互动的舞台。②

武汉市实验幼儿园Y老师观察了幼儿园男教师C老师在科学活动中如何对幼儿进行回应。通过课堂的观摩，她发现C老师在第二个教学活动环节中对孩子抛出问题，当孩子有不同的回答时，老师没有立即给出评判，而是让幼儿有目的地再次观看动画，寻找答案。回答错的幼儿通过老师的“无声”回应，认识到可能是自己没有理解清楚或者忘记了时钟的概念，进而主动学习，习得经验。这样幼儿不仅没有挫败感，反而从中体会到科学探究活动的乐趣。

3.正确把握教学实践中的预设与生成

预设与生成是矛盾统一体，教学实践既需要预设，又需要生成，预设与生成是教

---

① 杨佳丽.幼儿园集体教学活动有效教学的现状与反思[D].金华：浙江师范大学，2010.

② 孔凡云.幼儿园集体教学活动中师幼互动研究[D].济南：山东师范大学，2011.

学实践的两翼，缺一不可。没有预设的教学是不负责任的教学，而没有生成的教学是不精彩的教学。[①]苏联著名教育学家苏霍姆林斯基说过："教育的技巧不在于能预见到课堂的所有细节，而是在于根据当时的具体情况，巧妙地做出相应的变动。"[②]因此，教师要具有对教学生成的敏感性，主动在教学过程中捕捉教学生成，选择有效的应对策略，减轻应对的压力，从而更有效地应对教学生成。

首先，教师要有引导生成的教学能力。教师要充分调动儿童的智慧，激活儿童的已有经验，唤起儿童学习的内在需要和兴趣，在儿童的头脑中创造经验生长的"沃土"；通过创设情境，引导儿童自己提出问题，产生认知冲突，并通过问题的解决，最终在"沃土"中生成真正属于儿童自己的个体知识。[③]

其次，教师要形成教学资源意识。教师要把教学中各种有意义的教学资源充分挖掘出来，即时捕捉各种"始料未及的信息"并理智地纳入教学设计之中，用来改进教师的教和儿童的学。

最后，教师要逐步形成应对"生成"的教育智慧。在面对教学现场各种与众不同的声音、始料不及的意外等生成性资源时，教师应独具慧眼、善于捕捉，能够及时对儿童生发的问题进行价值判断，凭借教学机制应对生成性问题，并对预设的教学进度与环节、方法与手段适时地做出反应和调整，按照教学情境动态地设计和实施教学方案。[④]

武汉市幼儿园男教师L老师在组织了《神奇的维C》教学活动之后，发现这堂科学活动课还存在着一些无法及时解决的问题。例如，幼儿同时将几种水倒在了一起，导致实验结果受到影响；一些幼儿在遇到认知冲突时不能自主大胆地提出质疑和辩解，需要教师的提醒和引导才能更自主地表达；个别幼儿做了实验但没有及时记录。因此他又生成了"大胆表达""水的奥秘"的教学活动。由此可以发现，L老师在活动中注重培养幼儿严谨的科学态度，他意识到科学活动中处处存在着教育契机，他用智慧的眼睛去发现，用科学的态度与孩子一同探究科学世界。

（三）以男教师的个性为切入点，形成独特的教学风格

教学风格是指教师在教学实践中形成的有效的教学观点、技巧和作风的独特结合

---

① 彭兵.成就专业的幼儿教师—幼儿教师专业发展阶段研究[M].北京：北京师范大学出版社，2012.

② 王美霞.在"活动单导学"模式下构建个性鲜明的语文课堂[J].语文教学通讯，2013（03）：58.

③ ④ 李祎.教学生成中教师应具备的素质[J].学前教育研究，2008（08）：16-19.

与表现，标志着教学艺术个性的稳定状态。[①]它的核心是教师个人在教学艺术方面独特鲜明的个性，是教学艺术实践的升华。教学风格的形成对一名教师而言，是教学观点、教学作风、教学技能以及教学方式日臻完美的体现，它的形成标志着教师个性与创造性已达到某种较高的程度，也体现了教师的文化素养、心理特质、教育理念等多种个性因素。

幼儿园男教师要以自己擅长的学科领域特点为基础，研究自己的教学个性，要有创新意识和精神，不仅要总结形成自己独特的实践操作体系，更要形成自己独特的教学思想或教学理念，形成自己的完整的教学体系、教学风格。在具体教学实践中，男教师可以从以下几个途径入手。

第一，模仿学习，实践锻炼。模仿是形成教学风格的重要因素，男教师应该留意模仿他人的教学风格，积极吸收他人的教学经验，以人之长，补己之短。学习是基础，实践是关键，教学风格是实践的艺术，只有结合自己的教学实际，躬身践行，才能不断地丰富和完善自己的教学风格。

第二，明确方向，扬己之长。教师的教学风格有赖于教师对自身教学发展的认识和追求。为此，男教师应当注意要从自身的教学实践出发，扬己所长，发挥优势，独辟蹊径，同时也要具有清晰的自我意识，了解自己的个性倾向、能力系统、教学优势等，有意识地构建自己独特的教学风格。

第三，反思求变，大胆创新。男教师要随时注意教学改革的新动向，提高自身的教学艺术水平、审美情趣和个性品质，将教学艺术运用于教学实践，创新地将各种教学要素融为一体。

二、幼儿园男教师外驱力实践研究

教师职业是一个群体，教师发展与学校发展有密切的关系。教师专业发展的理想方式是群体合作式的发展，专业合作有利于优化教师专业发展的探索过程，促进其专业发展目标的实现。幼儿园男教师追求专业发展的过程既是一个个人努力的过程，也是一个需要与同事合作分享专业知识和情感体验的过程。因此，幼儿园男教师要汲取多方面的经验，促进男教师在协商的基础上形成知识，使得教师的知识在幼儿园群体中不断流动，并逐步增值，以此形成一种开放式、生成式的男教师专业探索成长的过程。

---

① 李如密.教学风格的本质和特点：教学风格系列讲座之一[J].中小学教材教法，2002（14）：41-43.

为此，我们成立了武汉市幼儿园男教师俱乐部，它的成立有效地解决了男教师之间缺乏交流合作这一难题。幼儿园男教师之间的相互交流、合作、学习，打破了彼此间“独立成长”的藩篱。特别是在教学实践方面，他们可以看到更多男教师自己设计的课例，学习其教学特点，反思自身的问题与不足，认清自己的教学优势。然而，男教师与男教师之间的交流固然重要，但是我们也不能忽视男教师与女教师之间的合作。在组织教学活动时，男教师与女教师相比，可能在教学的基本技能上不太占优势，但是在创新能力、质疑反思、乐于挑战、对流行信息的敏感性、对学习方式的多元探索等方面常常具有一定的优势。如果两者能相互取长补短，携手合作，将有益于男教师弥补不足，认同和鼓励男教师充分认识和发挥自己的优势，并应用到教育教学中去，逐步形成自己的教学风格。

（一）以针对性培训为方式，激发男教师的学习动力

教师培训在教师专业成长过程中发挥着重要作用，是教师学习的重要途径。教师培训不仅要让教师从理论上深刻理解教学行为，知道应然层面的教学行为是怎样的图景，而且要促使教师在实践中去尝试、去改善、去转变自己的教学行为。

教师在一定年龄阶段和专业发展阶段会反映出一些典型的心理、认识与能力等方面的特点，这些典型特点的出现，标志着教师专业发展有了质的变化，体现出其中的阶段性。我们可以从幼儿园男教师各阶段的发展变化入手，确定处在不同发展阶段中的幼儿园男教师的主要需求和问题，探讨相适应的培训设计，从而促进其发展。

第一，初任期的男教师的培训重点应该是“转化”，通过转化来适应幼儿园男教师这个职业。首先是角色转化，作为个体的教师，这种角色职能、角色心理、角色规范的培养不是随着这种角色的转换自然形成的，而是需要一个不断学习、实践和探索的过程，教师培训可以使这一过程加速进行。通过培训促成他们尽快了解教师职业的各种职能和规范，尽快体验到教师与学生在身份、职位、职责上的区别，尽快在各方面从学生转变为教师；然后就是能力转化，教师培训应帮助他们初步熟悉和把握所教学科的教材内容、教材特点、教学要求及一些基本的教学方法、教学程序等；教会他们做班主任工作，以及将自己所学到的文化专业知识和基本教学理论转化为实际的教育教学能力。

第二，探索期男教师的培训重点是“方向”，教师培训要侧重解决他们的疑难问题，指点迷津。帮助他们对教材教法进行分析，教给其了解学生、研究学生的具体方法；教会其选择、运用教学方法的技能技巧；指导其将教育理论应用于实践，并将理论与实践有机结合起来，发挥理论指导教育改革的作用；帮助他们进一步提高、强化

教育教学能力，同时还要弥补知识的缺漏。

第三，成熟期男教师更加侧重于提高对幼儿的认识水平，例如开设有关儿童心理学之类的课程。同时可以就他们关注的某方面的幼儿问题形成课题，组织收集资料、阅读书籍、调查访谈，也可以举行研讨会，最后形成专题调研报告或论文。

第四，学者期的男教师的培训方向则是“研究”，教师培训要扩充更新他们的知识。既要了解本学科的新知识、新理论、新信息和新进展，又要了解教育科学知识，更新教育观念；要使他们掌握教育研究与教育实验的科学方法和现代化的教育教学技术，利用先进的理论、技术，探求改进教育教学、提高其质量的更有效的途径和方法，充分总结并升华自己的经验。在这一过程中使其自觉养成理性思考的习惯，站在理论高度分析问题，真正成为“研究型”的教师。

（二）以教学观摩为手段，优化男教师教学行为

教学观摩是教师培训中较为常用的一种培训方式。教学观摩是教师通过对他人教学行为的观察与模仿来优化自身教学行为的一种学习手段，它的最大优点是具有直观性。教学观摩是教师积累实践性知识的直接途径，也是广大教师较为喜欢的一种培训方式。教师观摩的实践性，一方面源于这种活动本身就是一种实践活动，另一方面因为它是授课教师实践性知识在课堂教学中的自然展现和释放。

在培训中开展教学观摩，既可让男教师观摩优秀教师的成功案例，也可观摩普通教师的教学案例。通过观摩现场呈现的真实教育教学情景，对其教学过程进行分析、点评，发现问题并提出解决方案。通过大家的讨论，男教师可以听到来自不同个体的声音，产生丰富的、多元的、个性化的解决问题的方案，这可使男教师更加全面地认识问题，积累经验。

幼儿园男教师的观摩要着眼于男教师的创造能力、实际解决问题能力及反思能力。教学观摩的着眼点不在于通过观摩获得蕴藏于其中的教育理论，而在于通过观摩提高和发展教师的创造能力、实际解决问题能力及反思能力。更重要的是，优秀教师积累的丰富的经验可以通过教学案例得到有效的传递与分享。

（三）以合作组织教学为契机，发挥男教师的教学组织优势

合作组织教学又称为“协同教学”，夏普林（Shaplin J. T.）对“协同教学”的定义：“所谓协同教学是一种教学组织形式，在两个以上教师的合作下，负责担任同一群组学生的全部教学任务或其主要部分。”现阶段，合作组织教学主要偏向于以下三种角度：第一，指协同团队中教师之间教学分工与合作分配；第二，指教师的专业与幼儿

的学习能力和兴趣爱好的协同；第三，指学科与学科之间的整合与搭配。但是无论从哪一个角度进行分析，合作组织教学的关键词仍然是“整合”“合作”“协同”。[①]

合作组织教学可以最大限度地实现教师资源优化配置。幼儿园男教师和女教师具备不同的教学组织优势，而合作组织教学可以更好地实现优势的扩大化和限制的最小化。这种互补主要体现在：第一，在教学活动设计方面，男教师更加注重活动的趣味性和环节的逻辑性，女教师则更加强调教学活动环节中的细节；第二，在材料投放中，男教师更喜欢简单、有代表性、可操作性强的材料，而女教师则更强调材料的美观性和精致性。

在进行合作组织教学活动时，要注意教师之间的分工与合作。合作组织教学要明确教师之间的分工，分配好每个教师的角色。一位教师负责主要教学工作，另一位教师负责辅助教学工作。负责主要教学工作的教师要熟悉教学活动环节，组织幼儿进行活动；负责辅助教学工作的教师要在适当的时候协助主教学的教师组织教学，维持教学常规，观察幼儿学习的情况以及接受反馈，保证整个活动的有序性和完整性。

武汉市实验幼儿园L老师与男教师Z老师进行了一次合作教学——《丛林冒险》。Z老师组织活动的过程中，班级教师发现孩子已经满头大汗，所以为了防止孩子生病，她们坚持给游戏中的幼儿更换隔汗巾。然而，她们忽视了这是一次集体活动，虽然不同于教室里的集体教学活动，但是它也必须遵循自己的时间规则。当只有个别类似现象出现时，对活动的影响不明显，但此现象引起了班级其他幼儿聚集排队，明显暂停了整个活动，也打断了幼儿游戏的兴趣。因此，为了减少类似的情况发生，Z老师在活动后进行反思，认为在游戏前应该与班级教师提前做好沟通，明确活动的主导者，并且也要向班级教师明确每次活动的目的和时间节点。

三、幼儿园男教师内驱力实践研究

内驱力是在需要的基础上产生的一种内部唤醒状态或紧张状态，表现为推动有机体活动以达到满足需要的内部动力。[②]一般而言，人的内部需求决定着人的行为，外在的要求只有在被人们心理上接受和认可的情况下，才可能引发人的主动行为。相反，如果过分强调外在的要求与压制，却不关注外在要求向个人内在需求的转化，就很难诱发人的主动行为。即使人们从事了此行为，由于行为主体是迫于外在压力而不得不

① 张竞文.韩国中小学汉语合作教学调查及案例分析[D].哈尔滨：哈尔滨师范大学，2013.

② 张立昌.试论教师的反思及其策略[J].教育研究，2001（12）：17-21.

做，很难充分调动其主体性和积极性，行为质量会大大下降。[①]可见，幼儿园男教师教学实践的内驱力是个人内在的需求，而职业信念、专业发展、经验反思等方面都是幼儿园男教师内驱力在教学实践中的体现。

（一）重塑职业信念，唤醒教学意识

信念，是对事物的判断、观点或看法，认为其是事实或者必将成为事实。信念也是“人所具有的抽象思维方式，是一种思考和想象的无知觉过程，会影响个人对外在真实世界做评估和解释，进而成为个人行为判断的依据”。信念主导行为，教师的“信念系统”，包括对教与学的过程的信念、对教师角色的信念、对学科与自我学习的信念、对学习环境与教学模式的信念等。教师的教育信念不仅影响其教育教学行为，而且对教师自己的学习和成长有重大影响。

首先，增强自信。要让幼儿园男教师意识到幼儿教育非常需要优秀的男教师，且社会对他们充满无限期望。只有他们认识到自己肩上的神圣使命，才会坚定职业信念，更加勤奋地学习和自我成长。

其次，勇于创造。教育是一门艺术，艺术的生命在于创造。但是如果男教师将工作看作是例行公事，而非创造性的活动，必然会对工作感到失望。正如马克思所言：“能给人以尊严的只有这样的职业——在从事这种职业时，我们不是作为奴隶般的工具，而是在自己的领域内独立地进行创造。”因此，幼儿园男教师要勇于创造，在与幼儿共同成长中，主动享受教学活动中的快乐。

最后，向幼儿学习。幼儿是人类的天使，幼儿身上蕴含着乐观、天真、淳朴、善良的品质，这些品质正是唤醒幼儿园男教师的教学意识的良方，让其在不懈地探索幼儿内心秘密的同时，怀着欣赏和敬意，向幼儿学习。[②]

（二）制定发展规划，激发自主学习

教师自主学习即教师基于教育教学实践的真实情景而主动发起的、自觉独立的学习活动，而幼儿园则是幼儿男教师日常的工作场所和自主学习真正发生的地方。社会认知学习理论认为，尽管自主学习本质上是一种独立学习，但其绝不是一种孤立的学习。[③]因此，幼儿园男教师的自主学习不仅要与他人合作，更要广泛地利用社会资源，积极寻求他人的支持、帮助和指导。

---

① 骆明月.幼儿教师集体教学的有效反思研究[D].济南：山东师范大学，2012.

② 彭兵.成就专业的幼儿教师：幼儿教师专业发展阶段研究[M].北京：北京师范大学出版社，2012.

③ D. H. 申克著，韦小满译.学习理论：教育的视角[M].南京：江苏教育出版社，1999.

第一，要激发幼儿园男教师自主学习的动机。自主学习的动机一般是内在的、自我激发的。这就需要帮助男教师正确认识自身专业素养的薄弱环节，及时捕捉并记录教学实践中遇到的各种问题，在此基础上，确立适宜的、具体的、阶段性的学习目标。

第二，助力男教师制定学习规划。幼儿园应采取个性化、持续性的措施，协助男教师制订学习计划，推动其自主学习。一方面，幼儿园应为男教师提供针对学习规划的培训或指导，满足男教师对学习规划知识和技巧等的需求，同时应对男教师的自主学习进行跟踪，引导教师规划个人的学习。另一方面，定期或不定期地对男教师的自主学习状况进行反馈和评点，为男教师提供及时有效、富有个性化的反馈信息，便于男教师随时把握自身的学习动态，明晰自身学习与发展中的长处与短板，获得提升与发展的前进动力，逐步提升自主学习水平。

第三，提高男教师学习策略运用水平。自主学习最终要表现为外部行为，故拥有足够的学习策略并能够有效地运用它们是实现高质量自主学习的重要保证。为此，可以通过举办男教师故事分享会、读书报告会或者聘请相关领域专家和名师作为课题顾问进行具体指导等多种形式，帮助幼儿园男教师学会运用有效的策略进行自主学习。①

（三）提炼经验，形成教学反思

美国教育家杜威被看作是教学反思的较早倡导者。他认为反思是“思维的一种形式，是个体在头脑中对问题进行反复、严肃、执着的沉思”，并认为“培养反思思维”应成为教育的中心目标。反思作为教师专业素质的重要组成部分，是教师对自身教育实践的观察与思考，贯穿于教育实践全过程；教学反思的目的不仅仅是回顾过去，更重要的是对整个教学过程采取扬弃的态度，发现教学中存在的问题与不足，并采取相应的策略，优化教育教学实践，促进自身专业发展。

教师通过反思，会对自己的教学行为有全面的认知和理解。教师立足于自我情境之外，批判性地考察与审视自己过去的行为，可能会发现曾被自己忽略的重要问题，进而有意识地审视与调节自己当下的行为，在此基础上筹划与建构自己未来的行为。反思的过程实际上是一个思考自己、开放自己的过程，教师要想改进自己的教学行为，就应该将反思作为自己教学中的重要组成部分。教师针对自己的日常教学活动，反思教学中存在的问题，寻求解决的方法，逐步改进其教学行为。

第一，在自我提问中反思。自我提问的过程就是自我诘难的过程，男教师需要对

① 刘天娥，海鹰.幼儿园教师自主学习的现状调查及问题思考[J].教育研究与实验，2016（04）：45-50.

自己已有的教学行为和习惯进行重新审视和考察，筛选并保持好的教学行为，淘汰并改进不适用的教学行为。

第二，以写促思。教学反思不仅仅是查找问题，总结经验同样也是教学反思，它从另一个角度与查找问题共同构成了教学反思的内容。男教师的教学反思可以通过“发现问题—研究思考—解决问题”和“分析思考—总结经验—补充完善”这样的反思路径进行，有利于男教师对自身教学工作的全面思考、分析和评价。

第三，在合作中反思。男教师在与其他教师进行交流、对话时，可以使自己的思维变得更加清晰。合作可以让他们克服各自的思维局限性，互相取长补短，智力碰撞，共同提高。这种方式不仅能够更好地调动男教师的积极性和主动性，拓宽思考问题的思路，也增强了教师之间的理解和联系。

武汉市实验幼儿园Z老师组织的《小小野战军》教学活动，让他意识到教学是一门艺术，更要懂得随机应变。特别是在户外活动中，孩子会出现各种身体和心理状况，教师要全程参与、观察，把握科学指导的时机和方法。一日生活皆课程，要把握住户外活动中的每个环节来对孩子进行及时的教育。并且他在活动之后还发现了尚未解决的问题，比如如何让户外活动贴近幼儿生活，回归于自然；如何将游戏主动权还给幼儿，给幼儿更多的机会；如何更好地创设幼儿户外活动的材料等等。在这种思索和反思的过程中，Z老师意识到了教育需要不断学习，不断创新。因此，在以后的教学过程当中，他还可以继续挖掘资源，从而让这节教学活动变得更有价值。

第五章

幼儿园男教师优秀课例

幼儿园男教师阳光、果敢、刚毅、风趣，给孩子们带来了快乐，他们在教育活动中敢于突破，善于挑战自己，有着不同于女教师的活力与奔放。男教师专业发展需要在教学实践中实现，而课例研究来自于教学活动，具有较强的实用性和实践性，是对男教师自我反思最为直接有效的研究形式之一。男教师通过在教学中研究，在研究中教学，将理论与实践进行有效融合，形成了一篇篇生动的课例研究。教师们以男教师的课例为载体，以教学问题为对象，通过观察与交流互动的方式，探寻男教师教学行为的特点，捕捉男教师专业发展的规律。

一、幼儿园大班组户外建构游戏——《武汉，每天不一样》课例分析

（一）活动背景

“主题建构游戏”在我园已经持续开展了三年。本届大班幼儿经历了两年的熏陶，已掌握较成熟的搭建技巧。为了保持他们对建构游戏的兴趣，提升建构游戏的挑战，我们在全体大班组历时一个学期，开展户外建构游戏——《武汉，每天不一样》。

1. 前期经验：从室内到户外的转变，让孩子们玩得更自在

建构游戏深受幼儿喜爱，孩子们在游戏中表现出自主、创造的天性。而户外建构游戏场地更大，参与人数更多，建构材料更丰富，游戏难度更高，这使孩子们在游戏中更加尽兴、有成就感。本游戏需要教师从小班开始关注幼儿建构游戏技能的积累，游戏应从武汉城市特点入手，通过观看武汉城市宣传片等主题活动，铺垫游戏基础。游戏前期需要幼儿依据个人喜好进行分组、分工，然后设计自己的搭建规划图和建构计划。早期游戏中，各班级开始尝试建构具有武汉城市特点的建筑，在具有一定前期经验的基础上开展户外游戏。

2. 材料投放：从品种到数量的保证，让孩子们玩得更尽兴

在以往的建构活动中，孩子们会因为材料或者场地因素而出现矛盾，甚至因此放弃游戏。为避免类似情况发生，在本次游戏中，以材料“数量多、品种丰富”为基本原则，投放各类积木、低结构材料及自然材料合计四十余种。材料选择上，以“需要‘二次加工’组合运用”为标准，结合艺术、科学、社会等多领域的内容来进行选择。数量要求以每班每种材料1万个以上为标准进行投放，让孩子们在游戏中玩得更加尽兴。

此次投放的积木材料有：中号雪花片、大号雪花片、乐高积木、木质积木、万能工匠积木、子弹头积木、交通标志、小人偶等；低结构材料有：夹子、橡皮筋、伸缩夹、卷纸芯、各类纸盒、筷子、纸杯、纸碗、各型号吸管、橡皮泥、纱布、KT板、纸牌、纸盘、PU管、鸡蛋隔层、饮料瓶、各种型号的罐子、木板、大小不等的箱子、绳子、塑料管、小车模型、线、建筑模型、测量工具等；自然材料有：鹅卵石、树枝、芦苇、树叶、各类果实、稻草、干花等。其中，以幼儿生活中常见的低结构精细材料为主，占比近80%。

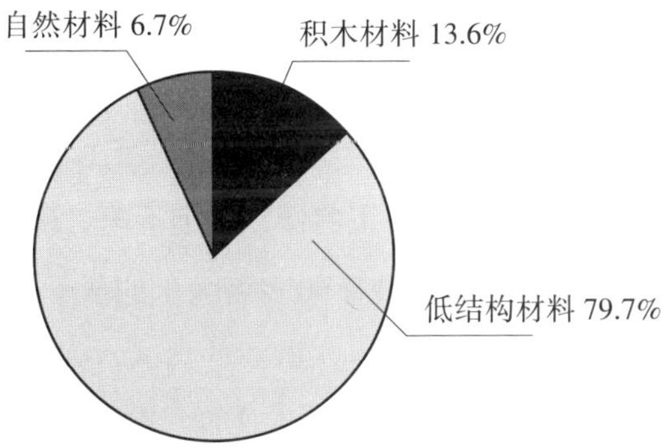

3. 环境创设：从单一到整体的覆盖，营造和谐的游戏氛围

在丰富材料的基础上，要突破游戏场地的局限，将游戏场地从室内延伸到户外，足够大班组幼儿同时开展游戏。全园要求从单一到整体进行全面覆盖，让孩子们在室内进行建构尝试，在室外进行组合整合建构；在区域活动中探索建构技巧，在户外进行运用和展示。让室内与室外形成整体，从建构游戏拓展到其他区域游戏，相互之间形成关联。营造这样的环境可以迎合大班幼儿对建构的更高需求，让孩子们有试一试的欲望。

4.游戏玩法：从对玩法的遵守到创造，让孩子们玩得更加自主

大班幼儿应更加注重习惯的养成，在玩法的制定上更多体现材料收纳和使用习惯的具体要求，让孩子们切身感受到效率的提升。同时，我们将大班幼儿进行分组，划定搭建的区域、分配目标，除此之外，我们主张由幼儿通过实践感受来总结经验，再感同身受地提出新玩法，培养他们创造规则的意识和能力。所以，玩法制定实行幼儿为主、共同创建的原则，更多体现了幼儿的主体性。

5.游戏价值：从“爱武汉”到多元发展，建立教师合理预期期望

“武汉，每天不一样”，这种生生不息的变化，磨砺出武汉人“处变不惊”的胸怀。我们的建构游戏是一项非常复杂而细致的“工作”，在这种“磨砺”中培养孩子们的认真、耐心、细心、坚持、合作等学习品质。建构游戏的成果能使幼儿体会到自己的能力提升和成功的喜悦，建立其自信心、增强其自豪感。在游戏中表现“武汉”的过程，有助于培养他们热爱家乡、热爱生活的积极人生态度，提升其审美能力。最后，更加复杂而细致的低结构建构材料有效促进了幼儿的空间、排列、组合等能力以及创造性思维的发展。

（二）活动内容与过程实录

1.第一阶段：合理制定规划、分组分工合作，城市不再“混乱”

在自愿参与的原则下，第一次游戏只有60多名大班的孩子前来参加，他们欢呼雀跃地把建构材料搬到了操场上，开始了第一次游戏的尝试。孩子们在操场上一顿忙活，场面十分热闹，看上去每个人都忙得不亦乐乎。然而一个小时之后，孩子们失望的表情已经说明了一切。很多孩子开始互相埋怨：“就是你，弄得乱七八糟的。”这样的结果并不让人感到意外，该如何化解这样的局面才是教师面临的最大问题。

回到班上以后，老师们分别组织孩子们进行讨论。小哲说：“太乱了，我在盖黄鹤楼，他们也在盖。”九九说：“旁边明明有很多雪花片，但他们非要拆我的！”……

这本来是一场讨论会，结果成了大家的吐槽大会。当被问到“那该怎么办呢?”时，孩子们纷纷表达了自己的看法。“应该每个人做不一

样的事情。”“跟在教室里不一样，在操场要搭的东西太大了，我一个人根本就搭不完。”非常好，孩子们终于意识到应该分工合作了。于是，孩子们开始分工，把需要搭建的所有建筑物全部罗列出来：黄鹤楼、火车站、步行街、东湖绿道、动物园等，然后自由组合“工程组”。

大班的很多孩子性子急，遇到问题的时候很容易选择放弃。每当他们即将放弃的时候，教师们都会适当地介入指导。小哲是建构高手，他的创造力远胜于教师。很多孩子的建构能力也很强，于是教师把他们“聘请”到专家组，并鼓励大家遇到困难的时候去找小哲这样的高手帮忙。搭建黄鹤楼时，孩子们认为用纸盒最合适，可是怎么搭效果都不好。这种时候教师也会介入，让孩子们先用不同的材料搭建，搭建出来再对比哪个效果更好。于是他们尝试后放弃了纸盒而改用雪花片。孩子们在这个阶段通过自主探究解决了合理规划、分工合作的问题，初步的成功让孩子们的兴趣更加浓厚了。

第二次孩子们来到操场的时候，就按照自己的分组开始了工作。但是仍然出现了令人头疼的麻烦：建筑的位置相互干扰，组内的分工还不够明确。一个小时后，孩子们依然带着失望的表情开始收拾场地。这一次，各班的老师在组织了一节关于“教室规划”的教学活动之后，才组织孩子们进行了讨论。孩子们进行分组，商量着画建构规划图，最后投票决定用哪一组设计的图，同时将自己组内的人员进行明确的分工。

不得不说，大班孩子的建构能力的确很强。明确分组分工与合理规划之后，孩子们第三次到操场时就有了非常明显的进步，可以将大致的框架结构搭建成型了。

2. 第二阶段：活用建构材料、丰富建构细节，城市更加美丽

这样的新活动很快就吸引了全部大班的孩子们，后来每到游戏时间教室里没有一个孩子，大家全部来到了操场上，操场上120多名幼儿忙碌的身影，令人无比兴奋。

在游戏开展一段时间之后，孩子们不需要一个小时就可以把所有的建筑物全部搭建出来，这样下去孩子的兴趣将逐步消退。于是，我们又提出了更高的挑战。

“武汉除了你们搭建的东西之外，还有什么呢？”这一提问再次激起了孩子们的激烈讨论。“有小区和马路”“武汉的桥应该有很多才对”“武汉还有二环线和三环线”“武汉还有轻轨”……

孩子们甚至讨论要不要在操场挖个地铁出来。于是，我们拿着规划图再一次规划小区、街道、环线、轻轨等。

对于建筑物，用雪花片、乐高积木、罐子、盒子等材料就能够搭建，但是构建城市里的街道、湖泊、环线、铁路等就需要更多低结构材料，于是我们用了一周的时间收集了我们能够想到的所有材料。

新的材料收集之后，我们开始了第二阶段的搭建。其中出现了不少问题，几乎都和材料的使用有关，最有代表性的问题出现在武汉长江二桥的工程组。武汉长江二桥是一座拉索桥，孩子们最开始使用PV管做桥墩，木板做桥面，用雪花片做拉索。这样一来，桥面不稳、拉索无法固定成了一大难题。当时，教师们都没有很好的解决办法，只有和孩子们一起不断地尝试着将不同的材料进行组合。遇到这样的难题，我们会带领所有孩子一起来想办法。大家试过用橡皮泥固定、用吸管做拉索，都没有成功。于是，我们更改了课程计划，组织相关教学活动，让孩子积累了关于“固定”方法的经验。

经过一段时间，我们了解了很多固定的方法，但是依然没有找到合适的解决办法。有一天，有孩子看到小区的楼房翻新，工人们搭建的脚手架给了孩子启发和灵感。于是，我们准备了几大箱一次性筷子和橡皮筋，组织教学活动让孩子们学习用橡皮筋和筷子组合制作脚手架。孩子们很快就掌握了这种新技能，马上付诸行动实践到武汉长江二桥的搭建上，并取得了成功。

高结构材料使用方便、简单，自然是最受欢迎的。但是低结构材料充满挑战性，能够真正体现材料带来的探究魅力。事实证明，通过对低结构材料的反复研究，孩子们扭转了兴趣，他们更乐意选择挑战性更高、创造性更强的低结构材料。在孩子们遇到问题的时候，教师尽量避免直接介入和引导。有些问题的出现是非常好的教育契机，教师们要善于观察，抓住教育契机实施随机教育。比如在搭建武汉长江大桥的时候，教师主动引导孩子们选择雪花片来感受规律排序的运用和同一性的审美，在搭建轻轨的时候选择组合材料进行空间的感知训练等。

在解决了无数难题之后，孩子们的搭建越来越成功，操场上的“伟大的工程”终于竣工了。他们拉着前来观看的教师们介绍自己的成果，描述着搭建的建筑物是什么，

用了什么样的材料，花费了多大的气力，围绕其中的“酸甜苦辣”侃侃而谈。有的孩子反反复复修补自己的作品，然后请教师帮忙拍照留念；还有的孩子当起了“小警察”维护参观的秩序，害怕自己的作品被别人碰坏。原本就热闹非凡的操场变得更加“红火”，孩子们努力将大家认为不可能完成的“工程”变为了现实，呈现在我们的眼前。

3. 第三阶段：良好工作习惯、材料合理规划，城建效率更高

我们结合了大班幼小衔接教育的一些内容，包括分类、统计、空间、组合、排列等数学知识的运用。而最重要的是习惯的培养，良好的习惯是影响孩子一生发展的重要因素，在游戏中帮助孩子理解规划、整合等提高工作、学习效率的办法，从而广泛运用到孩子们自己的生活和学习中去。

游戏进入尾声，孩子们搭建的效果越来越显著，他们不断地增添新的建筑、新的街道、新的场景。每次的集中游戏时间都很长，但孩子们都表现出极大的专注力，抗拒游戏受到打扰。然而，虽然经过将近一个学期的深入探索，孩子们的搭建技术已经足够娴熟，很大程度地缩短了游戏时间，但在规定时间内他们总是完成不了游戏，不得不延长游戏时间，耽误了其他作息安排。我们通过观察与分析发现，最大的问题出在孩子们对材料的使用习惯和收纳习惯上。孩子们取材料需要走很远；很多孩子会拿远远超出他们所需要的材料，归还又浪费了太多时间；材料虽然已经进行了初步分类，但没有进行具体的细化分类，导致挑选和寻找材料浪费太多时间。

对此，我们组织孩子把材料的需求量写到计划里面，比如：搭建汉口火车站需要多少雪花片、多少木质积木、多少纸杯，将大概的数量写进计划里，这样取材料的时候心中有数。

然后，让孩子们根据规划图对材料的存放地点进行了较大的调整；将不同工程组需要的材料进行统计，再放在离他们较近的地方进行存放。

最后，让孩子们把材料进行具体分类。例如：雪花片，按照颜色进行分类存放；乐高积木，按照积木的大小和层级进行分类。

完成这些工作花费了将近两周的时间，却让我们的建构时间节约了近一半，大大提升了工作效率。

此外，我们引导孩子们运用区域活动时间做一些建构游戏的准备工作。例如：在科学区做实验，研究新的建构方法；在美工区制作小树、小船来装饰我们的城市等。

在学期末的大班毕业系列活动中，我们向家长们完美地展示了一场户外大型建构活动，仅仅用了1小时12分钟就完成了巨大而不可思议的工程，赢得所有家长的喝彩。

（三）活动的特点及价值所在

1.游戏特点及价值：结合幼小衔接，促进幼儿全面发展

建构游戏更多体现孩子的自主性和创造性特点，在游戏过程中孩子们展现出非凡的创造能力和想象能力。而大班是“幼小衔接”的关键时期，通过游戏也让家长和教

师们都进一步了解幼小衔接教育并不仅仅要关注语文、数学等“小学化”知识，而且要关注生活和学习习惯的养成、能力的提升、人际交往能力的表现、良好学习品质的养成，而这些才是真正影响幼儿一生发展的重要因素。

游戏时间占比分析

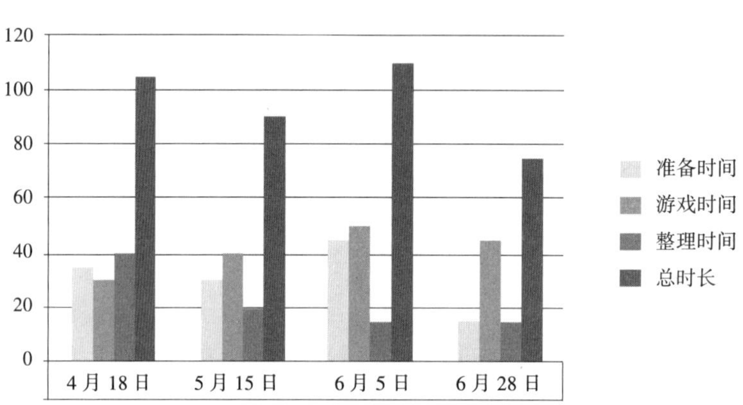

（注：截取具有代表性的不同时间段的4次游戏进行对比分析。可以明显看出，在6月下旬，对材料进行收纳和计划之后，节约了游戏准备和整理收纳时间，游戏总时长也更短，完成任务的效率更高。）

从游戏整体效果来看，孩子们从最初的相互“排斥”发展到紧密合作，遇到困难、矛盾的时候都能积极寻找解决的方法，大家都朝着完成任务的目标去努力奋斗。通过游戏展现出不同孩子的闪光点，孩子们学会了坚持自己的观点、听取合理的建议、尊重别人的想法，让他们从计划、执行、调整和收获中学会了坚持，体会到赢得挑战的满足感和成就感，促进了孩子们良好学习品质的形成。

2. 教师支持策略反思

1）关注游戏前期经验，规划环境创设

早期游戏时，孩子们在游戏中缺乏目的性、计划性，分工不明确。幼儿在游戏中搭到哪算哪，搭好的作品又被碰倒，最终游戏无法顺利开展下去。幼儿前期经验将直接影响建构游戏的效果，幼儿无意识搭建的结果就是离游戏目标越来越远。教师要丰富幼儿的前期经验，和幼儿一起了解建筑的特点，鼓励幼儿协商、沟通，制定游戏计划；在环境创设上要合理规划幼儿分组人数、区域划分，投入多样化游戏材料。在教师提供有效支持策略之后，问题很快得以解决。

2）结合幼儿年龄特点，把握介入时机

在第一阶段游戏中，大部分幼儿只使用了平铺、垒高、加宽、延长等技能。随着游戏的进行，幼儿可以活动的空间逐渐变小，经常因碰到别人的建筑而发生争吵。大班幼儿在建构中应综合使用架空、模式、表征、插接、镶嵌、编织、黏合、旋转、桥式、塔式以及各式排列、组合、穿套等技能，建构较复杂、精细、匀称的物体形象。教师在介入时，要结合幼儿年龄特点选择更加适宜的材料。游戏中出现问题时，教师介入的方式一定要有助于保持幼儿的参与度，有助于解决已经出现的问题，以及有助于吸引幼儿重回游戏中来。因此，幼儿发生纠纷时，教师的介入要讲究以下几点：是“自由自在”，即教师静观其变，尽量让幼儿自己解决；二是“自力更生”，即鼓励幼儿运用规则解决纠纷；三是“自食其果”，即帮助幼儿认识不良情绪和行为的后果；四是“自食其力”，即引导幼儿用语言准确表达愿望和情绪，而不仅仅靠哭泣或拳头；五是“自得其乐”，即及时强化和肯定宽容、忍让、谦和、分享等良好行为。

3）及时开展游戏分享，总结有益经验

有效的评价、总结既是对幼儿游戏的认可，有助于幼儿提炼游戏经验，提升游戏水平，也可以让幼儿对下次游戏充满期待。在这个环节中，“什么时候分享”“分享什么”“怎样分享”是关键。每一次游戏之后，教师都会将游戏中遇到问题和完成的作品进行录像或拍照，利用餐前、离园活动等场合组织幼儿及时进行游戏分享。分享的内容要就事论事，包括分工合作、技能掌握、材料运用、游戏常规等方面；分享方式可以是集体的、小组的，也可以是个人的。在分享游戏经验的基础上，可以启发幼儿思考：“对下次游戏你有什么好的建议？你还想增加哪些搭建材料或辅助材料？”以帮助幼儿拓宽思路，逐渐丰富游戏场景、材料、主题、情节，使幼儿期待下一次游戏。

4）生成教育契机：捕捉儿童兴趣，整合教育资源

游戏中经常会出现一些无法及时解决的问题，例如材料的组合运用、材料的加工和装饰方法等，这就生成了主题、区域、教学、游戏等诸多活动。例如：武汉长江大桥是一座钢架结构的双层桥，孩子们在科学区和建构区运用了多种材料反复进行试验，最后选择了雪花片并成功搭建出钢架结构的效果，期间又及时生成了“排序”的教学活动，运用到游戏中来。此外，我们还将新投入材料的使用方法延伸到建构区域、科学区域和教学活动中进行探索；将如何丰富和装饰搭建物的问题延伸到美工区域和益智区域进行探索；将游戏中分组、计划的环节延伸到教学活动、语言区域、益智区域和科学区域中开展活动。

“武汉，每天不一样！”的游戏中，搭建效果，每天不一样；幼儿收获，每天不一样。在不断的变化中，教育契机时刻产生，教师们更加注重捕捉随机教育的时机，探究幼儿在游戏中的“真兴趣、真问题”，寻求“真发展”。让我们一起在这“生生不息”的变化中“感受童真，解读童心”！

（武汉市实验幼儿园　张葵　陈志斌）

二、如何在科学活动中培养幼儿的科学素养——《茎吸水实验——会变魔术的花》大班科学课例分析

（一）课例背景

之前，我们大班组开展了《绿色家园》的主题活动。孩子们对植物世界的奥秘非常感兴趣，于是我们进行了种植的活动。孩子们在选种、选土、播种之后，悉心照顾自己的小植物，期待它们一天天长大。突然有一天，孩子们问我：陈老师，植物是怎么喝水的呢？在这个问题的带动下，我们开始了对植物喝水秘密的探索。

科学活动中，我们应当注重幼儿科学素养的培养。那么如何在科学活动中培养幼儿的科学素养呢？我们园所是非常注重幼儿科学教育的，在本次活动前期，幼儿园开展了很多有关植物的系列科学探索活动。我园教师在科学教学活动当中能够注重幼儿操作习惯的培养，在科学活动中为孩子提供丰富的操作材料。相对来说，教师们非常重视孩子对科学知识的掌握，但是却忽视了对幼儿科学素养的培养。《纲要》中明确指出："幼儿园科学教育是科学启蒙教育，重在激发幼儿的认知兴趣和探索欲望。"所以我认为：在科学活动中应当将科学知识作为一个载体，通过操作和探索活动激发和引导孩子大胆猜测、仔细观察、动手验证、分析判断、得出结论、做好记录、相互交流。对孩子们早期科学素养的培养，才应该是科学活动的重中之重。因此，我也希望能够通过本课例，研究和分析这方面的问题。

（二）活动片段实录及分析

1.课例事件1：你喜欢什么花？——增进交流，开阔视野

教师："你喜欢什么花？为什么？"

妮妮："我喜欢粉色的康乃馨。"

教师："为什么呢？"

妮妮："因为这是送给妈妈的花。"

子豪："我喜欢向日葵。"

教师："为什么呢？"

子豪："这是我们的园花。"

教师："请接下来的小朋友一次把问题回答完，你喜欢什么花？为什么？"

铭铭："我喜欢荷花，因为我去年去看过，很美。"

子豪："我知道，武汉东湖有荷花，我去看过，我还在解放公园里看过。"

很多小朋友："我们都看过荷花。很漂亮！"

芊芊："我喜欢栀子花，因为它很香。"

教师："你们想知道我喜欢什么花吗？我喜欢梅花，因为我觉得梅花很勇敢，能够在寒冷的冬天开出美丽的花。"

2.课例事件1分析

在这个课例事件当中，我一连用了几个追问的方式，开阔幼儿的思维。孩子们在前期主题活动中了解了各种鲜花的知识。他们对这些知识非常感兴趣，当我问到这些问题的时候，他们能够迅速回答出来。

在以往的教学当中，我们也会用到这种回顾已有经验的方式。但是，我们通常只是局限在让孩子掌握和回顾已有经验，并没有开阔他们的思维。而我在本次活动设计提问的过程中，特意用追问的方式询问孩子"你喜欢什么花，为什么？"孩子们的回答就充分运用了已有经验，而且还经过了思维的碰撞，彼此之间甚至起了争论。这能够充分反映出同伴之间的相互学习，使得活动在导入部分就已经营造了探讨的氛围。

当然，这一环节的提问对话，也提醒着我在日常教学当中要注重给孩子空间去了解更为全面的知识。而在设计一节教学活动的时候，也可以用类似今天的提问来让孩子充分回顾自己的经验，这对一节活动课有一个好的开始是非常有利的。

3.课例事件2：花为什么会变颜色？——引导观察，合理推断，大胆猜测

我把浸泡在有颜色水里的变了颜色的花拿出来给孩子们看，他们发现白色花都变了颜色，于是发出惊叹的声音。

教师："陈老师的魔术变成功了吗？"

小朋友："成功了！"

教师："什么地方变了？"

小朋友："花的颜色。"

教师："那请小朋友们猜一猜，花为什么会变颜色呢？"

芊芊："你变的魔术。"

小雨："你涂了颜色。"

牛牛："不是的，你根本就是买的花。"

子豪："不是买的，这不是康乃馨、菊花和百合花吗？应该是涂了颜色的。"

妞妞："我也认为是涂了颜色的。"

教师："假如是我在花上涂了颜色，花瓣上会是什么样的？"

子豪："那应该不是涂色的。花瓣上面的颜色有很多花纹，不像涂的。"

龙龙："陈老师在花瓣上画画了。"

大家一起都笑了。

教师："那请你们轻轻走到前面来，近距离来看一看会有什么发现。"

子豪："我看到了，是因为下面的水是有颜色的。"

大家都在说："是水！是水！"

待孩子回到自己座位上之后，教师继续提问。

教师："你们都发现了什么？"

妞妞："水里面有颜色。"

教师："那为什么水里面有颜色，花也会变色呢？"

妞妞想了一下，还是没有答案。

豆豆："你把花泡在水里了。"

子豪："不是的，花要是泡到水里，就会整个变颜色的。这些花还有白色的地方。"

教师："那你说是什么原因呢？"

子豪："让我再想想……"

小雨："茎放在水里，是不是把水吸上去了？"

子豪："我早就猜到了。是茎把水吸上去的。" 很多孩子都同意这个观点。

4.课例事件2分析

在科学活动当中，我们应该如何引导孩子？是将答案告诉孩子，还是引导孩子寻找答案呢？在幼儿教学活动当中，我们经常会用到"引导"这个词。该如何"引导"呢？我想，这也是我写这个课例想要解决的问题。

在这一环节当中，孩子们要通过观察和分析，大胆猜测花变色的原因。孩子们最终猜测的结果当然是对的，但是在这个过程当中，我没有牵着孩子找答案，更没有直接把答案告诉给孩子，而是让孩子们深一步、浅一步地观察和分析出来结果。活动中，子豪小朋友是思维非常活跃的一个孩子，但是他又很好面子。从子豪当时眼神只盯着花茎观察的情形我就推断他在猜测是茎在帮助花吸收有颜色的水，但是他害怕回答错误，所以只是说了句："让我再想想。"

在孩子们还没有看到花瓶里面水的秘密时，他们五花八门的答案非常有趣。不仅如此，孩子们之间还在相互争论，有的孩子说花变色是因为我给花涂了颜色，但是在我的一个提问之后，就有孩子出来反驳。在观察了花变色的秘密之后，孩子们就非常肯定地回答是颜料水在帮助花变色。虽然在前期经验铺垫下，孩子们已经认识了花的茎、叶、花等主要组成部分，也知道茎能帮助花传输水分，但是孩子们依然很难往茎上去考虑答案。这也再次说明，孩子们很难去掌握和运用远离自己生活经验的知识。

但是，也有像小雨和子豪那样的孩子，比起别人，他们似乎对观察、探索有趣的科学现象更加敏感，他们非常关注科学中的秘密，所以能把相关的已知经验进行大胆运用，这其实已经很不简单了。更让我喜悦的是，当有小朋友说是老师把花泡在有颜色的水里花才变色的时候，子豪还能马上根据前面的已有分析来否定这个答案，让同伴之间也得到了互助式的学习。

从这里，我也有所感悟。孩子们的个体差异是很明显的。但是，他们有一个共同的特点就是敢于猜测，并且对于未知的东西非常感兴趣。如果我直接将答案告诉孩子，或者是我牵引着孩子一步一步寻找答案，那么很有可能这样的教育机会就被浪费掉了。这节活动课孩子们的表现非常棒，正是他们灵活的思维和大胆的猜测，帮助他们分析和探索出最终的答案。

而在这之后，为了让孩子们学会验证，我继续提出了疑问："假如是茎吸收和传输水分，让白色花变颜色，那么花瓶里的水会有什么秘密？"孩子们一起猜测了花瓶里水的颜色之后，得到了一定验证。但这种验证还不足以说明问题，于是我又紧接着让孩子猜测："到底是茎的哪个部分在传输水分呢？"孩子们在已有经验中已经认识了茎的组成部分，但是对其各自功能还一无所知。所以，这次的猜测就只能是一次无根据的大胆想象的猜测了。为了促使孩子们验证自己的答案，我又问道："假如是茎的表皮传输水分，那么表皮会有什么变化？假如是茎的导管传输水分，那么导管会有什么变化？假如是茎的髓传输水分，那么髓会有什么变化？"这个预想猜测的问题，孩子们回答得非常好，在对几个问题猜测得出结果的基础上，孩子们进行实验操作时就有更明确的目标和方法了。

5.课例事件3：到底是茎的哪个部分在传输水分？——操作实验，做好记录，验证假设

由于我们开展了和植物相关的主题活动，所以孩子们在前期已经了解了花的茎可以帮助传输水分，并且也了解了茎包含有三个组成部分：表皮、导管和髓。于是，认识茎及茎的组成部分已经在前期完成。

接下来在孩子们猜测了"到底是茎的哪个部分在传输水分？"以及"茎的髓、表皮和导管会发生什么变化？"这两个问题之后，孩子们迫不及待地来到操作台，开始观察和寻找实验的结果。

在实验开始后不久，就有孩子兴奋地发现原来是茎的导管部分在传输水分。我问："为什么是导管传输水分呢？"龙龙说："因为只有导管变了颜色。"我好奇地指着茎最下端的地方问龙龙："那这里的表皮也变颜色了，你能打开看看吗?"龙龙撕开了最下端的表皮之后，发现表皮、髓和导管的确都变了颜色。龙龙一时也没法解释这是为什么。

我又来到豆豆的身边，他正在认真仔细地观察着茎的表皮，我问他："你有答案了吗?"豆豆说："没有。"我又问："你为什么不把茎打开看一下呢?"豆豆说："我不想打开，要不然它会死的。"听了豆豆的话，我觉得很震撼，豆豆能有这种想法令我感到无比欣慰。于是我告诉所有的小朋友："豆豆小朋友非常棒，他懂得要保护植物，不可以伤害它们，老师真为你高兴!但是，今天我们是为了探索植物的秘密，是为了以后能够更好地保护它们，所以小朋友们在做实验的时候可以去探索它们的秘密，但是以后可不能随便伤害它们哦。"听我这么说，豆豆才开始动手观察茎里面的秘密。不多时，豆豆告诉我是导管变了颜色，所以是导管在传输水分。于是我把刚才问龙龙的问题也问了一下豆豆，豆豆马上告诉我："这个地方是泡在花瓶里的，所以它才会都变颜色。"他把茎的上半部分表皮指给我看："你看，这里就没有变颜色。"

孩子们回到自己座位上之后，纷纷将自己的记录表贴在了黑板上。我迅速地观察了一番之后，了解了孩子们的整体结果。孩子们大部分都认为是导管在传输水分，但也有少部分孩子认为是髓在传输水分，几乎没有孩子认为是表皮在传输水分。

我问："你们有什么发现呢?"子豪抢着第一个说："是导管。"

于是我让他把他的花拿到展示台上跟大家说一说他的发现。他说："表皮没有颜色吧?导管是有颜色的，变成蓝色了，髓没有颜色。所以绝对是导管。"

我又问大家："还有没有不同的发现?"

龙龙："还有髓，髓和导管都在传输水分。"

很多小朋友都不同意地说："不对，髓没有变颜色。"

于是我让龙龙也上来展示一下。结果龙龙把泡在水里那部分的茎拿了上来，说："本来表皮也有颜色的，但是，表皮的颜色擦一下就会掉下来。而髓和导管的颜色擦不下来。"

我还没有发问，已经有很多小朋友都说："不是的，这个地方泡在水里了，才会都变颜色。要是髓和表皮变颜色，上面也会变色的。”

于是，我让孩子们再一次回到操作台分别观察上半部分的茎和下半部分的茎。这一次，很快答案就统一了，所有的孩子都确定是茎的导管传输水分。

之后，我又播放了课件，让大家一起看了看科学家们的发现。科学家通过专业的实验探究，用动画的方式展示出茎里面导管传输水分的秘密。这样一来，一方面，孩子们高兴地意识到自己的答案和科学家的一样；另一方面，孩子们更清晰地观察到导管是怎么传输水分的，以及水分被传输到什么地方去了。

6.课例事件3分析

科学探索活动离不开操作，我认为，这一过程除了能培养孩子良好的操作习惯之外，更是培养幼儿良好科学素养的最好机会。孩子们在前面的环节当中进行了猜测、预想，但是科学是需要事实验证的，于是孩子们带着这些目的来到操作台。这时就需要老师来合理、科学地引导。

其实，孩子们在这个过程当中很直接地就能观察到真正的结果。因为，茎里面的色彩变化是非常明显的。但是，我在无意中的一个提问却制造了一点小小的麻烦，而且这个无意的提问成为以后教学沿用的提问。这个问题就是孩子们在观察到结果之后，我问的“为什么下面都变了颜色?”看来，龙龙从观察到结果之后就一直在分析这个问题。因为他能够发现表皮上的颜色可以擦掉，但是髓和导管的颜色是擦不掉的这一现象。可见，孩子们的探索兴趣是非常浓厚的。

其中，豆豆的表现也让我感触很深。他知道要爱护植物，不可以伤害它们。孩子拥有的这种善良天性是我一直以来都忽略的。所以，在日后的教学当中，我还会在操作中提醒孩子们“在平时我们一定要爱护植物”。

最终，孩子们通过自己动手探索，发现自己与科学家的发现能够形成一致，从孩子们喜悦的表情当中就足以看出他们的成就感。

（三）课例中反映出的问题

孩子们的思维发展从动手开始。所以，科学活动非常重要的一种形式就是动手操作。这节教学活动当中还比较缺乏动手操作的实质性，活动中虽然有充足的操作材料来帮助孩子探索和发现，但是具体操作的时间及其所占比例还是不足的。

其实，在多次教学反思之后我逐步感悟到，教学活动中的知识点“植物是依靠茎里面的导管来传输水分的”只是一个载体，它并不是活动主要的教学目标和内容。而让我感触最深的就是孩子们对此非常感兴趣，而且充分享受想象、猜测、分析和判断的过程。我想，这才是科学活动最为重要的教学目标。

此外，在教学组织过程当中，我充分地感受到，每一个环节都有一个小目标，而这个小目标就是本环节的目的。当然，在教学的过程当中会经常出现偏差，教师的随机教育和掌控能力是非常重要的。所以，我日后在观摩和听课中要多反思、多观察、多学习，思考怎么合理掌控和组织活动，从而达到挖掘更多教育价值的目的。

当然，教学活动是充满缺陷的艺术，在以后的教学过程当中，我还需要更多地挖掘和分析，从而让这节教学活动变得更加完美和有价值。此外，在这次课例分析当中还发掘出一些尚未解决的问题。

1.如何更深入挖掘科学活动的教育价值

《纲要》中提出："爱护动植物，关心周围环境，亲近自然，珍惜自然资源，有初步的环保意识。"其实，在本节活动中豆豆已经给了我这个启发。我们在教学活动中往往过于重视孩子必须要掌握某种知识和能力，却忽视了可挖掘的教育价值。这促使我意识到这项教学活动还可以进行一个延伸活动，即让幼儿通过观察茎被破坏的植物无法变色，来感知保护植物茎的重要意义。同时，在我们科学教研组的教研活动中也可以商讨如何更大程度地挖掘科学活动的教育价值，例如：让幼儿学会爱护植物。这和科学素养的培养同样都是幼儿科学活动的重要目的。

2.如何将科学活动的知识点变成有效载体培养幼儿的科学素养

本项活动在这方面做得应该还是比较好的，但是我们现今还处在一种尝试的阶段，缺乏理论的依据和经验的总结。因此，在日后的教研活动中，我们可以就此问题展开研讨。

3.幼儿科学活动在选材上存在的问题

课例中的教学活动之所以能够成功开展，是由于孩子们在前期习得了很多的相关经验。《纲要》中明确指出："科学教育应密切联系幼儿的实际生活进行，利用身边的事物与现象作为科学探索的对象。"而通过本次课例的分析我们发现，即使在孩子已有经验习得的基础之上，依然很难使所有的孩子都能明白和了解其中的科学道理。如果孩子没有大量的前期经验习得，更是无法开展本次教学活动。其重要原因就是：活动中的科学知识点远离了孩子们的生活。然而，这不仅仅是我一个人的问题，而是需要关注的普遍性问题。我们在成功设计和组织了一次教学活动之后，更应该合理反思自己所选择的题材是否适合孩子，这也是日后必须探讨的一个话题。

（武汉市实验幼儿园　陈志斌）

附教学活动方案：

大班科学活动：植物小实验——会变魔术的花

武汉市实验幼儿园　陈志斌

选自《幼儿园主题探究课程》大班下册 P33 植物小实验

一、设计意图

在《绿色家园》主题活动中，孩子们对许多植物的颜色、外形及生长特性都表现出浓厚的兴趣，为了满足大班孩子对植物的探究兴趣，我组织班上的孩子们开展了小种植活动，让小朋友们观察种子展览，根据自己的喜好选种，播种以及观察照顾自己的小植物。小朋友们对植物是怎样喝水的表现出极大的好奇心，他们常围着我问："陈老师，小植物没有嘴巴，它是怎样喝水的呢?"为了带孩子们探究植物世界的奥秘，我们一起走进了植物喝水小实验活动。

设计本次小实验的目的并不在于一定要让孩子们掌握"植物是通过茎的导管来吸收和传输水分的"这个知识点，而是让孩子们在活动过程中能大胆猜测、仔细观察、动手验证、分析判断、得出结论、做好记录，我想对孩子们来说这种早期的科学素养的培养远比知识经验更重要。

二、活动目标

1.积极参加小实验，乐于探究白色花变色的秘密。

2.通过假设、判断和推理，了解白色花是通过茎的导管来吸收和传输有颜色的水而变色的。

3.能大胆猜测并独立完成小实验中的观察和记录。

三、活动准备

1.经验准备：认识茎的主要结构——髓、导管和表皮。

2.物质准备：前一天与孩子一起将2~3种白色花的茎放入有颜色的水中；将被破坏了茎的花泡在水里；准备记录表、笔、白色花及花瓶、不同颜色的墨水、装水的容器、课件、试管、擦布。

四、活动过程

（一）导入活动：《春天的花园》

1.观看课件：《春天的花园》。

2.教师提问：你喜欢什么花？为什么？

（二）引起幼儿兴趣，探究白花变色的秘密

1.教师变魔术：《变色的花》。

2.猜测：白花变红的原因。

3.假设：假如茎吸收和传输水分让白色花变成红色，那花盆里的水会有什么秘密？

“假如茎吸收和传输红色的水，那么茎会发生什么变化？真的吗？同意茎变成红色的请举手！认为茎没变颜色的请举手！”

4.验证：让幼儿每人从红色花的茎底端掰一小截并观察茎有没有变红色。

5.得出结论：说一说你们的发现——原来红色的水是通过茎传输到花瓣让白色花变红色的。

（三）探究茎喝水的秘密

1.猜测：到底是茎的哪个部分在传输水分呢？幼儿填写记录表，并分享猜测的结果。

2.假设：假如是茎的表皮传输水分，那么表皮会有什么变化？假如是茎的导管传输水分，那么导管会有什么变化？假如是茎中的髓传输水分，那么髓会有什么变化？

3.验证：教师提出实验的要求，幼儿进行实验操作，并填写记录表。

4.展示记录表，分享实验结果。

5.得出结论：观看视频《植物的茎》。

五、延伸活动

《保护植物的茎》

1.出示“破坏了茎”的花，请小朋友们猜一猜：花为什么会这样？

2.幼儿观察并讨论茎的情况。

3.实验分享，请幼儿说说自己的发现。

4.教师小结，强调茎的重要性，指出我们要保护植物的茎。

三、巧设探究“陷阱”，有效提升幼儿认知——《纸箱先生过生日》大班科学课例分析

（一）课例背景

空气就存在于我们身边，而我们却看不见、摸不着，也离不开它，如此神奇的现象是幼儿非常感兴趣又急切想探知的科学奥秘。如何将这无影无踪的空气变得可以感觉、可以触碰？如何突破常规的教学方式，让幼儿直观地感受空气的存在？这是我一直在思索的问题。

有一天，因接收的快递纸盒破损，孩子们无意间挤压纸盒时感受到有风从破损处吹出来，这种现象引起了幼儿极大的兴趣。他们纷纷玩起了挤压纸盒的游戏，从中感受风的力量。《3—6岁儿童学习与发展指南》（以下简称《指南》）中指出，为幼儿提供一些有趣的探究工具，用自己的好奇心和探究积极性感染和带动幼儿。纸盒是我们生活中常见的物品，看到孩子们兴致勃勃地玩着挤压纸箱的游戏，我想，能否借助纸盒这个有趣的探究工具生成一个和空气有关的科学活动呢？基于此，我决定以纸箱作为科学活动的切入点，将纸箱拟人化，设置了“纸箱先生过生日”的游戏情境，并尝试运用设疑、猜想、操作、实验、比较等方法开展科学领域的主题探究活动。

从由接收快递按压纸箱产生空气的现象引发灵感生成活动，到遵循游戏化、科学性的原则设置活动，我一直注重将游戏情境贯穿于探究活动的始终。同时，通过“开开心心，过生日”“拍拍打打，吹蜡烛”“大嘴小嘴，来比赛”三个环节的不同设计，引导幼儿主动发现纸箱先生能吹灭蜡烛的现象，激发幼儿对不同大小洞口的纸箱挤压出的风力强弱状况的探究欲望。对“纸箱先生能吹灭蜡烛”的探究，从单个纸箱的探索实验上升到纸箱上不同大小洞口的对比实验，幼儿的操作体验在探究活动中层层深入。最后，引导幼儿运用所学的科学原理来解决生活中出现的问题，并采用直观形象的方法，凸显探究过程的趣味，同时注重变“无形”为“有形”，让看不见摸不着的空气变得可视可感。

为了让幼儿对实验探究活动的印象更为深刻，我在他们的探究活动中从操作方法、思维方式和难点突破三个层面，用提问的方式有意无意地给幼儿设“陷阱”、出难题，引导他们以逆向思维的角度跳出“陷阱”，让他们在探索、思考、辨析的过程中找到解决问题的方法。

（二）活动片段实录及分析

1.课例事件1：如何帮助纸箱先生自己吹灭蜡烛？——在突破难点处巧设“陷阱”

教师：“如何帮助纸箱先生吹灭蜡烛呢？”

航航：“可以摇动纸箱先生。”

熙熙：“我来帮纸箱先生吹。”

桐桐：“在纸箱先生嘴里放个电扇。”

小满：“用手来扇。”

教师：“那么如果纸箱先生想自己用嘴吹灭蜡烛，该怎么办呢？”

美美：“可以拍。”

教师：“看看他是怎么做的？你们也试试吧。”

很多小朋友：“可以拍，可以拍！”

教师：“原来拍打纸箱可以吹灭蜡烛。让我们通过装有白烟的纸箱先生来观察一下吧。”

2.课例事件1分析

本次科学探究活动的难点是：如何让幼儿真切地感知，拍打纸箱会让纸箱里的空气流动，从而产生风。为了让幼儿突破这个探究活动的难点，达成预设的三维目标，我在这个难点处也巧妙地设置了一个“陷阱”——让幼儿们以为“纸箱先生吹灭蜡烛的秘密就是拍打纸箱”。拍打纸箱，确实能吹灭蜡烛，但这个拍打的动作是否就是蜡烛被吹灭的秘密呢？显然不完全是。如果掉入这个“陷阱”，幼儿就会下意识地在不断拍打的过程中思考：为什么拍打纸箱可以吹灭蜡烛？幼儿在尝试后虽有所感悟，但因为知识经验的限制很难突破这个难点。这时，教师就出示装有白烟的纸箱先生，让幼儿仔细观察在拍打纸箱的过程中有什么有趣的现象发生。在演示中，幼儿很容易就发现，拍打纸箱时里面有白烟冲出来。教师在这里将看不见、摸不着的空气通过白烟这个媒介变得有形可见，让幼儿很快就理解了蜡烛被吹灭的过程和原理，从而轻松地突破了本次活动的难点。

3. 课例事件2：只有拍打纸箱顶部才能吹灭蜡烛？——在操作方法上巧设“陷阱”

教师：“只有拍打纸箱先生顶部才能吹灭蜡烛，是吗？”

航航：“是的。”

熙熙：“是啊。”

桐桐：“嗯。”

很多小朋友：“嗯，是的。”

教师：“那你们再试一试，看看除了拍打纸箱先生顶部，还可以用什么方法让纸箱先生吹灭蜡烛呢?”

美美：“还可以拍打纸箱两边。”

元宝：“用力捶打纸箱也可以吹灭蜡烛。”

虎子：“拍打纸箱背部，也可以吹灭蜡烛。”

教师：“原来除了拍打纸箱先生顶部，拍打纸箱先生两侧甚至用力锤纸箱也可以吹灭蜡烛。”

4．课例事件2分析

教师给幼儿提供的操作材料往往给幼儿一种思维暗示，让幼儿顺理成章地操作而没有挑战性。如何巧设陷阱， 让操作变得富有挑战和多样性，让幼儿“吃一堑长一智”呢?

活动中，我在幼儿初次实验拍打纸箱先生吹灭蜡烛的环节设置了“陷阱”：“只有拍打顶部才能吹灭蜡烛，是吧?”个别幼儿不幸掉入“陷阱”，回答“是”。此时，我并没有马上评判他们的回答是否正确，而是接着让他们尝试寻找不同的方法。幼儿通过进一步尝试发现，除了拍打顶部，拍打两侧甚至用力锤纸箱也可以吹灭蜡烛。由此，他们知道了只要挤压纸箱就能让纸箱里的空气产生冲击力而吹灭蜡烛。在这个尝试操作的环节，由于提供的操作材料并不多，幼儿初步尝试难以打开思路，操作易单一，缺少创新。于是，我设计了“只有拍打顶部才能吹灭蜡烛”这个“陷阱”，使某些幼儿“误入其中”，再有意识地引导幼儿通过质疑和不断尝试，走出“陷阱”，推翻先前的结论，从而在辨误中学会创新和多样化操作。

5．课例事件3：大嘴小嘴，来比赛?——在思维定式中巧设“陷阱”

我请出了大嘴纸箱先生，将他和小嘴纸箱先生放在一起，让幼儿观察，他们有哪些不同，孩子们一眼就发现大嘴纸箱先生嘴巴更大。

“观察得很仔细，这位纸箱先生的嘴巴更大一些，称他为大嘴纸箱先生。”

“那究竟是大嘴纸箱先生吹的蜡烛多，还是小嘴纸箱先生吹的蜡烛多呢?”

“大嘴，大嘴!”

很多孩子都同意这个观点。

教师：“那这样，在你们身后的椅子背上有两位纸箱先生的相片，你们支持谁就把谁的相片贴在自己的身上。”

“谁来说说理由？”

芊芊：“嘴巴大，自然吹灭的蜡烛多。”

轩轩：“我也这么认为。”

嘉维：“不一定，嘴巴小不一定吹得少。”

教师：“那我们的比赛就要开始了，请听好游戏规则。”

（引导幼儿猜想在连续拍打纸箱三次的条件下谁吹灭的蜡烛多，将相应的纸箱先生粘贴在身上，教师统计记录。）

教师巡视指导。

教师：“你们都得出结果了吗？请将大嘴纸箱先生和小嘴纸箱先生分别放在我的左边和右边。”

教师：“通过柱状统计，看看谁吹灭的蜡烛多呢？”

全体幼儿：“小嘴！”

教师：“那么为什么小嘴纸箱先生吹灭的蜡烛多呢？我们通过装有白烟的纸箱先生来寻找答案吧。”

子轩：“我看到了小嘴纸箱先生的白烟喷得更远！”

豪豪：“小嘴纸箱先生的白烟出来得更聚集（集中）！”

教师：“那大嘴纸箱先生呢？”

妞妞：“大嘴纸箱先生出来的白烟都散开了。”

大家纷纷表示了赞同。

教师：“原来通过观察，大家发现，小嘴纸箱先生吹出来的白烟更集中、更远。而大嘴纸箱先生吹出来的白烟，因为嘴巴太大，白烟都从嘴巴的四周散开了，是吗？”

大家纷纷点头。

教师：“那么为什么会出现这样的状况呢？接下来我们就请武汉理工大学实验室博士来为我们讲解这一科学原理和它在生活中的运用。”

很多孩子纷纷点头，接着和纸箱先生一起过生日啦。

6. 课例事件3分析

教师通过提问引起了幼儿的思考，幼儿中产生了不同的观点。这时，教师并没有直接给出答案，评判对错，而是通过游戏、实验、记录，让幼儿自己发现问题的答案。在实验过程中，幼儿不仅可以“知其然”，还可以“知其所以然”——为什么小嘴比大嘴更容易吹灭蜡烛。科学活动的特点就是存在很多未知性，教师善于利用这些未知性去激发幼儿探索、操作、观察、总结的欲望，让他们在一次次实验中体验获得成果的成就感，理解科学实验的严谨与乐趣。

（三）课例中反映出的问题

我在开展活动后根据实践情况，总结好的经验，反省存在的问题。对“纸箱先生过生日”我有三问、三思、三省。科学探究围绕一个“思”字展开，旨在帮助幼儿培养思考的能力，形成思维的品质、思索科学的现象。针对此活动我对自己有如下三问，并且有三思来回应三问。

一问：这节活动课孩子有思考的兴趣、有思维的参与吗？

一思“设计”。

幼儿不仅仅是被动地跟随老师参与活动，完成老师的指令和任务，而且是真正用心地参与，愿意思考问题、分析问题、解决问题。一开始帮助纸箱先生吹蜡烛，就是以情境的形式，引发幼儿思考纸箱吹灭蜡烛的方法；后面的大小嘴纸箱先生比赛，又调动了幼儿原有经验进行猜想、推理。提问的问题是幼儿能接受和理解的，符合幼儿最近发展区，所以他们能思在其中，乐在其中。

二问：思维的脚手架搭建得如何？

二思“引导”。

我在幼儿已有经验与新科学经验之间建起桥梁。大班下学期幼儿对空气和风都已经有了一定认知，了解到空气无处不在，空气的流动产生了风。既然空气无处不在，那么纸箱里也充满了空气，当拍打纸箱时就有奇妙的事情发生。如何吹灭蜡烛—为什么拍打纸箱能吹灭蜡烛—大嘴纸箱先生和小嘴纸箱先生谁吹得多—为什么小嘴比大嘴吹得多—科学原理在生活中的运用，这些问题的设置层层抽丝剥茧，让幼儿一步步进行深度探究。大班幼儿科学活动中对空气的探究是很常见的，空气的学问也是很深奥的，如果脚手架搭得太高太难，幼儿难以攀登，幼儿园阶段并不要求他们知道真正的“科学”原因，而是通过自己的探究，在自己的经验水平上理解科学现象，感知事物间的内在联系。

三问：活动价值是否挖透，孩子获得了哪些发展？

三思“成效”。

此活动中幼儿的知识技能得到了发展。幼儿调动了自己的多种感官，通过触摸、拍打、观察等途径全方位感受了空气的存在。最终幼儿在科学活动中会多问几个“为什么”，这对于幼儿学习品质的培养也起着至关重要的作用。

（湖北省省直机关第一幼儿园　杨晓龙）

附教学活动方案：

大班科学活动：纸箱先生过生日

湖北省省直机关第一幼儿园　杨晓龙

一、设计意图

空气看不见、摸不着，却是令幼儿非常感兴趣、乐于探知的一种科学现象。但是，如何突破常规的教学方式，让幼儿更直观地感受空气的存在，一直是我在思索的问题。一日，因接收的快递纸盒破损，幼儿无意间挤压纸盒感受到了空气的冲击力，这种现象引起了他们极大的兴趣。《指南》中指出，为幼儿提供一些有趣的探究工具，用自己的好奇心和探究积极性感染和带动幼儿。我开始思索，纸盒广泛应用于我们的生活中，我们一般用其装东西或进行装饰，但挤压纸箱产生的冲击力直观而易感，能不能借助纸盒这个有趣的探究工具生成一个科学活动呢？

基于此，我决定以纸箱作为科学活动的切入点，将纸箱拟人化，并尝试运用设疑、猜想、操作、实验、比较等方法开展活动。我设置了纸箱先生过生日的游戏情境，以游戏贯穿始终，通过三个环节的不同设计，使幼儿主动发现纸箱先生能吹灭蜡烛的现象，激发幼儿探索的欲望，继而进行对不同洞口物体的探究。实验从单个纸箱的探索到大、小洞纸箱对比实验的探索，层层深入。最后引导幼儿运用所学的科学原理来解决生活中出现的问题，既对前面经验进行了连接，又为后续在生活中更多的发现和运用提供了铺垫。

二、活动目标

1. 体验帮助纸箱先生“吹灭”蜡烛的成就感。

2. 感知拍打纸箱会让空气流动产生风，发现洞的大小与风的力量的关系。

3. 能大胆猜想、表述自己的推理，并操作实验进行验证。

三、活动准备

1.知识经验准备：有过吹蜡烛的经验。

2.物质材料准备：纸箱若干、小蜡烛每组一套；大小纸箱先生粘贴若干、大记录表格一张；笑脸粘贴、干冰、矿泉水瓶若干；课件。

3.环境创设准备：椅子摆放成U型。

四、活动过程

（一）开开心心，过生日

1.情境导入，激发幼儿活动的兴趣。

2.联系生活，请出纸箱先生。

（二）拍拍打打，吹蜡烛

1.提出问题：纸箱先生如何吹蜡烛？

探讨如何帮助纸箱先生自己吹灭蜡烛。

2.幼儿操作：探索纸箱先生如何吹蜡烛。

（1）幼儿每人一个纸箱尝试帮助纸箱先生吹蜡烛，教师观察，不予以任何提示。

（2）教师提出要求："能不能不挪动纸箱却能让纸箱先生吹灭蜡烛呢？"教师找寻通过拍打纸箱吹灭蜡烛的幼儿，并录制下来。

（3）幼儿观看录像，集体尝试拍打纸箱先生来吹灭蜡烛的方法。

（4）提出问题：为什么拍打纸箱会吹灭蜡烛？

3.教师实验：纸箱里的烟。

（1）教师拍打装有白烟的纸箱，请幼儿观察实验的现象。

（2）总结：因为空气无处不在，所以纸箱里也充满了空气，当被拍打时纸箱里的空气会被压出，从而产生冲击力。

（三）大洞小洞，来比赛

1.幼儿实验：谁吹得多？

（1）出示大、小洞纸箱先生，幼儿猜想。

引导幼儿猜想在连续拍打纸箱三次的条件下谁吹灭的蜡烛多，将相应的纸箱先生粘贴在身上，教师统计记录。

（2）了解比赛规则，幼儿两人一组合作实验，教师巡视。

（3）展示实验结果。

2.教师实验：大、小洞纸箱的烟。

（1）教师拍打装有白烟的大、小洞纸箱，请幼儿观察实验现象。

（2）总结实验结果：在连续拍打纸箱三次的条件下，发现纸箱洞的大小不同产生的冲击力也不同。

五、伙伴齐聚，庆生日

1.博士讲解科学原理在生活中的运用。

请出武汉理工大学实验室博士，引导幼儿边观看视频（小气囊洗键盘、火箭升空、高压洗车），边讲解这个科学原理在生活中的运用。

2.放礼花庆生日。

幼儿尝试放瓶子礼花为纸箱先生庆祝生日。

四、《神奇的维C》大班科学活动课例分析

（一）课例背景

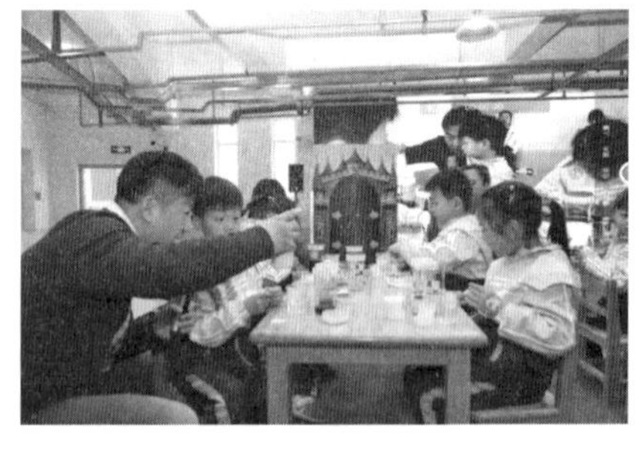

《指南》科学领域指出："成人要善于发现和保护幼儿的好奇心，充分利用自然和实际生活机会，引导幼儿通过观察、比较、操作、实验等方法，学习发现问题、分析问题和解决问题；帮助幼儿不断积累经验，并运用于新的学习活动，形成受益终身的学习态度和能力"。科学实验探究活动一直受到幼儿的广泛喜爱，在活动中，孩子探究具体事物和解决实际问题。本次活动源于幼儿的生活活动：幼儿偶然一次手指划破，擦拭碘伏时碘伏洒在了衣服上，怎么将碘伏洗干净？由此生成了一节有趣的科学活动课《神奇的维C》。通过情景导入，让幼儿和教师代入探险家的身份，一起去探险。城堡锁住了，怎么办？幼儿寻找钥匙，主动发现问题，寻找钥匙在哪里。为什么看不见钥匙？怎样才能清晰看到钥匙？幼儿猜测：哪些材料能让碘伏颜色变浅？幼儿通过观察、比较与分析，发现并描述不同种类物体的特征或某个事物前后的变化，能用一定的方法验证自己的猜测，并用数字、图画或其他符号进行记录。幼儿对寻找钥匙的探究游戏感兴趣，初步感知碘伏遇到维生素C后颜色会变浅，能根据记录表大胆表达自己的实验过程和结果。活动以寻找钥匙为载体，旨在让幼儿初步感知碘伏遇到维生素C后颜色会变浅的现象，同时在这个过程中，培养孩子发现问题、分析问题和解决问题的能力和良好的科学素养。

在生活中，幼儿用过碘伏，活动材料也是生活中常见的碘伏、水、牛奶、柠檬等，幼儿尝试发现事物间的异同和联系。为满足每一名幼儿的实验探究需求，在操作环节中以多数量、多操作、多变化的材料为主。由此，本次活动的材料主要分三次进行投放：第一次投放城堡、锁、碘伏杯等；第二次投放观察记录表、笔等；第三次投放牛奶、水、柠檬汁、勺子、滴管等。通过丰富的材料，创造森林、城堡的环境，幼儿扮演探险家，一起去探险，激发幼儿的探究兴趣，体验探究过程，引导幼儿通过直接感知、亲身体验和实际操作进行科学学习，激发其探究欲。

（二）活动片段实录及分析

1.课例事件1：激发兴趣，大胆猜测——幼儿根据生活经验大胆猜测：钥匙可能会藏在哪里？

（教师将钥匙放在装有碘伏的透明杯子里，将杯子提前隐藏在布置好的草丛和小树里，待小朋友找到杯子时，都显得非常好奇。）

材料投放：水、牛奶、柠檬汁。

教师："钥匙到底在哪里呢？我如何才能让这黑黑的碘伏变透明呢？"

彤彤："我在喝可乐时，妈妈说可乐太甜，需要加一点水，我发现可乐加了水以后颜色就变浅了。碘伏也是深色的，我们可以将水加入到碘伏里，这样它的颜色就会变浅，我们就可以看到钥匙在哪里了！"

涵涵："我们在画画时，如果将白色颜料与深色颜料搭配，深色就会变成浅色。牛奶是白色，碘伏是黑色，把牛奶加到碘伏里，碘伏就会变成浅色。"

2.课例事件1分析

当幼儿看到被锁锁住的城堡以后，都非常迫切地想要找到钥匙开启城堡的大门，去城堡探险。那么，钥匙到底在哪里呢？我为幼儿提供了三种材料：水、牛奶、柠檬汁，让幼儿进行猜想。幼儿联系生活实际，觉得水可能会将原本深色的碘伏变成浅色。大家你一言我一语地大胆猜测，大多都觉得水和牛奶可以将碘伏变成浅色。在生活中，大多数孩子对柠檬比较熟悉，知道柠檬是富含维生素的水果，但是对于维C与碘伏两者相融合后发生的化学现象是非常陌生的。因此，很多孩子猜测柠檬汁不能将碘伏变成浅色。

3.课例事件2：操作探究，验证猜想——根据前期的猜测，幼儿自主实验进行求证

（彤彤将水倒入装有碘伏的杯子里，发现碘伏的颜色依然是很混浊的。）

彤彤："碘伏是不是变成冰红茶了？"

（涵涵将牛奶倒入碘伏杯子里，发现牛奶和碘伏在一起后，反而变得更加混浊了，更加看不清钥匙了。）

涵涵："怎么办？看不到钥匙了！"

萱萱："哎呀，既然水和牛奶都不能成功，那就来看看这杯柠檬汁能不能帮我们把碘伏变浅吧！"

（萱萱将柠檬汁慢慢倒入碘伏杯中。）

幼儿："老师，快看，碘伏变浅了！我们成功啦！"

张诗涵："我在实验前，猜想水可以让碘伏颜色变浅，但是在实验后，我发现原来水并不能将碘伏变浅。"

幼儿："是啊！我的牛奶也没能让碘伏的颜色变浅。"

教师："小朋友们，在生活中，还有许多神奇的现象等着我们去发现，希望大家用自己的小眼睛去发现，开动小脑袋去思考，同时也可以和爸爸妈妈一起进行小实验。让我们一起去探索这个神奇的世界吧！"

4.课例事件2分析

科学活动的核心是激发幼儿的探究兴趣，让他们体验探究过程，发展初步探究能力，因此幼儿的探究欲望、科学兴趣、科学态度及习惯是非常重要的。在活动中幼儿动手动脑，探索物体和材料，并乐在其中。在此次科学活动中，为幼儿提供有趣的探究工具，用自己的好奇心和探究积极性感染和带动幼儿，认真对待幼儿的问题，引导他们猜一猜、想一想，支持和鼓励幼儿在探究的过程中积极动手动脑并寻找答案、解决问题。

（三）课例中反映出的问题

1.多方位激发幼儿探究兴趣和探究欲望

通过科学教育活动激发幼儿爱科学、学科学的兴趣、情感和探究科学的欲望；让幼儿经历科学探究活动的全过程，积累初步的科学知识，学习简单的科学方法，培养科学精神，形成初步的科学素质。科学活动目标的核心是：激发幼儿对科学的兴趣和探究科学的欲望，培养其科学精神。

游戏是幼儿学习的基本形式，而大班年龄段幼儿对探险、冒险类的游戏更感兴趣，在本次活动中我尽量以游戏法、实际操作法和问题情景法，运用多媒体课件等形式激发幼儿兴趣，尽量创造条件让幼儿实际参加探究活动，使他们感受科学探究的过程和方法，体验发现的乐趣。兴趣是最好的老师，可以看出幼儿在整个活动中的兴趣度极高，在活动中幼儿认真观察、仔细探究。

2.活动源于生活，高于生活，促进发展

本次活动源于幼儿的生活活动：幼儿偶然一次划破手指，擦拭碘伏时碘伏洒在衣服上了，怎么将碘伏洗干净？由此生成了一节有趣的科学活动《神奇的维C》。以寻找钥匙为载体，旨在让幼儿初步感知“碘伏遇到维生素C后颜色会变浅”这一现象，同时在这个过程中，培养孩子发现问题、分析问题和解决问题的能力和良好的科学素养。

只有活动内容、素材贴近幼儿生活，幼儿的兴趣才会更浓。

（四）生成教育契机

在活动中还存在着一些无法及时解决的问题。例如，幼儿同时将几种水倒在了一起，导致影响实验结果。又如在遇到认知冲突时幼儿不能自主大胆地提出质疑和辩解，需要教师的提醒和引导才能更自主地表达。还有个别幼儿做了实验但没有及时记录，这也会影响实验的过程。因此又生成了“大胆表达”和“水的奥秘”的教学活动。

孩子需要科学兴趣与精神，兴趣是最好的老师，教师作为幼儿成长的支持者、合作者、引导者，应该首先抓住幼儿的兴趣点，运用多种形式激发幼儿的兴趣。

在活动中教师更需要培养幼儿严谨的科学态度，在科学活动中处处存在着教育契机，教师要用适宜的态度和一双智慧的眼睛去发现，用智慧的方式与孩子用科学态度一同探究科学世界。

（武汉市东西湖区莲花湖幼儿园　李浩）

附教学活动方案：

大班科学活动：神奇的维C

武汉市东西湖区莲花湖幼儿园 李浩

一、设计意图

《指南》科学领域指出："成人要善于发现和保护幼儿的好奇心，充分利用自然和实际生活机会，引导幼儿通过观察、比较、操作、实验等方法，学习发现问题、分析问题和解决问题；帮助幼儿不断积累经验，并运用于新的学习活动，形成受益终身的学习态度和能力。"本次活动源于幼儿的生活活动：幼儿偶然一次手指划破，擦拭碘伏时碘伏洒在了衣服上，怎么将碘伏洗干净？由此生成了一节有趣的科学活动《神奇的维C》。以寻找钥匙为载体，旨在让幼儿初步感知"碘伏遇到维生素C后颜色会变浅"这一现象，同时在这个过程中，培养孩子发现问题、分析问题和解决问题的能力和良好的科学素养。

二、活动目标

1.对寻找钥匙的探究游戏感兴趣。

2.初步感知"碘伏遇到维生素C后颜色会变浅"这一现象。

3.能根据记录表大胆表达自己的实验过程和结果。

三、活动准备

1.知识经验准备：认识碘伏、水、牛奶等；会用钥匙开锁。

2.物质材料准备：第一次投放城堡、锁、碘伏杯等；第二次投放观察记录表、笔等；第三次投放牛奶、水、柠檬汁、勺子、滴管等。

3.场地环境准备：活动场景（森林、城堡）、音乐、桌子3张、凳子13把。

四、活动过程

1.情景导入，激发学习兴趣。

（1）导入：教师、幼儿扮演探险家，一起去探险。

（2）质疑：城堡锁住了，怎么办呢？

2.寻找钥匙，主动发现问题。

（1）找一找：钥匙在哪里？

（2）说一说：为什么看不见钥匙呢？

（3）想一想：怎样才能清晰地看到钥匙？

3.大胆猜测，记录猜测结果。

（1）幼儿猜测：哪些材料能让碘伏颜色变浅？

（2）根据猜测，记录猜测结果。

4.小心求证，验证猜测结果。

（1）自由操作：将水、牛奶、柠檬汁分别加入到3个碘伏杯里，观察实验结果。

（2）提醒幼儿养成每做好一次实验后做记录的好习惯。

5.分享表达，梳理实验结果。

（1）请个别幼儿根据记录表，大胆表述自己实验的过程和结果。

（2）引导幼儿在有认知冲突时学会质疑与辩解，得出结论。

6.活动延伸，拓展生活经验。

五、活动延伸

亲子小实验：维C的秘密。将生活中常见的水果、蔬菜与碘伏一起做实验，进一步探索奥秘。

五、《旋转的荷花》大班科学活动课例分析

（一）课例背景

教育家杜威说过，儿童有调查和探究的本能，探索是儿童的本能冲动。大班的孩子好奇、好问、好探究，他们不知疲倦地探索周围世界。我们就将日常生活中的事物和现象作为幼儿科学探索的对象，预设产生一些科学活动，以此引导幼儿发现周围世界的神奇，体验和领悟到科学并不遥远，科学就在身边，从而激发幼儿对周围世界的认识兴趣和探究欲望。科学实验活动一直受到幼儿的广泛喜爱，在活动中，孩子在探究具体事物和解决实际问题中，尝试发现事物间的异同和联系。幼儿通过观察、比较、操作、实验等方法，学习发现问题、分析问题、解决问题，不断积累经验，并运用于新的学习活动，形成受益终身的学习态度和能力。让大班幼儿能通过观察、比较与分析，发现并描述不同种类物体的特征或某个事物前后的变化，能用一定的方法验证自己的猜测，并用数字、图画或其他符号进行记录。

《旋转荷花》就是预设产生的一个科学探究活动。本活动带有极强的时代感，通过神秘的魔术道具来引导孩子动脑筋、想办法，激发幼儿探索科学现象的兴趣，培养他们解决问题和克服困难的能力。在活动中，我们不仅注重培养幼儿勇于探索的科学品质，还鼓励幼儿在活动中大胆地用图表表达自己的发现，大胆地用语言表达自己的意见和想法。幼儿乐于探究荷花旋转的秘密，体验自制玩具的愉悦和成功感。幼儿尝试用多种方法让荷花转动，明白科学就在身边，并且能大胆表述自己的观察和发现。为满足每一名幼儿的实验探究需求，在操作环节中要以多数量、多操作、多变化的材料为主。通过丰富的材料，激发幼儿的探究兴趣，体验探究过程，引导幼儿通过直接感知、亲身体验和实际操作进行科学学习，激发其探究欲。主要投放材料有自制荷花、塑料垫板、磁铁、回形针、水、胶水、固体胶、记录表、勾线笔。

（二）活动片段实录及分析

第一阶段：看一看，猜一猜。介绍材料，师幼互动。引发幼儿观察，自主提问。幼儿讲述观察记录表。

在第一阶段，教师展示面板、荷花，孩子看到材料后不知道怎么玩，教师用球在面板上转起来，激发幼儿好奇心：怎样才能让荷花旋转起来？

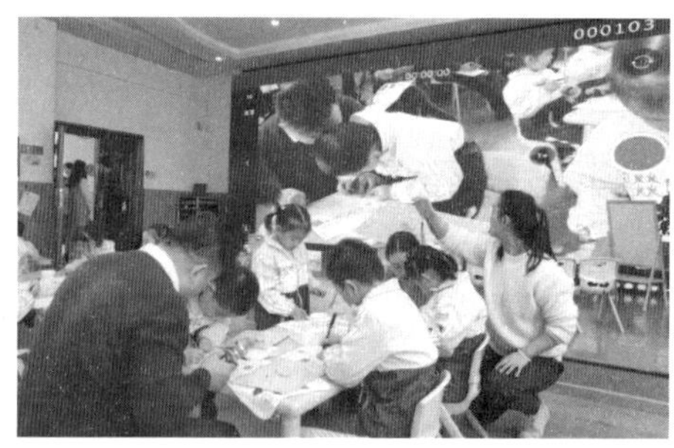

第二阶段，想一想，做一做。如何借助神秘助手，让荷花旋转起来？幼儿操作探究，记录实验结果。

幼儿猜测教师提供的材料哪一个能成功，并且在调查表上做记录，做完了记录开始做实验。

第三阶段：比一比，说一说。在刚才的实验中，你是怎么做的？实验结果是怎样的？你有哪些新的发现？幼儿大胆表述自己的猜想、实验过程及实验结果。

第四阶段：评一评，赞一赞。从不同角度鼓励幼儿，体验成功的快乐。当发现有个小朋友的实验结果与猜想不一致时，我让大家都来试一试，看到底这种方法能不能让荷花旋转起来，并引导幼儿自己发现、表达其中的科学"奥秘"。

第五阶段：动一动，玩一玩。引导幼儿主动与同伴分享自制玩具的乐趣。最后一个环节，引导幼儿用荷花玩接力赛，尝试让3朵甚至更多的荷花同时旋转，让幼儿体验成功的乐趣和合作的成就感。

科学活动的核心是激发幼儿探究的兴趣，让他们体验探究过程，发展初步探究能力，因此幼儿的探究欲望、科学兴趣、科学态度及习惯是非常重要的。在活动中幼儿动手动脑，探索物体和材料，并乐在其中。

在此次科学活动中，教师为幼儿提供有趣的探究工具，用自己的好奇心和探究积极性感染和带动幼儿，认真对待幼儿的问题，引导他们猜一猜、想一想，支持和鼓励幼儿在探究的过程中积极动手动脑，寻找答案或解决问题。当幼儿认为胶水不能让荷花旋转起来的时候，教师鼓励幼儿进行大胆实验，充分保护幼儿的好奇心和探究欲。

（三）课例中反映出的问题

1.敏锐、严谨提问，激发幼儿认识兴趣和探究欲望

活动前期幼儿对实验操作材料、规则的不熟悉会影响实验操作，幼儿在实验中对表格记录的不理解、对材料的操作不当都有可能导致活动进行不顺畅。此时，教师应该迅速、准确地发现问题所在并进行指导或帮助。但教师不能完全限制幼儿的探索，应该多鼓励幼儿再猜一猜、试一试，动手动脑，探究问题。

2.提供科学合理丰富的材料，为幼儿的探究活动创造宽松的环境

第一次试教时提供的材料有油，幼儿用到油后，虽然荷花能在油上旋转起来，但是影响下一步用水和胶水进行实验操作，于是后面我把油换成了磁铁和回形针。其实，

科学家也正是在无数次的实验、尝试、探究中才得出的实验原理。科学是严谨的，因此每一次活动的主题、材料，我都经过自己反复推敲、反复实验后再提供给幼儿操作。

3.生成教育契机

在活动中还存在着一些无法及时解决的问题。例如，少量的胶水不能让荷花转起来，但胶水和水混在一起又可以让荷花旋转起来；又如幼儿的实验结果和记录过程不一致，回形针不能放在荷花上，有的能转起来，有的则不能旋转起来。因此又生成了“水的奥秘”与“有趣的磁铁”的教学活动。

在活动中孩子需要科学兴趣与精神，教师更需要严谨的科学态度，在科学活动中处处存在着教育契机，教师要有科学的态度，用一双智慧的眼睛去发现，用智慧的方式与孩子一同探究科学世界。

（武汉市东西湖区莲花湖幼儿园　李浩）

附教学活动方案：

大班科学活动——旋转荷花

武汉市东西湖区莲花湖幼儿园　李浩

一、设计意图

教育家杜威说过，儿童有调查和探究的本能，探索是儿童的本能冲动。大班的孩子好奇、好问、好探究，他们不知疲倦地探索周围世界。我们就利用日常生活中的事物和现象，将其作为幼儿科学探索的对象，预设产生一些科学活动，以此引导幼儿发现周围世界的神奇，体验和领悟到科学并不遥远，科学就在身边，从而激发幼儿对周围世界的认识兴趣和探究欲望。

《旋转荷花》就是预设产生的一个科学探究活动。本活动带有极强的时代感，通过神秘的魔术道具来引导孩子动脑筋、想办法，培养他们解决问题和克服困难的能力，激发幼儿探索科学现象的兴趣。在活动中，我们不仅注重培养幼儿勇于探索的科学品质，还鼓励幼儿在活动中大胆地用图表来表达自己的发现，大胆地用语言表达自己的意见和想法。

二、活动目标

1.乐意探究荷花旋转的秘密，体验自制玩具的愉悦和成功感。

2.尝试用多种方法让荷花转动，知道科学就在身边。

3.能大胆表述自己的观察和发现。

三、活动准备

1.物质材料准备：自制荷花、塑料垫板、磁铁、回形针、水、胶水、固体胶、记录表、勾线笔等。

2.知识经验准备：有做科学小实验的经验，会用符号记录。

四、活动过程

（一）看一看，猜一猜

1.介绍材料，师幼互动。

2.引发幼儿观察，自主提问。

3.幼儿讲述观察记录表。

（二）想一想，做一做

1.如何借助神秘助手，让荷花旋转起来。

2.幼儿操作探究，记录实验结果。

（三）比一比，说一说

1.在刚才的实验中，你是怎么做的？实验结果是怎样的？

2.你有哪些新的发现？

（四）评一评，赞一赞

从不同角度鼓励幼儿，使其体验成功的快乐。

（五）动一动，玩一玩

引导幼儿主动与同伴分享自制玩具的乐趣。

六、科学与艺术：《有趣的皮影戏（5~6岁）》课例分析

（一）课例背景

在课题“科学与技术教育研究”中，我园承担了科学与艺术相结合的子课题。《纲要》中提到：科学教育生活化，学习身边的科学。利用身边的事物和现象作为科学探究的对象，会使孩子们发现和感受到周围世界的神奇，体验和领悟到科学就在身边。影子是无处不在的，孩子们对影子的各种游戏探索是非常感兴趣的。瑞吉欧的活动里，有一个经典的案例《影子游戏》，孩子们在户外寻找影子，然后观察一天中影子的不同变化，最后想办法让影子没有了。教师前期也尝试了让孩子们在户外玩这个有趣的游戏，孩子们乐此不疲。在户外找到了影子之后，孩子们又对室内的影子感兴趣了，对投影仪投到幕布上的蓝色影子，还有投到人身上的蓝色光线，孩子们都很感兴趣，他们把手放在投影仪前挥舞，又开始玩起了手影的游戏。通常影子游戏到此就结束了，然而教师偶然看到有相当精美的皮影小人卖，于是联想到将传统的民间艺术带入到幼儿的生活之中。如何让幼儿去了解并喜爱博大精深的民间传统艺术？教师认为光和影子与皮影戏可以很好地结合在一起，让孩子们了解皮影，了解这种古老的中国民间艺术，再利用纸的透光性制作能在灯光和幕后表演的纸偶。如此便生成了《有趣的皮影戏》这个活动。

（二）活动片段实录及分析

1. 课例事件1：我们的影子有变化吗？——以游戏的方式让幼儿进行探索

孩子在舞台上玩踩影子的游戏，找找光源在哪里，并了解光源和影子的关系。

乐乐：“老师，我看到我自己的影子了！”

豆豆：“咦，老师，我的影子为什么这么大呀？”

教师："我们试着移动身体，看看我们的影子有什么变化？"

乐乐："老师，我的影子跟着我一起走！"

果果："老师，我的影子也变大了！"

教师："我们能够试着让影子变小吗？"

果果："老师，我蹲下来我的影子就变小了。"

豆豆："我向前走影子就变小了。"

2.课例事件1分析

孩子在不经意间就已经感受到影子是会有变化的，他们对在户外已经进行过的游戏仍然非常感兴趣，老师在与幼儿进行游戏的同时，又用逐步提问的方式调动幼儿对影子新的认知："影子会随着物体的移动而移动""影子会随着物体的变化而变化"，这些都是孩子在玩的过程中发现的。

3.课例事件2：影子为什么会不见了呢？——探索交流，调动已有经验在幕布后面玩手影游戏，体验在幕布后表演的乐趣

教师："看，一只大雁飞来了！"（教师出示手影。）

教师："我的大雁哪去了呢？"（教师边飞边移动。）"为什么看不见我的大雁了呢？"（没有开启灯光。）

豆豆："因为灯光没有了，就看不见大雁飞来飞去了。"

请幼儿徒手操作，探索手影的奥秘。

孩子们："老师，我们看不到自己的手影。"

（灯光开启。）

果果："老师，我看见我的小狗了，它在汪汪叫！"

乐乐："老师，我手动了我的鸽子也在飞！"

蝌蚪："老师，我的小鸟越飞越远了。"

（灯光关闭。）

果果："我的小狗不见了！"

孩子们："是灯关了，没有灯光就没有影子。"

4.课例事件2分析

这个环节就是为皮影的操作做了一个前期的铺垫，让孩子们在徒手探索中理解影子是在光的照射下才会产生的，孩子在生动形象的操作中了解了光与影子的简单关系。另外，孩子们还发现，离灯光越近影子越大，离灯光越远影子越小，所以会说"我的小鸟越飞越远了”。

5.课例事件3：什么是皮影戏？——引导观察，丰富幼儿经验

（1）欣赏皮影戏（教师操作）。

（在《西游记》的音乐声中，《西游记》中的各个人物一一在白色的幕布上呈现出来，孩子们兴奋地欣赏着这一古老的中国民间艺术。）

（2）请幼儿上台操作皮影，感受表演的乐趣。

教师：“喜欢这个表演吗？那么你们知道这是一段什么表演呢？这段表演叫皮影戏，皮影戏是我国传统的民间艺术，这段表演和我们平时看的表演有什么不同呢？”

豆豆：“以前的表演是真人表演的，这是小皮偶表演的。”

乐乐：“木偶是在台上表演的，皮偶是在幕后表演的。”

果果：“皮影要有灯光才能表演。”

（经过观察、认识、讨论后，孩子们自由操作着皮影，有个孩子一边玩一边念起了“唐僧骑马咚那个咚”，于是教师又借助这个教育契机与幼儿一边念一边玩了起来。）

6.课例事件3分析

孩子们接触到皮影时非常兴奋但是也觉得陌生，所以老师选用了孩子们熟悉的《西游记》中的人物。孩子们之前接触过木偶，因此认为皮影和木偶是一样的，但当老师将皮影给孩子触摸时，他们惊奇地发现到原来皮影是雕刻而成的。细心的孩子也探索到木偶戏是在幕布前表演的，而皮影戏是在幕后进行的。在皮影的操作中，老师突然将灯光关闭，于是孩子们发现了和之前玩的手影游戏一样，皮影戏也是需要光源的。

7.课例事件4：怎样让皮影的关节活动起来？——探索发现，操作体验，幼儿自由探索皮影关节的制作

（幼儿自由选择操作材料，许多孩子选择了按扣，有的孩子选择了不可行的双面胶，教师在一旁没有进行阻止，给予了幼儿自由探索的空间。）

果果：“我的皮影用粘胶粘着它动不了了。”

乐乐：“我的孙悟空可以动，果果，你换按扣。”

豆豆：“老师，你的皮影是用铁丝，我也想用铁丝。”

蝌蚪：“老师，我想给我的孙悟空装上金箍棒，粘上去动不了了怎么办呀？”（教师引导他使用打孔器，换上其他可行材料试试。）

请幼儿分组表演。

8.课例事件4分析

在孩子们认识了光和影子的关系后，接下来就是带领孩子们尝试制作皮影。教师提供了多种可行与不可行的材料，孩子们的选择有的成功了，有的失败了。孩子们在失败中发现用粘胶是不可行的，关节不能活动；有的孩子在绑定关节中还发现，绑得太牢固关节也不能活动。孩子们在一边尝试一边探索中发现了许多问题，也逐一解决问题。这就是科学活动的意义所在：在失败中探索，在探索中成功，在成功中学习。

在孩子们解决了科学探索中的难题，尝试成功后，教师提供艺术化环境让幼儿自由表演操作，让他们随着熟悉的乐曲、儿歌拿着自己的研究成果进行表演，孩子们乐此不疲。

（三）课例中反映出的问题

在这次活动中，孩子们通过观察、操作了解了皮影戏，体验了传统民间艺术带来的快乐。这个活动最大的教育作用在于能给幼儿一种传承中国传统文化的启蒙教育。这个科技与艺术相结合的活动反映出以下几个问题。

1.如何从幼儿生活入手让科学教育生活化

《纲要》中提到：科学教育生活化，学习身边的科学。利用身边的事物和现象作为科学探究的对象，会使孩子们发现和感受到周围世界的神奇，体验和领悟到科学就在身边。影子是无处不在的，孩子们对影子相关的各种游戏探索是非常感兴趣的。教师引导幼儿对身边事物进行探究，也为幼儿理解科学对人们生活的实际意义提供了直接经验和实际背景。只有这样的科学教育才可能培养幼儿真正的内在探究能力，使幼儿获得真正内化的科学知识和经验。

2.怎样为幼儿提供适宜的操作材料

孩子的能力存在好、中、差三个不同的层次，所以要充分把握好孩子的最近发展区，设置三种不同的难度让幼儿进行选择。活动中教师提供了多种材料来满足幼儿能力的需要。在关节的制作上提供了打孔机、按扣、铁丝、透明胶、双面胶、搭扣以及难度低点的半成品材料等，孩子们根据自己的需要自由地进行选择。在操作过程中我们以小组合作的方式，让能力强的孩子带动能力弱的孩子。

3.教师的适时介入对幼儿的影响

教师提供了可行性与不可行的操作材料。在操作过程中，有的孩子选择了双面胶，玩的过程中发现自己的纸偶不能够活动，于是发现了这种材料的不可行性，继而进行了更换。

在此次活动中，教师的语言非常少，只是作为一个玩伴与孩子一起游戏，在游戏中与孩子一起发现问题，一起解决问题。而且在这个活动中我了解到材料的提供和提问方式的重要性，问题切入点的好坏直接影响着孩子探索的结果。教育的价值取向不再是注重静态知识的传递，而是注重儿童的情感态度和儿童探究及解决问题的能力的培养，以及促进儿童与他人及环境的积极交流与和谐相处。

4.如何将科学与艺术有效地结合

幼儿尝试制作自己感兴趣的故事中的动物和人物，用来表现自己喜欢的故事，讲述永远讲不完的话题，这种艺术的原创力是单纯的科学活动难以达到的效果。

科学的创造力体现在想象和制作上，而艺术的想象力体现在知觉、感觉和制作上，如果我们能找到很好的结合点，科学与艺术是可以互相促进的。

我认为这个活动最精彩的地方是能够把复杂的原理简单化，用孩子们的方式去制作表演道具（用简单的纸偶来代替皮偶），让孩子们在活动区中可以继续这个游戏。

同样我们会在生活中让孩子倾听不同风格的音乐来感知不同的表演形式，我们未来的小科学家和小工程师应该是有相当高的人文修养和艺术素养的。

（武汉市实验幼儿园　李娟）

附教学活动方案：

科学与艺术：有趣的皮影戏（5～6岁）

武汉市实验幼儿园　廖宗兴

一、设计意图

瑞吉欧的活动里，有一个经典的案例《影子游戏》：孩子们在户外寻找影子，然后观察一天中影子的不同变化，最后想办法让影子没有了。我也尝试让孩子们在户外玩这个有趣的游戏，孩子们乐此不疲。在户外找到了影子之后，孩子们又对室内的影子感兴趣了：投影仪投到幕布上的蓝色影子，还有投到人身上的蓝色光线，孩子们对此都很感兴趣。他们把手放在投影仪前挥舞，又开始玩起了手影的游戏。通常影子游戏到此就结束了，然而我偶然看到有相当精美的皮影小人卖，结合我园做的科学与艺术相结合的教育活动，于是我想到光与影子和皮影戏可以很好地结合在一起，让孩子们了解皮影，了解这种古老的中国民间艺术，再利用纸的透光性制作能在灯光和幕布后表演的纸偶。如此便生成了《有趣的皮影戏》这个活动。

二、活动目标

1.对中国传统民间艺术形式——皮影戏感兴趣，知道皮影戏表演需要的条件。

2.初步探索皮偶关节活动的特点，并进行简单的制作。

3.能够进行简单的操作表演，感受和他人合作表演的快乐。

三、活动准备

准备皮影小人、小舞台、200W电灯、水彩笔、白纸、胶棒等。

四、活动过程

（一）手影游戏

教师："今天廖老师要考考你们，你们知道手影游戏怎么玩吗?"（邀请会玩的小朋友上来表演。）

教师："这里什么地方可以玩手影游戏呢?"

教师："看，一只大雁飞来了。"（教师出示手影。）

教师："我的大雁哪去了呢?"（教师边飞边移动。）"为什么看不见我的大雁了呢?"

幼儿："因为灯光没有了，就看不见你的大雁飞来飞去了。"

（这个环节就是为皮影的操作做了一个前期的铺垫，让孩子理解影子是在光的照射下才会产生的，孩子在生动形象的操作中了解了光与影子的简单关系。）

总结："原来我们在手影游戏的时候最需要有光，这样就可以照出我们的影子。"

1. 出示皮影戏，幼儿欣赏。

教师："刚才我们玩了有趣的手影游戏，现在我要请你们来看一个非常有趣的表演。"

教师："刚才的表演好看吗？你们知道这是一段什么艺术表演呢？这段表演叫皮影戏，皮影戏是我国传统的民间艺术。这段表演和我们平时看的表演有什么不同呢?"

幼儿1："以前的表演是真人表演的，这是小皮偶表演的。"

幼儿2："木偶是在台上表演的，皮偶是在幕后表演的。"

幼儿3："皮影要灯光才能表演。"

2. 出示皮影人偶。

教师："原来我们的皮影戏需要有幕布，它们的表演都是在幕布的后面进行的，并且表演的时候还需要小皮偶。"

教师："现在我就把皮偶请出来和你们见面，你们看看我们的小皮偶为什么会动。你们知道它们都是用什么东西做成的吗?"

教师："让我来告诉你们吧！皮影戏里的皮偶，是人们用动物的皮削制、烘干、雕刻而成的。"

（二）请幼儿表演皮影戏

教师："你们想上来表演吗？那我就先请手上有皮偶的小朋友上来表演。"

教师："他们表演得真不错，其他的人想来表演吗?"

1. 制作纸偶，幼儿表演。

（制作纸偶时向幼儿介绍制作方法，与幼儿交流人物和表演方式。）

教师："今天我找来了一个新型的材料，我们用它来代替我们的皮偶。请你们分成三组上来表演。"

教师："我知道一个表演的方法，你们会念《西游记》的儿歌吗？那我们就边念儿歌边表演，念到谁谁就出来表演。"

2. 要求配教老师帮幼儿念儿歌《西游记》。

教师："我有个小小的建议，请在座的老师帮我们的孩子配音好吗？请老师们按这个节奏，一、二、三。"

第一组听音乐表演。

教师："刚才第一组的小朋友表演得好吗？下面你们第二组的小朋友想怎么表演呢？有请第二组小朋友们表演。"

第二组听音乐表演。

教师："你们第三组的小朋友也用音乐表演吧!"

第三组听音乐表演。

最后放音乐请每一个幼儿自己上台表演后下场。

结束："今天我们小朋友制作了有趣的西游记皮偶，下次我们再用这样的材料，一起制作其他的人物进行表演，好吗?"

五、活动延伸

在科学活动区内投放简易的"皮影"制作和表演材料，让幼儿自由操作。

七、幼儿园户外体能循环活动中教师的有效干预——《丛林探险》中大班体能循环活动课例分析

（一）课例背景

幼儿园的户外活动形式多样，大体分为集体活动和自主活动。不论是集体活动还是自主活动都离不开教师的组织与干预。

有趣的游戏和适宜的游戏材料是幼儿参与户外活动的硬件条件，而教师的有效干预则是幼儿参与户外活动的保障。《纲要》中提到：开展丰富多彩的户外游戏和体育活动，培养幼儿参加体育游戏的兴趣和习惯，增强体质，用幼儿感兴趣的方式发展基本动作。为了提高户外游戏的参与度，武汉市实验幼儿园创设了“幼儿园户外体能大循环”的活动，新的游戏形式不仅打破了班级活动的界限，还充分利用了幼儿的活动场地和资源，最大限度地发挥了游戏器械的价值，最重要的是成功激发了幼儿游戏的积极性和创造性。

新的游戏形式总会伴随新的教学挑战，户外体能大循环是集体活动与自主活动的结合，由教师有组织、有计划地开展，但是在游戏的过程中幼儿获得充分的自主选择性。幼儿园户外体能循环活动通常会创设游戏情境，根据情节的创设结合游戏材料，组织不同的活动环节。因此面对如此大的场面和复杂的游戏环节，教师的有效干预也面临着新的挑战。在体育游戏中教师的有效干预可以帮助发挥游戏的教育价值，提高幼儿的游戏水平，发展幼儿的游戏能力。教师结合教育实践，通过小组教研的形式，总结了教师在户外体能循环活动中存在的一些共性问题：教师干预的时机不恰当；干预的方式不适宜；干预的程度难以把握。带着这三点教育困惑，通过此次体能循环活动《丛林探险》，教师观察分析游戏片段，总结户外体能循环活动中教师有效干预的策略。

（二）活动片段实录及分析

1.课例事件1：寻找果子还是继续循环？——当幼儿冲突达到极点时，教师针对冲突点展开干预，保证活动顺利进行

幼儿1：“你不对，还没到寻找果子的时候，你放下，快去沼泽地那边。”

幼儿2：“这是我好不容易看见的果子。”

幼儿1:“可是老师还没开始吹哨,不能捡果子。”

幼儿2:“这个果子是我找到的。”

幼儿1:“还没到捡果子的时候!”(将幼儿2的果子抢过来,并放回原处。)

幼儿2:“这是我找到的!”(抢回果子。)

教师将幼儿分开:“你看,其他的小队员都跑很远了,要不你先加入他们?”

幼儿1:“他在捡果子,张老师还没吹口哨,现在不能捡果子。”

教师:“你能记得老师的游戏规则,很厉害。现在这里有老师,你是继续留在这里和我们一起,还是去找你的其他小伙伴?”

幼儿1:“那好吧,我走了!”

教师:“你呢?是要加入你的小伙伴,还是继续捡果子?其实如果跟小伙伴一起来捡果子,也许更有趣哦!”

幼儿2:“那好吧,但是这是我捡的果子,我可以带走吗?”

教师:“当然可以,这是你自己捡的果子。赶紧去追上你的小伙伴吧!”

2.课例事件1分析

这种幼儿冲突事件很常见。在户外体能循环活动中,虽然有游戏规则,但是由于平铺面大,游戏环节多,游戏玩具选择多,无形中给予了幼儿更多选择的可能和诱惑。教师发现在循环游戏进行到中途,就会有幼儿像幼儿2一样,被其他的玩具吸引,暂停或者终止循环活动。但此次事件比较特殊,因为幼儿2的行为引起了幼儿1的关注。很明显,幼儿1遵守游戏规则,并发现幼儿2没有遵守游戏规则,他试图阻止幼儿2,因此产生了此次冲突。冲突开始,教师没有干预,给予了幼儿自己处理问题的机会,但是最后两名幼儿均没有妥协,冲突开始升级。此时教师进行干预。

此次教师干预效果比较成功。首先阻止了幼儿冲突的再次升级,其次帮助了循环活动顺利开展,最后充分尊重了两名幼儿的选择。从此次教师干预过程看,教师把握了干预的时机,并没有在矛盾开始时干预,而是给予了幼儿相互劝说对方的机会,从幼儿的对话中,观察幼儿的矛盾点。围绕游戏材料的冲突,我们通常会想到幼儿争抢材料的事件,然而此次事件中,两名幼儿的冲突虽然是围绕着玩具“果子”,真正的冲突点却不是玩具的归属。教师在干预初期通过观察了解到冲突点为是否遵守游戏规则，因此抓住冲突点是教师此次干预成功的重要前提。此外，教师干预的策略明确，符合此次循环活动的需求。户外体育大循环是有组织有计划的集体活动，因此教师不适宜花大量的时间去干预幼儿游戏，教师在干预的时候，直接将两名幼儿分开，用肢体动作告诉他们停止争执；然后用语言肯定幼儿1遵守游戏规则，并引导他遵守游戏规则继续循环；最后同意幼儿2拿着果子继续游戏，既没有违反游戏规则，又鼓励了幼儿继续循环游戏。

由此事件可以总结出在户外体育循环活动中面对幼儿冲突时的一些有效策略。体育活动或游戏中的教师语言指导应该简单、明确。如果能用肢体动作或示范来终止冲突则将其作为首选；干预时机不是越快越好，而是应观察并分析幼儿冲突的矛盾点，如果幼儿无法自己解决，则教师采取干预。

3.课例事件2：哎呀，太高了，换一个——当幼儿遇到技能困难时，教师及时采取干预，保持幼儿游戏兴趣（攀爬区）

幼儿1：“这个凳子太高了，怎么也爬不上去。”

幼儿2：“我也爬不上去。”

幼儿3：“那我们换一个区玩吧！”

幼儿 1 和 2：“只能这样咯！”

教师1：“确实，现在是混龄游戏，我们应该调整一下这个区的游戏层次，保证每个幼儿都能玩。”

教师2：“干脆把这些长凳分成难度不一样的两组，这样幼儿就会选择能够通过的那组玩。”

教师3：“其实我们可以不改变长凳，而在长凳下面铺一些垫子，幼儿可以从下面爬过，一样可以穿过这个区。”

短暂的讨论后教师迅速调整了器械。后面的幼儿和刚才放弃的幼儿1、幼儿2、幼儿3也顺利通过了这个环节。

4.课例事件2分析

此次幼儿园户外体能大循环的一大突破便是混龄。我们都知道每个年龄阶段幼儿的发展水平不一样，体育技能的年龄特点更加突出。因此在设计循环活动时要考虑到幼儿的年龄特点。在该事件中，有三个幼儿由于经过多次尝试仍无法攀爬过长凳，最终选择放弃该环节。该区域的教师及时发现了这个现象，采取调整游戏器械的手段来干预。根据后面幼儿的游戏状态，可以看出此次教师干预的效果不错。

从此次教师的干预可以总结出面对幼儿兴趣有所降低的情况时教师该如何干预。教师在提供游戏材料时，在确保幼儿安全的前提下，通过调整材料的状态来调整游戏的难度，激发幼儿的挑战欲望，使其获得成就感，从而保持游戏兴趣。那么，面对类似的状况，教师具体要如何做呢？首先，改变器械摆放形态，例如教师2提出的，将长凳分成难易两组，幼儿自主选择从哪一组通过；其次，增减辅助材料，例如教师3提出的，在长凳下面放垫子，幼儿可以从下面爬过；接着，教师进行心理支持，例如有的幼儿会因为“害怕”的心理而放弃游戏，这时教师可以通过动作支持的干预，给幼儿一个心理支持，鼓励其参与游戏；最后，教师示范动作，体育活动对动作的规范性要求很高，不规范的动作不仅会对幼儿的身体造成伤害，如果没有得到及时的更正，还会让幼儿形成错误的动作习惯。

5. 课例事件 3：来，衣服都汗湿了，老师帮你隔汗——在游戏活动中，保育教师的过度干预影响幼儿的游戏状态

大循环活动开展以来，因其每个环节的器械不一样，每种器械的玩法也不一样，一直深受大部分幼儿的喜爱。但是这种全员式的活动，常常让保育教师感到焦虑。由于工作专业性偏重不同，保育教师更多关注幼儿是否需要喝水，是否需要隔汗，是否需要脱衣服等，因此在循环活动中，常会看见她们“勤奋”的身影。但是保育教师的好心有时会打断幼儿的游戏状态。

张老师（体能老师）：“不要打扰他们。”

保育老师们依然坚持自己，场地的不同角落里都会看见她们在给孩子隔汗。甚至还引来了同班级的幼儿聚集排队，等待更换隔汗巾。

保育教师1：“出一身汗，不隔汗，孩子生病了怎么办?”

张老师：“现在是集体活动时间，现在集体帮他们换衣服隔汗是在打扰他们游戏，等游戏结束会有时间做这些的。”

保育老师无奈地停止了。

6. 课例事件 3 分析

户外体能大循环不同于幼儿完全自主的户外体育活动。它是集体活动，是有计划、有组织、有游戏规则的集体活动。因此，在本次活动中的主持教师张老师会根据幼儿的状态来把控整个活动的节奏，他需要班级教师的配合。如果一项集体活动中有太多不同的声音，势必会影响游戏顺利地开展。事件中，保育教师坚持给游戏中的幼儿更换隔汗巾，出发点是防止孩子生病。然而她们忽视了这是一次集体活动，虽然不同于教室里的集体教学活动，但是它也必须遵守自己的时间规则。当只有一两个这种现象时不会有什么影响，但其引起了班级幼儿聚集排队，明显暂停了循环活动，也打断了幼儿游戏的兴趣。

在体能教师的再三要求下，保育教师无奈地停止了“过度干预”，让循环游戏活动能继续进行。每一次大型活动，不仅参与的幼儿很多，同时参与的教师也很多。每位教师都有自己的立场和教育方式，如果大家都坚持自己的，进行不合理的干预，就会出现事件3中的暂停游戏现象。因此，为了减少类似情况的发生，体能教师与班级教师应该提前做好沟通，明确活动的主导者。但由于班级教师比体能教师更了解本班幼儿的情况，因此在活动进行时，班级教师在不影响整个活动开展的情况下的干预行为是应该被允许的。但体能教师依然要向班级教师明确每次活动的目的和时间节点。

（三）课例中反映出的问题

教育教学活动中教师的干预问题是我们教研活动中常常讨论的话题。有效的干预行为不仅可以促进幼儿的发展，还会促进教育价值的发挥。但是什么是有效的干预？有效干预的方式有哪些？有效干预的条件是什么？不同的教育活动，其标准也有所不同。例如同样都是玩球，如果是幼儿自主游戏，那么幼儿可以选择自己喜欢的玩法，但是如果是集体教学活动，教师会在幼儿无法完成游戏动作的时候进行动作示范干预。面对户外体能大循环这种大型集体活动，教师的有效干预显得尤为重要。因为它不再仅仅是教师与幼儿的关系，它包含有幼儿、体能教师和班级教师三种角色，因此它的教师干预问题更加复杂。但是再复杂的问题，只要从幼儿大发展出发，依然可以找到突破口。结合多次体能循环活动的开展和体能教研组的教研探讨，我们总结了体能循环活动中教师有效干预的如下几点建议。

1.从幼儿角度出发，安全第一，尊重幼儿的选择，但不放弃活动的规则

“混龄、户外、循环”是本次活动的关键词，幼儿出现突发状况的频率会较高。因此教师的干预显得尤为重要。不论是《指南》还是《纲要》中，幼儿安全永远都是一切活动的前提。体育活动中的安全隐患较多，因此教师在发现安全问题时，需要立刻干预，将不良影响降到最低。在面对幼儿脱离活动正常轨迹时，教师不需要马上进行干预，因为循环活动中环节多、器械多，幼儿偶尔会被分散注意力，但是有体能教师的整体把控和其他幼儿的影响，幼儿最后会回到正常轨迹。因此教师进行的干预时机

是发现不论是体能教师的指令或是其他幼儿的影响均不能吸引幼儿继续游戏时。由于教师的教育方式、班级规则、幼儿年龄特点不一样，这种混龄、混班的活动中时常会出现幼儿冲突问题，教师要在幼儿无法解决矛盾的时候介入干预，但是一定要公平、公正，从游戏规则出发，让幼儿遵守游戏规则并继续游戏。

2.从体能教师出发，主导活动，把控活动节奏，允许其他合理干预行为

一次成功的户外循环体能活动既需要体能教师的有效组织，又离不开班级教师的积极配合。班级教师比体能教师更清楚班级幼儿的发展水平和游戏特点，因此在不影响活动进行的前提下，体能教师可以接纳来自班级教师的不同声音，这样不仅能弥补体能教师的"错过"，也可以及时给予幼儿技能上的帮助，促进幼儿积极游戏的兴趣。

3.从班级教师出发，配合为主，考虑活动大局，但不能完全不干预

《纲要》中提到教师是幼儿学习活动的支持者、合作者和引导者。虽然活动有体能教师的组织和把控，但不代表班级教师可以完全消除自己的存在感。班级教师可以和体能教师一起成为幼儿的游戏伙伴，在活动需要的时候，增加游戏的趣味性；在器械变换玩法时，以合作者的身份参与，帮助幼儿更快地更换器械玩法；当幼儿由于害怕而放弃尝试高难度环节时，给幼儿提供恰当的动作支持，帮助幼儿克服恐惧。

（武汉市实验幼儿园　李雪）

附教学活动方案：

中大班户外体能循环活动：丛林探险

武汉市实验幼儿园　张俊夫

一、活动目标

1.体验户外循环游戏活动的快乐，成功完成任务获得成就感。

2.强化投掷动作，锻炼下肢与上肢肌肉力量，发展身体协调性。

3.能专注游戏，身体快速反应大脑讯号。

二、活动准备

1.知识经验准备：幼儿有走、跑、跳、平衡、爬、投掷等动作经验。

2.物质材料准备：梯子若干、轮胎若干、长凳若干、平衡木若干、塑料凳若干、迷彩网两张、支架6个、大篓子10个，大量报纸球、海洋球、沙包。

3.环境准备：户外宽阔的场地。

三、活动过程

（一）热身活动（集体游戏）

幼儿进行动物大游行游戏。教师说出一种动物或放出一种动物的叫声，幼儿做出相应动作。

（二）循环游戏（丛林探险）

幼儿运用自己的方法安全通过所有的器材。

1.平衡木区。

2.轮胎区。

3.障碍跑区。

（三）整理调整

一部分幼儿放松整理，一部分幼儿调整场地器械。

1.动物大游行。

部分幼儿进行动物大游行游戏。

2.调整器械。

部分幼儿扮演调皮小狐狸到场地上调整器械。

3.循环游戏。

所有幼儿再次进入调整后的场地中进行游戏。

（四）循环游戏（找果子）

再次进行器材变化，增加了投掷区域，教师在场地中投放报纸球、沙包、海洋球等器材，幼儿在循环的同时收集球类，将球带到投掷区域后投入篓子里。

1.动物大游行。

部分幼儿进行动物大游行游戏。

2.调整器械。

部分幼儿扮演调皮小狐狸到循环区调整器械。

3.循环投掷游戏（大丰收）。

幼儿在循环游戏的同时要收集散落在场地上的各种投掷物，投掷到场内的篓子里，调皮小狐狸则在篓子旁进行干扰。

（五）放松活动

幼儿进行动物大游行游戏。

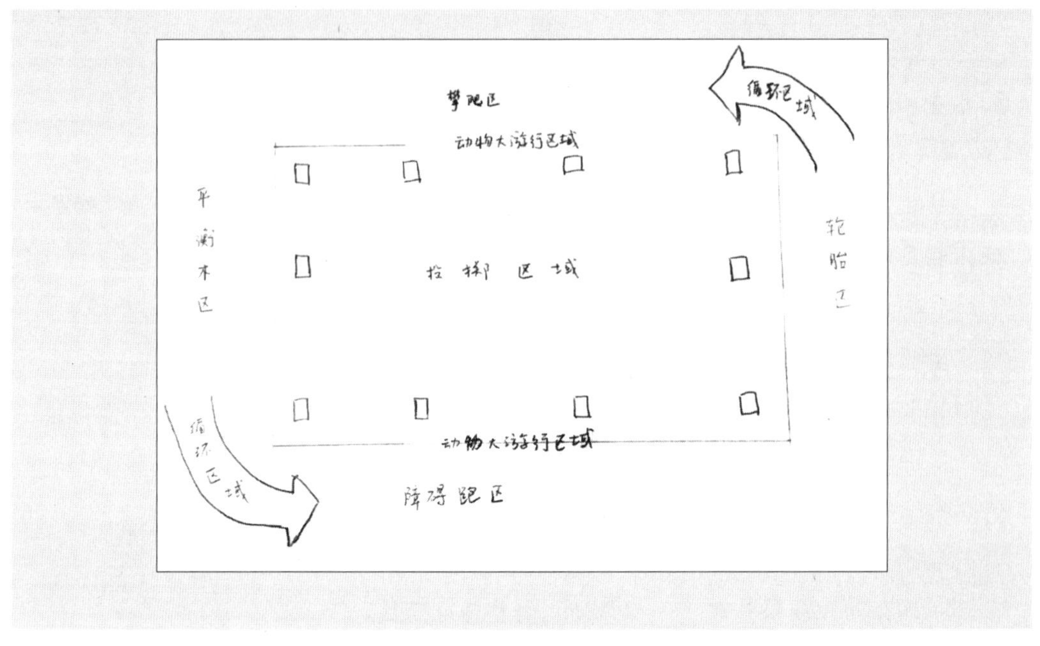

八、如何在健康活动中培养幼儿的心理素质——《挑战美猴王》大班健康课例分析

（一）课例背景

体育活动是促进幼儿身心健康、和谐发展的重要手段之一。人的认知、情感、行为等方面的发展，都需要建立在基本的身体健康之上，健全的大脑是心理发展的重要保证。因此，人要在社会中求得生存并得到发展，首先必须有健康的身体。幼儿时期，身体各器官、系统的机能尚未发育成熟，组织比较娇嫩，其物质基础还相当薄弱。同时，幼儿时期又是生长发育十分迅速和旺盛的时期，此时正是建立物质基础的关键有效时期。科学、适宜的体育活动，能促进幼儿身体各器官、系统机能的正常生长发育。因为体育活动能增加骨细胞营养物质的供给，使骨密质增厚，骨骼变得更加牢固和粗壮，能使肌纤维增粗，增强肌肉、肌腱和韧带的力量和弹性，有利于增强关节的灵活性和牢固性，从而增强运动系统机能；体育活动使心跳加快，循环加快，呼吸加快、加深，增强了心脏功能和血管弹性，并能增强呼吸肌力量，增大肺的通气量，提高呼吸系统的适应能力和抗病能力，从而提高循环系统、呼吸系统功能；动作的发展与中枢神经控制能力的发展有着密切的关联，而中枢神经控制能力的发展，又进一步促进幼儿动作的发展，所以运动不仅能使大脑皮层的抑制和兴奋更加集中，而且能提高神经系统对肌肉运动的综合调节能力，使身体运动更协调、更准确、更灵活，从而促进

神经系统功能的发展。由此看来，体育活动对促进幼儿身体正常发育和机能的协调发展有着重要的意义和作用。科学、适宜的体育活动能促进幼儿认知能力的发展。体育活动能促进幼儿神经系统反应灵敏，为接受智育提供良好条件。体育活动可以使幼儿获得丰富的知识和运动经验，并能使幼儿的感知更加敏锐，观察更加细致、准确，还能使幼儿的理解能力、记忆力、想象力、思维能力、判断能力得到发展。丰富多彩的体育活动，能培养幼儿活泼、开朗的性格和优良品德。参加体育活动既能为幼儿带来欢乐，又能培养幼儿勇敢、顽强的意志品质和自信心，同时还能培养幼儿的群体意识，使之形成良好的个性，有利于促进幼儿社会性的发展。体育活动中的动作美、姿态美能培养幼儿对美的感受，塑造健美体格，陶冶美的情操。综上所述，体育活动在幼儿园教育中，对培养幼儿身心全面、和谐发展，具有十分重要的意义和作用。

在幼儿体育活动中，安全占据了非常重要的地位。所以，我们要给幼儿传递安全意识以及安全知识。安全意识中的幼儿运动的自我保护能力，包括应对生理上的伤害及心理上的伤害（如自卑、懦弱、胆怯等）的能力。在体育活动过程中，往往有幼儿不敢去挑战高难度的游戏与动作。《指南》中指出“能随活动的需要转换情绪和注意”，其中的情绪包含了恐惧和胆怯的心理，而这就是我想要突出的重点。让幼儿在高难度的动作游戏中将恐惧转换为挑战自我的精神，让幼儿敢于尝试挑战，不恐惧，不胆怯。运动素质的培养，应该是幼儿园体育活动的重中之重，我希望能够通过本课例，研究和分析这方面的问题。

（二）活动片段实录及分析

1.课例事件1：你最喜欢怎么和“大树”做游戏？——增进交流，激发创造力

教师：“你最喜欢怎么和‘大树’做游戏？”

甜甜：“我想用手放在上面，然后吊在上面。”

教师：“好，那你去试试吧。”

甜甜开始尝试。

教师：“大家喜欢甜甜的这种玩法吗？有谁想到了不一样的玩法呢？”

中中：“老师我想到了，我可以爬到上面去。”

教师：“很好，那你也来试试。”

中中也开始尝试自己的方法。

万万：“老师老师，我还有其他的方法，我可以像小猴子一样在上面荡秋千。”

朵朵：“我可以跳起来拍它。”

果果：“我还可以绕过去跑。”

教师："哇！你们想到了这么多的玩法，真厉害！那现在给你们时间，每个人都来尝试自己的玩法吧。"

2.课例事件1分析

在这个课例中，我给了幼儿器械，让个别幼儿带头来尝试他们的玩法，用生生互动的方法来激发其他幼儿，让他们根据自己的前期经验来尝试更多的玩法。在这个阶段，教师不要用过多的语言来引导他们，给他们充分的自由进行想象和探索，有时幼儿会给我们很大的惊喜。在这个过程中，幼儿看到了其他幼儿提出自己的玩法后可以成为榜样进行示范，当然也会争先恐后地提出自己的想法。这样可以激发幼儿的创造力。

在以往的教学当中，我们一般在教授幼儿新动作的时候，会让幼儿直接看老师的示范进行学习。这样幼儿的参与感不强，也不能激活他们的思维。而我在本次活动一开始就拿出器械，让幼儿自主地进行游戏，这样幼儿的思维和创造力会得到发展，我们还利用幼儿榜样的作用激励其他幼儿从内心里想要参与到活动中去。

体育活动中，幼儿自主的环节对幼儿学习新的动作技能很有帮助，它会对幼儿产生潜移默化的影响，幼儿的参与感更强，注意力更集中。

3.课例事件2：你只用跳起来抓住，安全的事情交给我——鼓励幼儿，充分信任

活动中，有一个环节是让幼儿在距离地面有一定高度处跳起抓住单杠。有的幼儿对高度产生了恐惧，害怕因为抓不住而摔落，茜茜就是这样。在最开始原地跳起抓杠的时候，茜茜表现得很好，可以快速地在原地准备好、半蹲、起跳，动作一气呵成，我还让她给其他的幼儿做了示范。

但随着活动的进行，开始出现了比较有难度的项目，需要在有高度的地方起跳。此时，茜茜爬上来之后，开始表现得有些紧张。她在垫子上不停地蹲起，但是就是不敢用力起跳。我看出来她害怕会因没有抓住单杠而摔落，所以对她说："茜茜，刚刚你在平地的时候做得很好，现在跟刚刚的高度是一样的，你肯定可以做到的。"

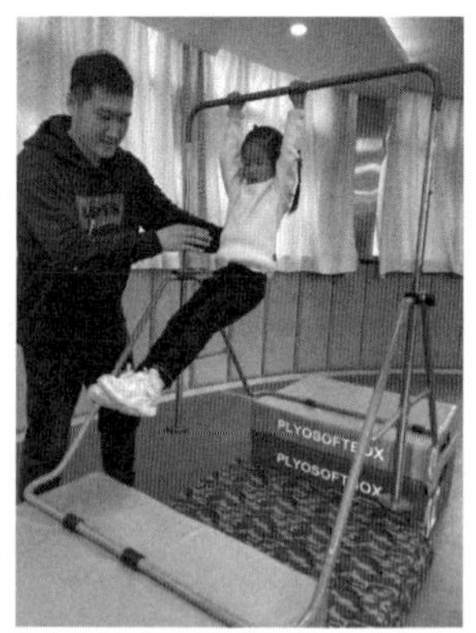

茜茜听了我的话，终于鼓起勇气，蹲下、起跳、双手举起抓单杠。但是她这次并没有跳起来，脚尖几乎没有离开垫子，所以，她失败了，还差一点点掉下垫子。我看到了之后对她说："放心吧，你只用像刚刚在原地的时候那样跳起来，安全的事情交给我，我会稳稳地保护你的。"

这次她点点头，攒足了力气，蹲下、起跳，动作做得很标准，手虽然碰到了单杠，但是没有抓住。就在她开始往下掉的时候，我两只手稳稳地接住了她，让她安全落地。

"这次你做得很棒，克服了心里的恐惧，大胆地尝试了。你也感觉到了吧，刚刚只差一点点就成功了，再来试一次吧，我一定会保护好你的！"我再次鼓励她道。

茜茜重新爬上垫子，在单杠下站好，一鼓作气，还没等我做好保护她的准备，她就一跃而起，双手牢牢地抓住了单杠。她脸上瞬间就出现了笑容。

我在其他幼儿都尝试过之后，暂停了活动，说道："刚刚我看到了有一些小朋友站到垫子上以后不敢去尝试了，但是茜茜克服了内心的恐惧，成功地抓住了单杠，让我们来看看茜茜是怎么做到的吧。有请茜茜！"

4.课例事件2分析

在体育活动中，很多幼儿在面对困难的时候会犹豫、退缩。如何面对困难、解决困难，也是我们教师应该帮助他们学习的。我们该如何进行引导？是直接动手帮助他们，还是放手让他们自己去试？

在这一环节当中，幼儿在原地可以表现出自己正常的水平，但是在增加高度以后，高度给幼儿带来了新的环境，让幼儿不适应；其次，高度对幼儿来说又产生了一定的危险性，从而令其产生了心理上的恐惧。而应该如何去克服恐惧，并且还能发挥出正常的水平，这是我们老师应该引导幼儿去做的。

我的方法先是静静观察幼儿的表现，并通过他们的表现来推测他们的心理活动。我在确定茜茜不敢尝试后，对其进行鼓励。首先肯定了她在原地时的表现，让她对自己的能力有了更加充分的认识，产生自信；然后我发现这样的肯定还不足以让她克服恐惧，于是我直接找到了她的"痛处"——害怕因失败而导致摔跤的后果，所以我再次肯定了她的能力，并让她不要想失败之后的事情，因为尝试失败后我一定会保护她的安全，鼓励她放手去尝试。这次的正向引导对她起到了一定的作用，她差一点点就成功了，而且我也用实际行动向她证明了不必担心因为失败而摔落，我会稳稳地接住她，给了她更大的心理暗示。所以她在下一次的尝试前，基本上克服了心理上的恐惧，最终成功了。但是对她的教育不要到这里就结束了，这样就错过了一个肯定她的机会。要知道恐惧并不是一个幼儿的个例，它普遍存在于每个幼儿的心里，只不过每个幼儿心理发展水平都不一样。所以我利用练习的间隙，给其他幼儿介绍了茜茜的经历，并再一次让她进行示范，这对她的自信心和能力都会有巨大的提升与帮助，也让其他的幼儿产生了想要尝试的想法。

（三）课例中反映出的问题

幼儿的学习是以直接经验为主，所以，让幼儿学习的最好方法是设立榜样。榜样教育既可以提高榜样的带头作用，又可以促进其他幼儿向榜样看齐，教师再对幼儿进行适当的语言鼓励或者行为帮助，会激发幼儿更大的兴趣。

其实，在体育活动中，教师不仅仅需要教会幼儿动作技能，运动习惯的养成以及安全意识的培养也是重中之重。我在多次教学反思之后逐步感悟到，体育活动的目标不应该只关注运动技能，而是应该把注意力放在幼儿心理方面。一般我们看到的体育教案的目标都是学习运动技能，根据这个目标设计出来的教案就千篇一律，很难出现亮点。而且在教授一个动作时，其实有很多的领域都结合在一起，教师只要能找到主要的、精炼的目标，就可以设计出一个很有创意的活动。

而且，在教学组织过程当中，我充分地感受到，每一个环节都可以设置一个小目标，而如何达成这些小目标，就需要教师智慧地提问与引导，帮助发展不一的幼儿都达成目标，达成一个好的教学活动应该达成的目标。当然，在教学的过程当中经常会出现偏差，教师的随机教育和掌控能力是非常重要的。所以，我日后在观摩和听课中要多反思、多观察、多学习，探究怎么更好掌控和合理组织活动，从而更多地挖掘教育价值。

此外，在这次课例分析当中还发掘出一些尚未解决的问题。

首先，如何更深入地挖掘体育活动的教育价值？

体育活动是活动量较大的教学活动，幼儿在活动中会运用肢体，调动身体大、小肌肉，从而发展身体机能、促进感官认知。幼儿的身体动作、运动技能与能力、身体素质等在体育活动中得到充分发展。

在体育活动中，我们可以提前为幼儿预设几种不同难度的情境，幼儿在一次次完成挑战后会获得很大的满足感，所以我们只要不断让幼儿完成挑战，就会刺激幼儿突破自我。陈鹤琴老先生曾说过“小孩子喜欢游戏，但更喜欢游戏的成功。”体育活动中的成功一方面给幼儿带来愉悦，另一方面还可以令其得到父母、教师、同伴的赞许。因此，在体育游戏中，幼儿在老师的鼓励和同伴的影响下，勇敢地跨出每一步，克服畏惧心理，掌握各种动作要领的同时也树立了自信心。

《指南》中要求幼儿“动作协调、灵敏”，我认为体育活动是发展幼儿动作协调和灵敏性的最好方法。很多体育活动需要幼儿在短时间内用感官来感知，用大脑处理后再对身体发出指令，做出快速思考和反应，这个过程可以促进幼儿灵敏性的发展。

体育活动基本上是集体活动，幼儿在活动中频繁接触同伴，协同活动多，可通过体育活动促进幼儿集体概念的建立和发展。

因此，体育活动应该做到以下几点：促进幼儿身体的发展，促进幼儿良好学习品质的形成，促进幼儿自信心的培养，促进幼儿思维灵敏性的发展，促进幼儿集体主义精神的培养。

其次，幼儿体育活动在题材选择上存在哪些问题？

课例中的体育活动看起来是让幼儿学习悬垂摆动的技术动作，实际上幼儿之前就已经习得了此动作的基本要领。但是技术动作的学习，除了促进幼儿身体上的发展，对其心理的发展也极为重要。《纲要》中明确指出："能随活动的需要转换情绪和注意"，其中的情绪包含了恐惧和胆怯的心理。而通过本次课例的分析发现，并不是每一个幼儿都可以自信满满地参与体育活动中的挑战。有的幼儿动作发展较好，对身体的控制比较自如，所以在活动中有信心完成挑战，有的幼儿则不能。一般我们在选择活动题材的时候，都会去注意动作技能的发展，而忽视了幼儿心理的发展，比如如何让他们克服恐惧的心理。我们在成功设计和组织了一次教学活动之后，更应该合理地反思自己所选择的题材是否适合孩子，这也是日后必须继续探讨的一个话题。

（武汉市常青童馨幼儿园　李智超）

附教学活动方案：

大班体育活动：挑战美猴王

武汉市常青童馨幼儿园　李智超

一、设计意图

安全意识中的幼儿运动的自我保护能力，包括其应对生理上的伤害及心理上的伤害（如：自卑，懦弱，胆怯等）的能力。在体育活动的过程中，往往有幼儿不敢去挑战高难度的游戏与动作。《指南》中指出"能随活动的需要转换情绪和注意"，其中的情绪包含了恐惧和胆怯的心理，而这就是我本次活动想要突出的重点。让幼儿在高难度的动作游戏中将恐惧转换为挑战自我的精神，让幼儿敢于尝试挑战，不恐惧、不胆怯。因此我这次设计了有高度的单杠悬垂摆的游戏，在普通的悬垂摆的基础上加上高度，让幼儿将对高度的恐惧转换成挑战的勇气。这个动作一是让幼儿在单杠上保持上肢力量，锻炼幼儿的耐力；二是让幼儿克服恐高的心理，敢于参与高空悬锤摆动的游戏。

二、活动目标

1.喜欢参加单杠摆动的游戏，体验挑战高空摆动的乐趣。

2.掌握跃起握住单杠悬垂摆再落地的系列动作技巧。

3.能在有难度的游戏中挑战自我，克服恐惧胆怯的心理。

三、活动准备

1.知识经验准备：有玩过悬垂摆的前期游戏经验。

2.物质材料准备：单杠2个、跳箱2组、平衡木2组、横梯2组、标志条2根，地垫2块、备用垫子1块。

3.环境准备：两座单杠分别架在两组跳箱上，两块垫子，两条平衡木，两条横梯小路。

活动重点：掌握跃起握住单杠悬垂摆再落地的系列动作技巧。

活动难点：能在游戏中克服恐惧心理，挑战自我。

四、活动过程

（一）开始部分

热身操：带领幼儿活动全身，重点活动腕关节、肘关节和肩关节。

热身游戏：《小猴摘桃》

（二）基本部分

挑战美猴王——小猴越过石头1

1.出示单杠，幼儿自由选择站成两队，跃起抓住单杠后原地落地。

2.单杠下放置一块砖块石头，幼儿自由选择站成两队挑战任务，幼儿跳跃抓住单杠身体荡起来越过脚下障碍物。接着用自己的方法去挑战通过美猴王前面的障碍，然后返回。

（先双脚起跳，双手紧握单杠，运用双腿向前伸直和向后屈膝的动作来使身体前后摆动，越过障碍物，身体就像荡秋千一样。）

挑战美猴王——小猴越过石头2

单杠下再增加一块砖块石头（加宽度），幼儿自由选择站成两队继续挑战任务，幼儿跳跃抓住单杠身体荡起来越过脚下障碍物。

挑战美猴王——小猴荡过悬崖1

出示跳箱，放置于单杠下方架起变成“悬崖”。幼儿排成两队，依次以悬垂摆动作荡过3号和2号跳箱后的单杠，向前循环游戏，最后返回。

挑战美猴王——小猴荡过悬崖2

将跳箱增加宽度，拉开距离，让幼儿继续挑战。幼儿排成两队，依次以悬垂摆动作荡过加宽后的3号和2号跳箱上的单杠，向前继续循环游戏，最后返回。

挑战美猴王——点猴成石

美猴王能够使出本领把小猴子变成石头定住不动，小猴子要快速奔跑躲避美猴王的法术，被美猴王点到的小猴子就站在原地不动。

（三）结束部分

跟随音乐放松，总结幼儿活动情况。重点按摩上肢肌肉、腹部肌肉、下肢肌肉，收拾整理器械。

五、活动延伸

1.在平时的户外活动中可以用投掷、搬运轮胎等游戏来多多锻炼幼儿的上肢耐力，这样幼儿在单杠游戏时就能更好地坚持，从而发展上肢力量。

2.还可以将单杠的高度变为难度挑战，例如开展幼儿悬挂在单杠上用双脚夹一个篮筐里的皮球移动到另一个篮筐中的趣味性游戏。

九、如何在科学活动中培养幼儿的环保意识——《环保小卫士》大班科学课例分析

（一）课例背景

大班幼儿好奇心、探究欲很强，能细心关注到生活中的各种变化。本学期，我园响应国家号召开展垃圾分类活动，将垃圾桶全部更换成分类垃圾桶。分类垃圾桶投放的第一天，就引起了孩子们的关注。餐后散步时，孩子们不停地询问我：“老师，为什么这个垃圾桶和我们以前的垃圾桶不一样啊?”“老师，这垃圾桶的颜色为什么不一样啊?”“老师，垃圾桶上面的标志是什么意思啊?”……于是，我顺应孩子的兴趣点，立即捕捉、挖掘这一生活中的教育资源，生成了本次以垃圾分类为主题的科学活动，以满足幼儿的好奇心与探究欲。

《指南》中提到“引导幼儿关注和了解自然、科技产品与人们生活的密切关系，逐

渐懂得热爱、尊重、敬畏自然”。因此，我结合大班主题探究活动《绿色家园》设计了本次教学活动。

（二）活动片段实录及分析

1.课例事件1：这是什么？你怎么知道的？那么为什么要垃圾分类呢？我们一起来看看，乱扔垃圾会带来哪些伤害？说说它们分别属于什么垃圾？——激发探究兴趣，增强环保意识

教师：“上个星期带大家去地铁站参加了环保宣传的活动，看看今天柴老师带来了什么？”

小黄：“这是分类垃圾桶。”

教师：“你怎么知道的？”

小花：“因为我看到一个是红色，第二个是绿色，第三个是蓝色，第四个是棕色，还有从桶上面的标识我就知道了。”

教师：“哦，原来我们可以从两个方面知道它是分类垃圾桶。第一个是从上面的标识，第二个是从颜色上来区分对不对？”

小朋友们：“对。”

教师：“那么你们知道为什么要进行垃圾分类吗？”

小明：“因为我们要把垃圾放在正确的垃圾桶里。”

教师：“哦，这是你的想法对吗？那我们一起来听一听、看一看为什么要垃圾分类。”

教师：“谁来说一说我们为什么要进行垃圾分类？”

小鱼：“乱扔垃圾会污染环境。”

小红：“乱扔垃圾会威胁我们的生命安全。”

教师：“那么你们想不想保护我们的地球妈妈？”

孩子们：“想！”

教师：“你们想不想成为环保小卫士？”

孩子们：“想！”

教师：“想成为环保小卫士，那我要考验一下你们会不会垃圾分类。（出示4种垃圾。）小朋友们，它们分别属于什么垃圾呢？”

小蕊：“84消毒液是有害垃圾；纸巾是其他垃圾；易拉罐的瓶子是可回收垃圾；剩下的饺子是厨余垃圾。”

教师：“大家同意吗？”

孩子们："同意。"

有的幼儿摇头。

教师："我看还有的人在摇头。不管你是同意，还是不同意，柴老师将所有的垃圾做成图标放在了电子书包里面，小朋友们想知道它是什么垃圾，就点击垃圾图标上方的小喇叭，听完之后点击右上方关闭键，最后记得将听完的垃圾图标拖入相应的垃圾桶内。"

2.课例事件1分析

在这个课例事件当中，我首先创设了环保小卫士的情景，激发幼儿的兴趣；然后通过追问的方式帮助幼儿了解分类垃圾桶的特点及作用，让幼儿明白为什么要进行垃圾分类，并激发幼儿的探究兴趣，增强幼儿的环保意识。

大班的幼儿有强烈的好奇心和探索欲，对垃圾分类这些知识非常感兴趣，所以当我出示"分类垃圾桶"和"常见垃圾"时，幼儿能很快作答。

在以往的教学活动中，我们也会运用追问的方式了解幼儿的已有经验，但是更多局限在帮助孩子掌握和回顾已有经验，并没有真正激发孩子的兴趣，打开孩子的思维。而在本次活动过程中，我特意运用了"微视频"的方式追问"为什么要进行垃圾分类?"有效地化抽象为具体，让幼儿直接感知，明白了垃圾分类的重要性。当我问"想不想保护地球妈妈?想不想成为环保小卫士?"时，孩子们都大声回应"想!"这充分反映出幼儿对垃圾分类的兴趣以及保护环境的决心。当然，这一环节运用"微视频"的方式进行追问，提示我们在日常教学活动中，不妨运用这种方式更好地营造氛围情景，激发幼儿的探究兴趣。

3.课例事件2：通过电子书包自主学习垃圾分类的知识。——自主学习，自主操作，集体验证

介绍完电子书包里面垃圾分类的操作方法后，我问："想不想成功?想不想成为环保小卫士?"

孩子们大声回应："想!"

教师："那老师告诉你们一个可以成功的秘诀，在做的过程中，眼睛仔细看，耳朵认真听，脑袋仔细想，最后做一做。"

孩子们开始操作平板电脑，每台平板电脑都有自己的编号。

小朋友们操作完之后，操作结果全部出现在教师端，教师端对孩子操作结果进行截图保存。

教师："请10号小朋友上来说一说你是如何进行垃圾分类的。"

小青（10号）："我认为过期的药和用完的84消毒液是有害垃圾；过期的棒棒糖和剩下的饺子是厨余垃圾；废旧的报纸和易拉罐是可回收垃圾；破碎的碗和用过的纸巾是其他垃圾。"

教师："小朋友们，你们都同意吗？"

孩子们："同意。"

教师："那谁来说一说为什么过期的药和用完的84消毒液是有害垃圾？"

小黄："药过期了，里面已经有毒了。"

教师："哦，原来过期的药对身体有害，含有毒素，所以是有害垃圾。很好，那过期的棒棒糖和剩下的饺子为什么是厨余垃圾？"

小蕊："因为过期的棒棒糖和剩下的饺子都是吃的物品，所以它们都是厨余垃圾。"

教师："哦，小蕊认为凡是可以吃的都是厨余垃圾。掌声送给她。那废旧的报纸和易拉罐为什么是可回收垃圾呢？"

小蓝："废旧的报纸可以做成画画的纸，它们都可以被回收变成新的东西。"

教师："哦，她认为可回收垃圾都可以被回收变成新的物品，它们都是可回收垃圾。那碎的碗和用过的纸巾为什么是其他垃圾？它们有相同的地方吗？"

孩子们："摇头。"

教师："没有相同的地方，那我们还有什么方法知道它们是其他垃圾呢？"

小天："像破的碗只能扔进'其他垃圾'桶，不能扔进其他三个垃圾桶。"

教师："哦，我发现他运用了排除的方法。破的碗有毒吗？"

孩子们："没有。"

教师："是可以吃的吗？"

孩子们："不能。"

教师："可以回收变成新的物品吗？"

孩子们："不能。"

教师："所以，我们可以运用排除的方法。如果它没有毒，又不是吃的，又不能被回收再变成新的物品，那它就是其他垃圾。"

4.课例事件2分析

垃圾种类繁多，如何让孩子了解四种垃圾的概念及垃圾分类的方法？我们应该如何引导孩子？是采取填鸭式的方式，告诉孩子不同垃圾的分类方式，还是让幼儿在自主学习、自主操作中建构相关的知识经验呢？这些是我在课例设计中首要解决的问题。

在科学活动中，面对这一环节时，我想到了运用多媒体信息技术手段来解决这一难题。首先精心挑选生活中常见且具有代表性的四类（8种）垃圾，将它们制作成简单易懂、生动有趣的微视频，纳入电子书包课件。教师演示点击“播放”“关闭”图标，以及拖拽垃圾图片进入相应的分类垃圾箱等操作。幼儿观看操作方法和要求后，打开电子书包，进入操作页面，点击小喇叭，听一听小喇叭所描述的垃圾属于什么垃圾，然后将垃圾拖拽入相应的垃圾桶内。教师利用互动课堂，实时观察孩子们完成的情况，最后进行集体验证，教师端对学生端的操作进行截图分享，引导孩子在白板上自主纠错。帮助幼儿梳理总结四种垃圾的概念及垃圾分类的方法，运用个别与集体相结合的学习方式，让幼儿在自主学习、自主操作中自我建构相关的知识经验。

从这里，我有所感悟。对于大班的幼儿来说，他们不明白垃圾为什么要这样分类，教师也很难讲清楚这一问题。幼儿很难有机会亲眼看到不同垃圾的处理过程，因为这个过程离孩子的生活实际有一定的距离，幼儿比较难把握。为了拉近与幼儿的距离，让幼儿有直观的感受，在活动中，我采用了电子书包自主学习的形式，让幼儿借助一个个有趣的微视频来自主学习并记录下来，有效地化抽象为具体。在活动中通过这样直观的方式，把幼儿平时难以接触的重点内容和丰富的信息传递出来，让他们在有限的时间里全方位感知更多的信息，提高活动的效率，激活幼儿的学习内因。既保有了科学活动的严谨性、科学性，又能让孩子们快速地理解。

5.课例事件3：对生活中常见的垃圾进行分类，并做好垃圾分类方法的记录。——小组合作、集体验证、巩固认知

幼儿通过电子书包自主学习环节理解了不同种类垃圾的概念后，再投放8种不同的生活垃圾图片和自制的分类垃圾桶，幼儿分组合作完成垃圾分类的任务。任务完成后，教师请第一组组长上来代表发言，分享本组的操作结果及分类的理由。

第一组组长：“烟头、过期的油漆、破碎的温度计对人有害，所以是有害垃圾；腐烂的苹果是食物，可以变成肥料，所以是厨余垃圾；破旧的衣服和一次性筷子可以回收利用，所以是可回收垃圾；废旧的玻璃瓶和树叶因为它没有害，不是吃的，而且不能重新利用，所以它们是其他垃圾。”

教师：“嗯，很好，说得很清楚，那有没有哪一组有不同意见？谁来说一说？”

小黄："我认为树叶是厨余垃圾。"

教师："为什么？"

小黄："虽然树叶不能吃，但是它会腐烂掉。"

教师："腐烂掉可以变成什么？"

小黄："变成肥料，所以是厨余垃圾。"

教师："那树叶到底是厨余垃圾还是其他垃圾呢？我们一起来看一看。"

出示树叶微视频给幼儿观看。幼儿了解到树叶进行加工处理后可以变成肥料，所以是厨余垃圾。孩子们自发为小黄鼓掌。

教师："原来啊，厨余垃圾不仅仅是吃的，还有像小黄说的那样，只要容易腐烂变成肥料的，它就是厨余垃圾。小朋友们对第一组的分类还有没有不同看法？"

小朋友们都表示认同，此时我对烟蒂和一次性筷子提出疑问："我们一起来听一听、看一看它们分别属于什么垃圾。"孩子们通过视频了解到了烟蒂和一次性筷子是其他垃圾。

教师："大家还有没有什么想要了解的？"

小黄："废旧的玻璃瓶。"

播放视频后孩子们发现，原来废旧的玻璃瓶可以被回收再利用，变成新的瓶子，因此是可回收垃圾。

教师："小朋友们听完后，请将刚才自己小组操作过的垃圾进行调整。"第二次操作过程中，孩子们全部调整正确并说明分类理由。

6.课例事件3分析

这部分主要是幼儿进行小组合作，让幼儿依据生活经验和刚刚所学的知识，运用归类和排除的方法进行垃圾分类，最后进行集体验证。

其实，在这一环节中，我增加了三个有难度的垃圾，分别是一次性筷子、烟蒂和树叶。当第一组组长代表发言完毕后，我问："有没有不同的想法？"小黄直接说出树叶是厨余垃圾，因为容易腐烂。这说明在前期自主学习过程中，小黄已经彻底了解了厨余垃圾的概念以及分类方法。

但是一次性筷子、废旧玻璃瓶以及烟蒂三种垃圾是孩子们不了解的，通过询问孩子是否想要了解以上三种垃圾，点击教师端电子书包微视频，孩子们才彻底了解这三种垃圾。如此设计，让每位幼儿在活动中自由讨论、自主操作，与同伴合作、向同伴学习，培养幼儿沟通、推理、归类、表达、合作等能力。

7.课例事件4：没吃完的过期饼干，应该放到哪个垃圾桶？——引发思考，回归生活，拓展经验

孩子们了解了垃圾分类的概念和方法后，在现实生活中是不是真的会垃圾分类了呢？

于是，我出示一盒过期的饼干，引发幼儿思考："柴老师这里的一盒过期饼干（含饼干、包装盒、包装袋），该扔进哪垃圾桶？请一个小朋友上来帮我分一分。"

小兰走上来："过期的饼干是厨余垃圾，袋子应该放在其他垃圾里，盒子是可回收垃圾。"

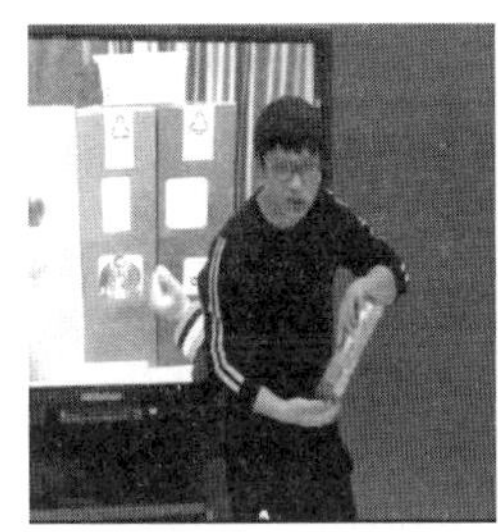

教师："为什么呢？"

小兰："饼干是吃的食物；袋子没有毒，也不是吃的，又不能加工变成新的物品，所以它是其他垃圾；盒子可以加工再利用变成新的物品，所以它是可回收垃圾。"

小朋友们听完后自发鼓掌。我评价小兰已经学会了用归纳和排除法进行分类。

"在日常生活中，很多垃圾是需要进行拆分的，不能直接扔进垃圾桶里。那小朋友们知道分类的垃圾最后去到了哪里吗？它们有什么作用呢？我们一起来看一看。"接着教师播放视频。

8.课例事件4分析

活动过程从对单一的垃圾进行分类，到对混合性垃圾进行拆分投放。出示一盒过期的饼干（含饼干、包装盒、包装袋），小兰直接走上来快速地对饼干进行拆分，并且投放完全正确，其他小朋友自发的掌声表明他们认可小兰的分类。

这种设计由易到难，层层递进。孩子进行实物操作，将课堂学习的经验运用到日常生活中去，彰显"教育从生活中来到生活中去，关注生活、关注幼儿终身发展"的教育理念。相信这样的教育对幼儿的影响是很深远的，孩子将受益终身。播放垃圾分类视频，了解生活中不同垃圾的作用，最后播放"垃圾分类之歌"激发幼儿更深层次的探究兴趣。

（三）课例中反映出的问题

1.自主学习

习近平总书记说“金山银山，不如绿水青山”，本次活动的主题是学习垃圾分类，树立幼儿的环保意识，选材来源于生活。在互联网上，关于垃圾如何分类和生活中不同垃圾有何作用的信息非常丰富，同时，垃圾分类的实施对生活在武汉的孩子们来说比较陌生，因为他们的前期经验各不一样。所以我选取具有代表性的四类（8种）垃圾，将它们制作成简单易懂、生动有趣的微视频，让幼儿在自主学习、自主操作中自我建构相关的知识经验。这种教学方式，使孩子们有更多选择的空间。

传统的教学以集体教学为主，老师教，幼儿学，学习形式整齐划一，学习的内容也比较少，课堂教学非常低效。而现在的多媒体教学，由教师“教”转变成幼儿“学”，教学更加多元、开放，孩子们更加主动，学习更加高效。

2.玩中学

整个环节让孩子在操作中体验，在玩中学习。活动中我们把生活中常见的4类（16种）垃圾分类的知识制作成好玩且具有挑战性的游戏，让孩子们在平板电脑上操作。孩子们在操作的过程中既加深了对这些知识的认知，又获得了自主操作的体验，感受到了挑战成功的喜悦，整个活动生动有趣。整个教学活动中，教学观念更加开放和多元；我们的教学行为中教师和孩子的定位是支持者和追随者；孩子的学习方式是主动探究、自主操作。

3.反思学

在如今这个信息技术高速发展的时代，我们如何利用有效的资源和多媒体技术，让孩子们的学习更有操作性，更加的便捷和高效呢？同时，真实世界和虚拟空间相互融合，这会给孩子带来哪些影响呢？这是我们需要思考的地方。

（武汉市东湖新技术开发区流芳幼儿园　柴烨）

附教学活动方案：

大班科学活动：环保小卫士

武汉市东湖新技术开发区流芳幼儿园　柴烨

一、设计意图

在开展主题探究活动《绿色家园》时，我们初期给孩子们提供了分类垃圾桶，孩子们有着强烈的求知欲望："老师，为什么这个垃圾桶和我们以前的垃圾桶不一样啊？""老师，这垃圾桶的颜色为什么不一样啊？""老师，垃圾桶上面的标志是什么意思啊？"……于是，我立马捕捉、挖掘这一生活中的教育资源，将"分类垃圾桶"进行大变身，生成了本次以垃圾分类为主题的科学活动。

针对大班孩子的实际情况，我设计了垃圾分类的游戏，借助网络教学方式，有效地化抽象为具体，让幼儿直观感受，在有效的时间里，让幼儿自主习得信息，提高活动效率，激活幼儿学习内因。同时通过小组合作的方式，进一步激发幼儿之间的合作意识。从单一垃圾的分类，到最后整合性垃圾的拆分，进一步增长幼儿在日常生活中关于垃圾分类的知识。相信这样的教育对幼儿的影响是很深远的，孩子将受益终身。

二、活动目标

1. 对垃圾分类感兴趣，有较强的环保意识。

2. 通过电子书包自主学习，了解垃圾分类的知识。

3. 尝试小组合作，能对生活中常见的垃圾进行分类，并做好记录。

三、活动准备

1. 经验准备：

（1）对垃圾分类的知识有粗浅的了解。

（2）对平板电脑有基本的操作经验。

2. 物质准备：电子课件，平板电脑人手一台等。

四、活动过程

（一）谈话导入，激发兴趣

1. 提问：小朋友们，这是什么垃圾桶？你怎么知道的？那么为什么要进行垃圾分类呢？我们一起来看看，乱扔垃圾会带来哪些危害？

2. 出示四张垃圾图片，提问：谁来说说它们分别属于什么垃圾？

（二）操作运用，自主学习

1.了解电子书包的操作方法和操作要求：认真看，仔细听，脑袋想，最后做。

2.幼儿在平板电脑上自主学习。

3.集体验证，教师小结。

（三）小组合作，强化认知

1.明确操作任务：合作完成任务。

2.幼儿操作，教师巡回指导。

3.展示幼儿操作结果，集体纠错。

4.改正练习，教师小结。

（四）引发思考，回归生活经验

交流讨论：柴老师没吃完的过期饼干，应该把它们放在哪个垃圾桶？

五、活动延伸

1.欣赏垃圾分类的儿歌，激发幼儿垃圾分类的兴趣。

2.班级图书角投放科普类垃圾分类的绘本。

3.班级区角活动：垃圾分类知多少。

十、《棒棒糖》小班艺术课例分析

（一）课例背景

小班的幼儿刚刚入园，对很多新鲜事物都非常感兴趣，尤其喜欢捏橡皮泥。他们年龄偏小，动手能力有限，在此次主题活动中我们引导幼儿认识各种糖果。通过充分的观察和感受，孩子们认识了各种各样的糖果，有软糖、硬糖、棒棒糖等，并发现了糖果的包装方式是不同的，有的是封口的，有的是用纸拧的，糖果的包装纸也是不同的，如颜色、图案等。在这样自然而然的逐步学习中，孩子们对颜色和形状也有了更多的接触和认识。同时，幼儿也通过看一看、说一说、尝一尝，丰富了认知。而且糖果和幼儿的生活很贴近，小朋友都很喜欢吃糖， 在整个活动中孩子们的兴致都很高。

今天吃过早餐，我教小朋友用泥工做《好吃的糖果》。我把一些辅助材料都放在了桌子上，如每组一盘各种各样的糖果，每人一盒橡皮泥、塑料吸管、塑料模型等。让他们坐好以后，我请小朋友说说糖果的形状、味道、糖纸的颜色等。在活动的过程中，我发现孩子们都对用橡皮泥来做糖果特别感兴趣，他们还用小刀和塑料吸管做了不同种类的棒棒糖，有螺旋状的棒棒糖、动物棒棒糖、圆形棒棒糖和糖葫芦等；还有的孩子用塑料模型来做其他的糖果。这时赵怡睿叫了起来："老师，豆豆拿我的吸管！"我忙走了过去，问清楚原因，原来豆豆还想多做几个棒棒糖，于是我又给了他们一些吸管，小朋友继续开开心心地做糖果了。我随时在观察小朋友的作品，并鼓励小朋友多做一些不同的糖果，小朋友还不停地叫我去看他们的作品。这时，我看到小朋友已经做了很多不同的糖果，于是对他们说："你们看小朋友们都已经做了这么多好吃的糖果了，我们来开糖果店好吗？把糖果拿到商店去卖吧！"这时豆豆和妞妞不约而同地拿起了一些做好的糖果去了糖果店，他们站在糖果柜台后面一个劲地叫卖，还和我说他们是糖果店里的老板，不一会就有小朋友过来买糖果了。

通过这件事我发现，在活动中老师应该多投放一些材料，这样能避免一些小冲突的发生，同时老师应当在适当的时候丰富活动的形式和内容，从多个渠道激发幼儿对材料的兴趣和新鲜感。

另外，也要教导幼儿不能多吃糖，因为糖果虽好吃，但多吃就会有害处，让幼儿了解这些，以免孩子对糖果产生依赖。

（二）活动片段实录及分析

1.阶段一（讨论元旦礼物）

孩子对礼物是非常感兴趣的，尤其是过节日的时候，每当谈到这个话题孩子都会眉飞色舞地告诉你，他们曾经收到过如何漂亮、如何昂贵、如何喜欢的衣服、玩具等各种好吃的或好玩的礼物，当然，也收到过图书或其他有教育价值的礼物。那么这次小朋友们会收到什么样的礼物呢？相信孩子们都迫不及待地想知道。

2.阶段二（观察元旦礼物——棒棒糖的不同之处）

棒棒糖到底有什么不同？针对这个问题，我分别出示了大波板糖和小真知棒棒棒糖，让幼儿自由观察，然后比较一下它们的大小、形状、颜色、味道等。

幼儿1："一个是扁扁的，一个是圆圆的。"

幼儿2："我平时吃过的棒棒糖有各种各样的味道。"

幼儿3："棒棒糖一个大一个小，而且颜色也不一样，波板糖有绿色、红色、黄色等等。"……

第二阶段活动小结："你们发现棒棒糖有哪些相同点呢？""都是圆形的！""都有红颜色。""味道是一样的。"……孩子们众说纷纭，我指着棒棒糖的木棒，引导幼儿，说："小朋友们你们看，这是什么啊？"于是，孩子们发现了一个相似点，就是每个棒棒糖都有一个小木棍插在底端。

3.阶段三（幼儿制作棒棒糖）

孩子们有了前面的已知经验以后，我将问题提升了难度："你们能将橡皮泥做成这种扁圆和球体的形状吗？"有的孩子能够马上用行动来回答，只见她将橡皮泥放在手心搓揉了一下之后，用另外一只手用力将橡皮泥压扁。在幼儿知道如何制作棒棒糖之后，教师发放制作棒棒糖的材料——橡皮泥和塑料吸管，请幼儿根据自己的喜好制作各种颜色和形状的棒棒糖。

4.阶段四（展示幼儿作品）

将孩子们制作好的各式各样的棒棒糖放在展盘中，请其他幼儿欣赏和评价，并及时提出问题："你们准备把自己制作好的棒棒糖送给谁做元旦礼物呢？"孩子们都抢着回答："我要送给XX（自己班级幼儿的名字）！"还有部分孩子说要送给老师和爸爸妈妈。

活动结束后，让孩子学会分享，并且知道多吃糖会长蛀牙，引导孩子们吃完糖要记得刷牙，使孩子在学会动手制作、提高动手能力的同时，了解到一些日常生活中应该注意的良好的卫生习惯。

（三）课例中反映出的问题

1.以游戏为基本活动

"幼儿园应为幼儿提供健康、丰富的生活和活动环境，满足他们多方面发展的需要，使他们在快乐的童年生活中获得有益于身心发展的经验。"重视生活，关注生活中的孩子；了解生活，让孩子在生活中学习与获得；感悟生活，让孩子在生活中运用已有的知识与技能；利用游戏的教育价值，以游戏为基本活动，在游戏中学习并获得，寓教育于生活和游戏当中。制作棒棒糖的活动对于每一个孩子来讲都是一件快乐的事情，对于每一个老师来讲都是挖掘教育价值的良好时机，我们一定不能错过。

2.教师以正确的教育观和角色意识引导幼儿进行活动

教师有着正确的教育观和角色意识，清晰地把控着活动环节，由浅到深，层层递进，引导幼儿去探索和思考。第一个步骤是让幼儿发现棒棒糖不同的形状和颜色；第二个步骤是让幼儿完成两个形状的变化；第三个步骤则是让幼儿探索制作不同颜色和形状的棒棒糖。活动过程清晰自然，由浅及深，让幼儿始终保持着对活动的探究欲望。而且教师始终是以孩子学习的支持者、合作者、引导者的身份，并借助开放性的问题，与幼儿有效地互动。

3.了解幼儿的年龄特点，为幼儿设置情境、营造氛围、创设区域

小班幼儿的思维带有明显的"直觉行动性"。要使幼儿真正了解各种材料和工具的使用方法，最佳的方法莫过于去实际操作，使幼儿在与材料的相互作用中，主动构建对事物的认识，获取直接经验。在教师与幼儿、幼儿与同伴、幼儿与环境、幼儿与材料相互影响、相互作用的互动过程中，教师通过设置情境、营造氛围、创设区域，将信息传递给幼儿，同时幼儿在活动过程中的行为表现，又促进教师不断调整活动目标、内容、指导策略，教师不同的指导策略又生成了不同的教学效果，帮助幼儿围绕主题分工、合作、协商后再开展活动。

（武汉市实验幼儿园　汪磊）

附教学活动方案：

小班艺术活动：棒棒糖

武汉市实验幼儿园　汪磊

一、设计意图

孩子参加泥工活动不仅仅可以锻炼小肌肉，更重要的是能够感受泥性，了解泥塑的基本造型特点。我所带的是混龄班，大孩子玩泥工的时候小孩子也非常喜欢。在区域活动中，2岁半的孩子喜欢把橡皮泥切成一块一块的，也喜欢把各种颜色混在一起，4岁的孩子则熟练地运用各种模具玩泥工游戏。如何让2岁半的孩子喜欢用橡皮泥进行造型呢？我选用了他们最喜欢吃的棒棒糖作为主题，各种各样的棒棒糖足够孩子们观察和制作。

二、活动目标

1.喜欢用橡皮泥制作棒棒糖，感受橡皮泥的特性。

2.会用捏圆或压扁等技能制作棒棒糖，并学会运用辅助材料。

3.能大胆表达，有良好的生活卫生习惯。

三、活动准备

1.经验准备：认识并玩过橡皮泥，会把橡皮泥捏软。

2.材料准备：大、小托盘若干，布袋一个，橡皮泥若干；大波板糖1个，小棒棒糖12个；新年音乐。

四、活动过程

（一）放新年音乐，让孩子们感受元旦的氛围

马上就要到元旦了，小朋友们想得到什么样的礼物？（请小朋友大胆表述，说出自己的前期经验。）

（二）观察大波板糖和小真知棒的棒棒糖有什么不同

1.出示神秘袋，请小朋友猜猜老师收到的元旦礼物是什么。

2.分别出示大波板糖和小真知棒棒棒糖，请小朋友说说它们有什么不同。（大小、形状、颜色、味道等）

3.说说他们有什么相同？（小棒）

4.观察波板糖的小棒插在什么地方？

（三）幼儿制作橡皮泥棒棒糖，教师巡回指导

1.拿出球形和扁圆的橡皮泥，提问：你能用橡皮泥做出它们的形状吗？

2.提问：球形可以变成扁圆吗？（感受橡皮泥的特性）

3.幼儿自由制作棒棒糖，教师巡回指导。

（四）把棒棒糖放到托盘里，互相欣赏

提问：你想把棒棒糖送给谁？

（五）请小朋友们品尝棒棒糖

小朋友懂得和大家分享，我也把自己的元旦礼物和小朋友们分享吧！（请孩子品尝真的棒棒糖，提醒小朋友不乱扔糖纸，吃完糖要漱口。）

五、活动延伸

与大孩子合作，利用泥工模具制作各种形状的棒棒糖。

十一、《好玩的绳子》中班健康课例分析

（一）课例背景

生活中有许多不起眼的东西，其中往往蕴涵着丰富的教育价值，例如绳子。《纲要》中提出“孩子们的探索活动应从身边的事物开始”，意即选材生活化。我们发现幼儿对绳子有一种特殊的感情，他们会对衣服上的小线头或书包的背带脱线等感兴趣。选择绳子作为活动材料，充分发挥“一物多玩”的教育作用，创设丰富的游戏情境，让幼儿通过绳子进行活动，借助绳子这样一个载体，使孩子的自主探索和创新能力明显提高。在寓教于乐的游戏中学习新技能（双脚跳），同时锻炼基本动作和自身的灵活性、协调性。

（二）活动片段实录及分析

1.课例事件1：小魔术的导入——吸引幼儿，产生兴趣

教师：“你们觉得我可以把绳子一瞬间穿过这个绳结打的洞吗？”

幼儿1：“不可能……”

幼儿2：“试试呗。”

幼儿3：“肯定穿不过去，那么小的洞。”

幼儿4：“我觉得好像可以的。”

教师：“让我们拭目以待……”（穿过之后，孩子们惊呼不已。）

幼儿1：“哇，好厉害!”

幼儿2：“老师老师教教我，我也想变魔术。”

幼儿3：“怎么变的，老师给我看看绳子……”

2.课例事件1分析

魔术对于幼儿园的孩子们来说是非常神秘和有趣的。孩子们对魔术充满了好奇，他们喜欢观看魔术，更喜欢了解魔术背后的奥秘。于是，我用了一个绳子的小魔术来吸引孩子们的眼球和注意力，让孩子们能够对绳子产生兴趣。

3.课例事件2：认识简单的道具和材料——引出材料，一物多玩

教师：“接下来，我们可要一起闯关了，你们准备好了吗?”

幼儿1："今天玩的怎么都是绳子啊?"

幼儿2："你看你看，那条绳子好长，比刚刚变魔术的长好多好多。"

幼儿3："哇，那边有一张好大的网，像蜘蛛网似的。"

幼儿4："这不是蜘蛛网，这个网是很多绳子拼成这样的。"

教师："那你们想不想试试怎么安全通过这张网呢?"

幼儿齐呼："想!"

教师："出发吧!"

4.课例事件2分析

生活中的绳子很常见，一般来讲，老师会让孩子们进行跳绳和抓尾巴的游戏，但其实在日常的游戏活动中，孩子能玩出不少新花样。考虑到幼儿的实际情况，并抓住这一教育契机，我借助绳子这样一个载体，拓展幼儿的生活经验，充分发挥孩子的自主能力，让孩子们充分探索绳子一物多玩的特性，学会合作，培养团队合作意识，孩子的自主探索和创新能力明显提高。在寓教于乐的游戏中锻炼基本动作和自身的灵活性、协调性，同时也发挥了绳子最大的教育价值。

由于是很多人共同玩一条绳子，所以活动的秩序方面就需要多加注意，因此需要运用绳子的摆放对幼儿活动的路线进行隐形的引导，即孩子们出发的地点和绳子摆放的位置形成一个闭环，在不动声色中，使整个活动显得流畅和有条不紊。

在材料的选择上，正如《纲要》中所说，"既符合幼儿的现实需要，又有利于长远发展，既贴近幼儿的生活，选择幼儿感兴趣的事物或问题，又有助于拓展幼儿的经验和视野"。

5.课例事件3：幼儿自由探索——教师：你们观察一下，想想准备怎么通过这一关

幼儿1："老师老师，我可以两只脚跳过去。"

幼儿2："我一只脚就可以跳过去了。"

幼儿3："跳多费劲，我可以用脚一个一个跨过去。"

幼儿4："哈哈，你们太傻了，我可以从下面爬过去，看我的……"

教师："你们说的办法都挺好的，要不看看谁闯关的方法最多，而且要和别人的方法不一样，怎么样?"

幼儿齐呼："好!"

教师："好的，那么闯关开始，GO!"

6. 课例事件3分析

整个流程始终采用探险这一情景贯穿活动，同时又由“悬崖钢索”“山谷小路”和“天罗地网”三个小情景组成，这几个游戏情景环环相扣，幼儿会在每个情境中产生情感继而影响自己的动作和行为。比如：悬崖上面有细细的一根“钢丝”，孩子害怕掉到山崖下面，不敢踩到绳子的外面，需要小心翼翼地保持平衡，慢慢地通过。让情境去说话，让情境促使幼儿去主动地学习。这一设计符合了“二期课改”中指出的“创设富有情趣的情景是激发幼儿学习动机”的这一个理念，同时也收到了良好的效果。

《纲要》指出“游戏是幼儿园的基本活动”，更是幼儿热衷的学习方式，他们非常喜欢做游戏，因此，此次活动以探险家的游戏为主体架构，让幼儿从头到尾始终在欢快的游戏中获得发展，体现以人为本的理念。

活动中，幼儿每闯过一关，教师都会用口号对孩子们进行鼓励和赞扬，这一激励和肯定大大刺激了幼儿活动的兴趣，让幼儿在游戏中获得成就感，发展健全的人格。

（三）课例中反映出的问题

1. 如何抓住生活中随机教育的契机体现材料的教育价值

生活中有太多不起眼的东西，例如绳子，其中往往蕴涵着丰富的教育价值。依据选材生活化的理念，我们发现幼儿对绳子有一种特殊的感情，他们会对衣服上的小线头或书包的背带脱线等事物感兴趣。随着年龄增长，孩子的创新意识和动手能力发展迅速，他们会用绳子把玩具左缠右缠来回地捆绑，这时孩子把绳子当作一种工具来使用，想用绳子来做游戏。孩子对绳子接触得多了、了解得多了，想法玩法也就随之增多。他们会把绳子想象成各种东西，会利用绳子来做各种体育运动等。绳子在孩子的眼中是有趣的、变化的。小小的绳子在大人眼中是平凡物，对处于探究时期的孩子们却充满了吸引力。

在活动前我充分考虑了中班幼儿的年龄特点和认知发展规律，选择绳子作为活动材料，充分发挥“一物多玩”的教育价值，创设丰富的游戏情境，让幼儿通过绳子进行活动，借助绳子这样一个载体，使孩子的自主探索和创新能力明显提高。在寓教于乐的游戏中学习新技能（双脚跳），同时锻炼基本动作和自身的灵活性、协调性。

通过材料的不同搭配、使用，可以实现材料价值的叠加和教育功能的拓展。我将绳子进行变化，一根玩、多根玩、长绳和短绳分开玩、将绳子结网玩等，充分利用绳子的变化来发展幼儿的动作，达到运动量目标，以此来锻炼幼儿的身体。

2.活动设计的巧妙性

在活动的设计环节上，整体性较强，始终围绕“探险之旅”展开。第一个环节是热身律动，主要是调动幼儿的积极情绪；第二环节是学习走、跑的基本动作，也是达成活动目标的环节；第三环节是活动的主要部分。每个环节都有不同的侧重点，探险队员练习跑的基本动作，发展的是幼儿全身肌肉及反应能力；跳的基本动作，发展的是下肢肌肉；爬的基本动作，则是发展幼儿上肢肌肉和腹部肌肉。三个情境由上而下，从局部到整体，逐步加大游戏难度和运动量，呈现出一种递进式的学习方式。在设计重难点的时候，我将其放在了爬（正面和背面）和滚的练习上，从活动比重上就能明显看出，教师用前面的两个环节进行铺垫，最后一个环节则作为活动的补充和扩展，合理地处理了活动详略的分配问题，整体的活动严谨有序。

3.简短有效的沟通和互动才能推动现场教学的效果

需要用通俗、直观、极富想象性的语言来引导幼儿完成整个情境，引起孩子兴趣的同时也刺激了幼儿，让他们喜欢并记住，这样才能实施到行动上。这是幼儿的思维特点所决定的，幼儿是直观形象思维，喜欢角色性较强的、感兴趣的事物。作为一名幼儿教师，应该多站在幼儿的角度思考，这样才能有效地推动教学活动。教师应该想一想，到底什么样的语言，能让孩子喜欢，能引起孩子们的兴趣并使他们清楚地记住。

（武汉市实验幼儿园　汪磊）

附教学活动方案：

中班健康活动：好玩的绳子

武汉市实验幼儿园　汪磊

一、设计意图

绳子是孩子喜欢的运动器械，在日常的游戏活动中，孩子总能玩出新花样，对一物多玩的形式比较熟练，孩子的自主探索和创新能力明显提高。本活动倡导“活”体育，充分发挥孩子的自主能力，让他们学会合作，培养团队合作意识，有集体荣誉感。教师科学引导，借助绳子这样一个载体，让孩子充分发挥主观能动性，在寓教于乐的游戏中学习新技能，使自身的协调能力得到更好的发展。

二、活动目标

1.喜欢参加玩绳子的体育锻炼，感受身体机能运动带来的愉快。

2.能综合运用各种动作通过障碍物。

3.具有一定的身体协调能力。

三、活动准备

1.经验准备：熟悉绳子的特性，知道绳子能够变形。

2.材料准备：材料包、绳子、充气锤若干。

3.环境创设：场地、寻宝情境的创设、音乐。

四、活动过程

（一）热身

1.入场，熟悉环境，与客人老师打招呼。

2.教师表演绳子小魔术，激发幼儿对绳子游戏的兴趣。

3.教师带领幼儿做绳子热身操。

（二）基本部分

1.幼儿自由选择绳子后在场地中探索锻炼，教师巡回观察指导。

2.请幼儿展示自己的锻炼方法，如：投掷、跳跃、拔河、爬、跑等。

3.教师引导幼儿复习平衡（走钢丝）、曲线跑（过峡谷）、跨钻（钻山洞）等基本技能。

4.幼儿运用多种方式通过障碍物（天罗地网）。

5.游戏：打地鼠。玩法：幼儿蹲在网子下面，时不时向上探头出来，教师拿塑料充气锤敲打露出头的幼儿。

（三）放松

1.幼儿围成一个大圆圈，在教师的带领下随音乐舞动肢体：摇头、甩臂、扭腰、抖腿、互相拍打腰背等进行放松。

2.评价，活动结束。

五、活动延伸

在活动区提供多种绳子供幼儿摆弄，如：系鞋带、制作工艺品等。

十二、叙事性案例：《飞机与小鸟的对话（大班）》课例分析

（一）课例背景

在进行主题活动《有趣的职业》亲子问卷调查时，我们发现班上有一大半的幼儿家长在武汉天河机场工作，孩子们对自己爸爸妈妈的工作很感兴趣，于是生成了《天河机场》这一子活动。随后我们又组织幼儿到天河机场进行春游，目睹了飞机起飞、降落的壮观景象，回来后孩子们的所有话题都是围绕着飞机。

就在春游的第二天，我听到了《事事关心》节目里的一条新闻——武汉天河机场遭遇鸟患。晨间谈话时，我和孩子们一起分享这条新闻，没想到孩子们十分震动，纷纷发表自己的看法："飞机遇到危险了！我们要赶走小鸟。""小鸟是人们的好朋友，它们应该自由生活。""鸟死了还有很多，人死了就没有了！"……在孩子们的讨论中，关于"飞机的安全重要还是小鸟的生命重要?"这一问题的分歧最为突出。这个论题能引发孩子多角度地思考关于人与自然和谐相处的问题，能为孩子们表达、交流不同见解提供机会。根据《纲要》提出的"教育活动的组织……应注重综合性、趣味性、活动性"的思想，我想何不尝试一种新的形式，让孩子在相互辩论的过程中了解发生在我们周围的事情，关心身边的人和事，让孩子真正成为"社会人"，促进社会情感的发展。于是，我设计了本次辩论活动。

（二）活动片段实录及分析

1.听《事事关心》新闻，引起幼儿兴趣

教师："这就是早上我讲给你们听的新闻，内容是武汉天河机场遭遇鸟患。我发现小朋友们对这个问题有很多自己的想法，主要有两种观点，一方的小朋友认为为了飞

机的安全，应该赶走小鸟；另一方的小朋友觉得小鸟是人们的好朋友，应该得到大家的保护。现在我们就分成两队进行辩论，请大家踊跃发言！"

幼儿按意愿分成两组，进行辩论活动前的准备。

反思："活动是儿童发展的源泉"，探索型主题活动引发了幼儿学习方式的变革。传统课程中幼儿是知识的被动接受者，而现在他们在活动中会自主提出问题，并循着问题线索自己去解决问题。在幼儿通过各种方法解决问题的同时，他们的学习方式有了根本性的改变，从被动学习变为自主探索。幼儿通过自主学习，学到的不仅仅是知识，更重要的是解决问题的能力。在今天的活动之前，孩子们已经根据自己的不同观点收集了大量资料，有关于小鸟的，有关于飞机的，还有关于机场驱鸟队的，幼儿通过自己的探索和实践自主建构了知识和经验。

2.小小辩论赛

教师："坐在我右手边的是红队的辩手，请响起你们的口号'飞机飞机，安全第一'；坐在我左手边的是蓝队的辩手，请响起你们的口号'保护小鸟，人人有责'。"

反思：活动中，宽松自由的环境，为幼儿提供了尽兴探索、尽情表达的机会，创设了创造性表达、表现的空间。幼儿情绪愉悦，用自己喜欢的表达方式，毫无顾忌地将观点表达出来，在表达和抒发的过程中，他们的自我得到了展现，各种潜能得到了发挥，真正进入了辩论的情境中。

幼儿展开辩论，双方进行陈词—自由辩论—总结陈词。

引导双方辩手分别进行陈词；通过PPT感受小鸟的动人可爱，并体验鸟撞飞机的危害。

幼儿：红队一辩——为什么要驱鸟？小鸟对飞机有什么危害？

“春天来了，小鸟四处飞翔，小朋友们很喜欢，但是天河机场驱鸟队的叔叔阿姨们却不喜欢。他们用了很多种方法去驱赶鸟，比如说粘鸟网、稻草人、恐怖眼等‘土办法’，还用了遥控煤气炮、语音驱鸟王、激光驱鸟枪等‘洋办法’。为什么要驱鸟呢？因为飞机的飞行速度很快，小鸟如果撞到飞机上，会把飞机撞出一个大洞，高空的气流会让机舱变形，让飞机失去平衡，让发动机失灵，最后还会让飞机从高空坠落。如果你的爸爸妈妈刚好坐在这架飞机上，你还会喜欢这些小鸟吗？所以说，小鸟对飞机的威胁简直是太大了，机场四周绝对不允许有鸟出现，我们要把想闯入机场的鸟全部赶走。”

幼儿：蓝队一辩——鸟是人们的好朋友。

“为什么要赶鸟？没有了鸟，就没有了‘鸟语花香’，没有鸟的世界是可怕的。这可不是吓唬你们，越来越多的鸟儿从‘普通’变得‘珍稀’，甚至濒临灭绝，从生态学的角度看，鸟儿消灭害虫，如果没有小鸟，树木就不会茁壮成长，我们就没有蓝蓝的天空和新鲜的空气；如果破坏了食物链，后果就是我们人类生存的环境会越来越差，甚至会威胁我们的生命。4月份有全国的‘爱鸟周’活动，让我们一起来爱鸟、护鸟，做鸟儿的朋友。”

幼儿：红队二辩——机场为什么远离市区？

“赶鸟并不是不爱鸟，一只小鸟足以毁掉一架飞机。春天来了，许多鸟儿在天河机场上空飞翔，随时威胁着飞机的起飞和降落。

原来的武汉机场在南湖，那里有许多大树、湖泊，还有高楼大厦，那为什么要花大代价将机场搬到天河呢？就是因为，一方面要保障飞机和乘客的安全，另一方面也要保障市民的安全。航空法规定‘机场必须远离市区，不能在人口密集的地方’。我们用了那么多办法让飞机远离市区，如果因为小鸟而损失飞机多可惜呀！所以我们必须赶走小鸟。”

幼儿：蓝队二辩——鸟与生态平衡有什么关系？

“市区是人口密集的地方，当然不是鸟儿喜欢聚集的地方，鸟儿最好的栖息地应该远离市区，比如说天河镇。

在鸟类王国里，有许多种类的鸟儿是害虫的天敌。‘捕鼠能手’猫头鹰一个夏季可消灭1000多只野鼠，这相当于从老鼠嘴里夺回一吨粮食。鸟类是人类的朋友，它们不仅用动听的歌喉和多彩的羽毛装扮着自然界，更在维护生态平衡及控制农林鼠害、虫害等方面做出了巨大贡献。请加入我们爱鸟、护鸟的活动，一起保护我们的鸟类朋友。”

幼儿：红队三辩——飞机的经济成本有多高？

“飞机给我们的生活带来了方便，从武汉飞到上海只需要1个小时20分钟，但是坐火车最快也需要三个多小时，你要是赶时间的话，坐飞机最方便。中国目前还不能生产这样的客机，要花大价钱向美国购买，今年就花了一百多亿美元，如果不控制鸟类的危害，这一百多亿美元不是都浪费了吗？还有，国家培养一名飞行员多不容易，如果飞行员在事故中丧生，不也是国家的损失吗？所以为了飞机的安全要赶走小鸟。”

幼儿：蓝队三辩——鸟类生存环境好吗？

“小鸟的生存环境很艰难。虽然说飞机很方便，但是也有许多问题，比如说飞机要烧掉很多的燃油，对空气造成污染，一点都不环保。我就想变成鸟儿，自由地飞翔！

但是人们乱砍树，破坏绿地，环境污染，鸟儿都没有生活的家了。机场旁边有草有树，最适合小鸟生活啦，让我们为可爱的小鸟找个舒适的家吧！”

幼儿：红队四辩——空难引起了什么社会问题？

“我想大家一定都听过新闻里关于空难的报道，哪一次空难不是100%的死亡率?！人死了，好好的家庭变得支离破碎，其损失难以计算；还有空难造成的社会影响也是很不好的，航空公司和机场方面都受到很大影响，接着是公司裁员，许多小朋友的爸爸妈妈面临失业，孩子面临失学，社会非常不稳定，我可不想再看到空难了！这简直是太可怕了！”

幼儿：蓝队四辩——宣传“爱鸟周”。

“‘春眠不觉晓，处处闻啼鸟。’春天是保护鸟的季节。我国劳动人民自古以来就有认识和爱护鸟类的传统。很久以前，《战国策》中就有‘覆巢毁卵，则凤凰不翔’的思想。

1981年，国务院批准了一个报告，确定每年的4月至5月初的一个星期为‘爱鸟周’。我们湖北省的‘爱鸟周’是4月1—7日。让我们都来关心和爱护小鸟吧！”

教师：“第一轮辩论已经结束，相信大家也都有了自己的观点和看法，让我们来看两个幻灯片。这是小朋友带来的可爱的小鸟；下面是小朋友和家长共同收集的鸟撞飞机的图片，真是机毁鸟亡啊！”

教师：“如果你的观点同红队一样，认为为了飞机的安全要赶走小鸟，等会儿请你站到红队后面的位置！相反，如果你的观点同蓝队一样请站到蓝队的后面位置。请开始选择！请嘉宾和老师们也参与选择！”

教师：“请允许我进行简单的现场采访。刘晨星的爸爸，您作为一名机场驱鸟队的负责人，为什么会站在保护小鸟的这一边呢？”

家长：“其实我的理由很简单，作为机场工作人员，保护飞机的安全是非常重要的，但是我自己认为，鸟儿和人类一样，都属于这个地球，都是我们地球的一名成员，缺了谁，这个地球都会失去平衡，所以说既要保护鸟类，也要保护人类，在保护人类的同时，我也希望鸟儿能在蓝天自由飞翔，鸟与人类和谐共处！”

教师：“谢谢！让我们来数一数，红队有21人，蓝队有11人。”

反思：教师的角色定位很重要，在这一轮的辩论中，教师基本上是作为一名听众，教师与幼儿之间是平等地对话、巧妙地引导，互相分享。教师是一名学习者、合作者，保护幼儿萌发的探索的火花；教师又是一名引导者、支持者，推动幼儿按他们自己的逻辑与方式进行有意义的探索；教师还是一名倾听者、欣赏者，在与幼儿共同分享中激励他们探索，帮助他们提升经验。

教师："接下来进入自由辩论，辩论双方可以自由发言，可以就对方观点提出疑问和不同看法。为了让大家听得清楚明白，每次只能有一位小朋友发言，前一位小朋友发言结束后，下一位才可以继续发言。"

蓝队幼儿："我们要爱护小鸟，小鸟是我们的朋友，没有小鸟，我们会少了很多的快乐!"

红队幼儿："要是不保护飞机的话，就有可能会遇到空难，空难会死很多人。"

蓝队幼儿："如果没有小鸟，很多虫子都吃树叶，空气也不清新，小鸟帮我们捉害虫。"

蓝队幼儿："小鸟太可怜了！我们要保护它。"

红队幼儿："我觉得要保护飞机，飞机可以帮助我们打仗!"

蓝队幼儿："鸟本来就是一个小动物，它很小，飞低一点就不会撞到飞机了。"

红队幼儿："飞机不能说只飞低或飞高，它起飞和降落时很低的。"

蓝队幼儿："小鸟和人都是有生命的，小鸟可以给我们带来很多的快乐!"

教师："请问现场的老师们有没有不同观点？有请骆老师。"

嘉宾骆老师："我觉得飞机有它该去的地方，小鸟也有它该去的地方，本来它们就可以互不干扰，你们觉得呢?"

幼儿1："是啊！飞机飞高一点，小鸟飞低一点就行了。"

幼儿2："那起飞的时候怎么办呢?"

幼儿3："把小鸟关起来就没事了。"

幼儿4："小鸟没脑子！它不会自己到安全的地方飞行，我们可以帮助它们。"

教师：“你想到什么办法帮助它们呢？”

幼儿1：“用个网子把它们网起来，再用盒子把它们装起来。”

幼儿2：“这个方法不好！小鸟没有自由了。”

幼儿3：“把小鸟送到安全的地方去！”

幼儿4：“用弹弓把它打下来。”

幼儿5：“那它会受伤的，翅膀受到伤害再也飞不起来啦！”

幼儿6：“我妈妈跟我讲了一件事情，说武汉天河机场有一只猫头鹰被网子给网住了，他们做了一个记号把它放了，从那以后，那个猫头鹰再也没有被抓住了。”

教师：“为什么它再也没有被抓住呢？”

幼儿6：“因为它已经有过一次被抓的感觉（记忆）。”

幼儿7：“这说明鸟儿还是很聪明的。我们可以用假枪的声音去吓唬鸟，不要它们靠近飞机。”

幼儿8：“对，我们对着小鸟的旁边打枪，不真打鸟，小鸟就会飞走的！”

教师：“这些都是机场驱鸟队的叔叔们的方法，我们还是请专家——刘晨星的爸爸给我们介绍一下他们驱鸟的一些方法吧。”

家长：“我们根据鸟类的生活习性，目前采用的驱鸟手段主要有以下几种。首先，用煤气炮以及移动式驱鸟专用车，不间断地发出令鸟儿无法忍受的声音，达到驱鸟的目的。其次，加大飞行区内环境治理，加大飞行区内割草密度，控制飞行区内草高，填平飞行区内的水洼，砍掉围界边上的灌木丛，捣毁机场周围的鸟窝。另外，加强飞行区周边环境的治理，减少鸟类对机场环境的依赖。通过与当地政府联系，开展一系列教育活动。最后，‘土洋结合’，在使用好进口驱鸟设备的同时，运用鸟网等‘土’办法。在飞行区内架设了许多鸟网，刚开始能捕到不少鸟儿，对于珍稀的鸟类，带到离开机场十几公里的地方放归自然。久而久之，鸟网成了一种‘震慑物’，鸟儿对机场也敬而远之。进一步加大科技投入力度，通过生态手段，让鸟儿从机场安静地离开。”

教师仔细倾听每位幼儿发言，有目的地提问、启发、点拨，在现场嘉宾的帮助下，将幼儿引向深入辩论。

反思：教师及时抓住每个幼儿抛过来的“球”，幼儿在接过教师“球”的同时，又抛给教师一个“球”——“小鸟和飞机都很重要”，教师接过了幼儿的“球”并再一次推回给幼儿：“我们用什么办法帮助小鸟呢？”引发了幼儿一连串的思考、回答、问题。师生在“一推一打”的过程中，对所要探索的问题有了越来越清晰的认识，从而使探索活动得到了深入发展。

幼儿：红队五辩——总结陈词。

“我的观点是为了飞机的安全，要赶走机场周围的小鸟。小鸟会对飞机造成很大的危害，人们花了很多人力物力让机场远离市区，飞机的经济成本太高了，空难也会引起许多的社会问题，所以我们要保障飞机的安全，将小鸟赶走。”

幼儿：蓝队五辩——总结陈词

“我的观点是保护小鸟。小鸟是我们的好朋友，小鸟与生态平衡的关系很大，现在小鸟的生存环境也很糟糕，我国已经确定了每年的四月到五月初有一周为‘爱鸟周’，在这个爱鸟周内，让我们的小鸟朋友能够自由自在地在蓝天上飞翔！”

自由辩论部分请现场老师和嘉宾都加入活动中，发表自己的意见和观点。

教师：“是啊！飞机的安全和小鸟的生命都很重要，那有没有一种好的办法，既能保证飞机的安全，又能让小鸟快乐地生活？”

主持人小结幼儿辩论情况，采访现场嘉宾。

教师：“生活中总有许多矛盾存在，只要我们小朋友愿意开动脑筋想办法，就一定能找到解决的方法；只要我们大家共同努力，我相信人与自然一定能和谐相处！”

反思：教师最重要的作用是观察、发现孩子，创设条件，激发孩子的求知欲。瑞士心理学家皮亚杰的“平衡因素论”指出：“在求知活动中，主体是主动的，因而，当他面临外部质疑时，他就有所反应，从而使他的内部认知结构趋于平衡。”教师的提问给幼儿的探索设置了疑惑，促使他们有所反应，从而激发他们思维的火花，促使他们积极地探索、找寻结果，最终使他们达到更高水平上的平衡。

（三）课例中反映出的问题

让孩子开阔视野，学会合作，学会学习。在辩论中，辩论技巧、辩论结果并不是那么重要，重要的是孩子们敢于用自己擅长的方式说出哪怕是还不成熟的想法，能初步形成以事实为依据的科学态度；更重要的是师生互动，使孩子们能在活动过程中去体验，去感受，得到发展。

鼓励孩子大胆提问和质疑。提问和质疑是创造性思维的重要表现之一。以前的活动往往是老师一问到底，这样就不太可能为孩子留下提问和质疑的空间。本次活动的辩题来自孩子的探究，论述的观点和表达方式符合他们的视角，因此，在辩论过程中不同观点的激烈碰撞，无疑会带给孩子更多、更深入的思考。自由辩论环节完全由孩子来互相提问、互相反驳，这样，不仅为幼儿营造了质疑的氛围，还训练了孩子的反应能力和理解能力，提高了他们灵活运用语言的能力。教师在活动中始终是支持者、引导者，关注全体幼儿的同时，注意对个别幼儿的指导，较好地贯穿了《纲要》的指导思想。

“孩子有一百种语言”。用接纳和尊重解读孩子的百种语言。每个孩子都在用自己独特的方式去观察世界，表达认识。作为教师要接纳和尊重他们的不同意见。在辩论活动的准备过程中，孩子们自由分组，自主选择，自己决定表达方式，我都给予积极的支持和鼓励，让他们按自己的想法去做。在辩论过程中，我尽可能多地把活动时间和空间留给孩子，让他们有表现机会，有成功体验，以使辩论真正成为他们自己的舞台！

在活动中教师如何运用对话技巧来处理各种情况？师生的对话对幼儿的科技探索有何影响？这些问题在今后的活动中有待进一步的研讨。

（武汉市实验幼儿园　吴琳　陈志斌）

附教学活动方案：

大班语言活动：飞机与小鸟对话

武汉市实验幼儿园　吴琳

一、设计意图

在进行主题活动《有趣的职业》亲子问卷调查时，我们发现班上有一大半幼儿的家长在武汉天河机场工作，孩子们对自己爸爸妈妈的工作很感兴趣，于是生成了《天河机场》这一子活动。随后我们又组织幼儿到天河机场进行春游，目睹了飞机起飞、降落的壮观景象，回来后孩子们的所有话题都是围绕着飞机。

就在春游的第二天，我听到了《事事关心》节目里的一条新闻——武汉天河机场遭遇鸟患。晨间谈话时，我和孩子们一起分享这条新闻，没想到孩子们十分震动，纷纷发表自己的看法："飞机遇到危险了！我们要赶走小鸟。""小鸟是人们的好朋友，它们应该自由生活。""鸟死了还有很多，人死了就没有了！"……在孩子们的讨论中，关于"飞机的安全重要还是小鸟的生命重要"这一问题的分歧最为突出。这个论题能引发孩子多角度地思考关于人与自然和谐相处的问题，能为孩子们表达、交流不同见解提供机会。根据《纲要》提出的"教育活动的组织……应注重综合性、趣味性、活动性"的思想，我设计了本次辩论活动，我想尝试一种新的形式，让孩子在相互辩论的过程中了解发生在我们周围的事情，关心身边的人和事，让孩子真正成为"社会人"，促进社会情感的发展。

二、指向科技纲要目标

（一）科学态度

1. 知道科学技术能给人带来幸福，使用不当也能给人带来灾害。

2. 有感知身边科学现象的愿望。

3. 对身边的各种现象充满好奇，常问"是什么?""为什么?"

4. 能经常发现周围生活中有趣的科学现象。

5. 能大胆、自信地将知道和正探究的科学知识和科学现象告诉小朋友。

6. 喜欢生活中的新用品，乐意感知和使用。

7. 积极感知各种科技活动，喜欢摆弄。

8. 在游戏或操作中喜欢寻找不同的方法。

9. 在反复尝试实践后再得出结论。

（二）科学知识、技能

1.物体有不同的形态和形状。

2.对生活用品的简单描述和分类。

3.废旧物品可以用来加工成玩具和有用物品。

4.知道家庭中的简单工具，学习安全、正确地使用它们。

5.学习分类整理物品。

（三）科学方法和能力

1.学会比较不同的事物，找出它们的相同点和不同点。

2.学会比较同一类事物，找出它们的相同点和不同点。

3.学会使用不同的方法进行操作，并观察它们的效果。

4.学习与同伴交流实验的结果。

（四）科学行为和习惯

1.能从书本中、交流中、观察中、操作中、小实验中发现问题，并大胆地提出问题。

2.有对材料、物品进行拆、拼、搭等动作的习惯。

三、活动目标

1.关心身边发生的事情，探寻人与自然和谐相处的方法。

2.在倾听、理解、思维、表达的过程中，能用完整连贯的语言准确地阐述自己的观点。

3.了解人们利用科学技术在机场驱鸟的基本方法及有关飞机和鸟的一些基本知识。

四、活动准备

1.关于机场、飞机、小鸟等的图片和资料，PPT，电脑、投影仪等。

2.幼儿前期进行了有关飞机与鸟的知识调查，已经习得了大量相关经验。

3.楚天电台《事事关心》栏目新闻“天河机场遭遇鸟患”播音带。邀请武汉市十大名师之一胡园长、学生家长晨星的爸爸（武汉天河机场行管人员）和欣柳的妈妈（业余养鸟爱好者）担任幼儿辩论活动特约嘉宾。

五、活动过程

（一）听《事事关心》新闻，引起幼儿兴趣

幼儿按意愿分成两组，进行辩论活动前的准备。

（二）小小辩论赛

1.主持人交代辩论的规则和要求，介绍特约嘉宾。

2.介绍双方辩手。

3.幼儿展开辩论，双方进行陈词—自由辩论—总结陈词。

引导双方辩手分别进行陈词；通过PPT感受小鸟的可爱，并体验鸟撞飞机的危害。

（三）结束部分

幼儿向客人老师进行现场问卷调查。

六、活动延伸

幼儿将自己的观点利用绘画形式表现出来，在白色长布上进行绘画活动，可以到机场、社区等地方进行宣传。

七、活动反思

重视让孩子在活动过程中获得发展。在辩论会之前，我们围绕这一话题开展了一系列活动。在这些活动中，孩子们带着各自的兴趣、需要和已有经验去探索发现。

十三、与时俱进，促进幼儿社会性发展——《快乐共享》大班社会活动课例分析

（一）课例背景

一段时间以来，共享单车在我国各大城市火了，这种只要扫一扫二维码就可以骑走的单车，解决了人们出行“最后一公里”的问题，不仅赢得了许多人的喜爱，更引发了孩子们的好奇。在某次区域活动时，我观察到孩子们正三两聚在一起对着楼下的共享单车讨论得热火朝天：“我在地铁站见过！”“我爸爸骑过这种车！”“我妈妈也骑过！”孩子们的语言源于他们的生活经验，著名文学家左拉曾说过：“生活的全部意义在于无穷地探索未知的东西。”共享单车源于孩子们真实的生活问题、真实的生活发现、真实的生活经验，于是我想将共享单车融入教学活动，让孩子们在有价值的活动中获得有意义的发展；让孩子们在探索

生活的过程中获得生活经验，让孩子们在享受生活的过程中学会生活。

于是，我引用共享单车，希望充分利用这一“新兴”教育资源，结合信息化技术手段，促进幼儿社会性发展。共享单车的亮点在于“共享”二字，它既意味着资源的共享，也意味着文明的共担。依据《指南》，“社会领域的学习与发展过程是其社会性不断完善并奠定健全人格基础的过程”，“在良好的社会环境及文化的熏陶中学会遵守规则，形成基本的认同感和归属感”。我认为社会领域的学习必须结合幼儿生活经验与时俱进，“共享”本身就是一种自律性理念，我希望通过引导幼儿发现身边的共享二维码，帮助幼儿了解共享规则的重要性，学习自觉遵守共享规则，并尝试创造共享规则，通过自律和共享实现“与人方便，与己方便”，从而进一步丰富幼儿社会性发展。

（二）活动片段实录及分析

1.课例事件1：这是什么交通工具呢？——唤起生活经验，丰富社会认知

教师：“猜猜老师是乘坐什么交通工具来幼儿园的呢？”

霖霖：“小汽车。”

泽泽：“滑板车。”

淇淇：“公交车。”

轩轩：“我猜是坐的消防车吧！”

教师：“那我们一起来揭晓答案。”

集体观看扫码使用共享单车的视频。

教师：“这是什么交通工具呢？”

康康：“小黄车。”

齐齐：“摩拜单车。”

乐乐：“自行车。”

很多小朋友：“这不是普通自行车，是公共自行车。”

糖糖：“我爸爸就骑过！”

教师：“其实小黄车、摩拜单车、公共自行车都有一个共同的名字，你们知道叫什么吗？”

很多小朋友：“共享单车！”

教师：“没错，共享单车。单车就是我们刚刚说到过的自行车，那什么是共享呢？”

澳澳：“就是一起分享啊！”

旺仔：“就是所有人都能用啊。”

教师：“为你们点赞，共享就是共同使用，一起分享！”

2. 课例事件1分析

共享单车早已融入武汉的大街小巷，幼儿对这个新兴事物都有一定的生活经验，所以在本次课例事件中，我在观看视频前便先用开放式提问唤起幼儿的生活经验。可以看到孩子们此时情绪被充分调动，尤其是部分男孩子，还提到了自己在生活中最感兴趣的消防车、警车等。于是，在观看视频后我再请幼儿相互交流，引导幼儿积极参与谈论，大胆表述自己的想法。在新的词汇上，孩子们的回答也充满了惊喜，将本节活动的重点有机渗透其中。

本次活动设计经过三次改动。在第一次改动时，我将揭晓答案的角色从我转为第三方媒介——视频。这样的信息化技术手段运用其中，将传统社会学习领域中“老师讲，孩子听”的状态，转变为了“老师做，自己看”的新模式，不光吸引幼儿的注意力，提高了学习兴趣，也增加了师幼、幼幼之间的有效互动，运用信息化的技术手段，通过视频、图片，帮助幼儿更好地吸收消化教学重点内容，从而改善了传统教学方式的枯燥乏味。我们可以看到，在视频作铺垫后，再有针对性地提出重难点问题，可以更好地帮助孩子根据自己的生活经验对所看的视频产生一定的判断力，从而勇于大胆表达自己的见解和意见。这样通过初步感知及再次渗透，从唤起孩子的生活经验转化为丰富孩子对社会的认知，我始终不是掌控全局的那个人，而是在活动中支持他们发现、引导他们观察、与他们合作完成重点理解的伙伴。

我也在一次次备课、试教中感受到，以最直接、生动、形象的方式为幼儿提供最真实的生活化场景，更能帮助幼儿利用已有生活经验去解决生活问题，实现社会活动生活化。

3. 课例事件2：为什么要有共享规则呢？共享规则有什么作用呢？共享规则重要吗？——适时运用追问，深入理解规则

当孩子们手持平板电脑扫描二维码，获取共享单车使用规则后，根据自己的理解将共享单车的使用规则进行描述，并与伙伴交流讨论。

齐齐：“要扫码使用。”

朵朵：“要在自行车道上骑。”

教师："你怎么发现的呢？"

朵朵："因为第二条规则上面画了一个自行车呀。"

教师："你的观察很仔细，但是这个叫非机动车道，是专供非机动车行驶的噢！"

乐乐："共享单车不能骑回家。"

康康："用完了要上锁。"

教师："为你们点赞，你们清晰地表达出了这张图的意思，其实这张图就是共享单车的共享规则。为什么要有共享规则呢？"

孩子们持续讨论。

泽泽："没有规则那就骑回家了，别人就用不了了。"

轩轩："规则可以保护我们的安全，不然骑到人行道上，我们就会受伤。"

教师："很有道理，那共享规则有什么作用呢？"

糖糖："有规则才知道怎么使用，不然我们就不知道怎么解锁使用。"

齐齐："有规则就不会乱。"

霖霖："规则可以帮助我爱惜它。"

教师："那你们说说看，共享规则重要吗？"

孩子齐声回答："重要！"

4.课例事件2分析

《纲要》中指出："创设一个能使他们想说、敢说、喜欢说、有机会说并能得到积极应答的环境"，那么如何创设这样的环境呢？是我说孩子们听？还是"支持"孩子自己发现答案？我们都希望做幼儿学习时的支持者、合作者、引导者，那我们心中一定要有目标，本节活动的认知目标：初步理解"共享"规则的重要性并自觉遵守规则。那么如何形象地理解规则并感知规则的重要性呢？我的做法是铺设任务情境"自由扫码共享单车使用规则"，幼儿在直接感知扫码的实践操作中完成了学习，并在与伙伴的讨论交流中深化印象，在教师的语言支持下进一步达成目标。在社会活动中，如何用言语反馈激发幼儿的深层次思考，从而掌握活动的重难点，是我从设计之初就在思考的问题。于是在这个环节中，我以特殊疑问句的方式接连提出三个问题，既是追问，也是对下一个环节的铺垫，孩子们也根据我的反馈与追问不断调整自己的思路和想法。这样不仅促进了幼儿语言的发展，也提升了幼儿的思维能力。

同时，我也深刻认识到前期经验准备不仅是针对孩子而言，也对老师提出了要求。

在孩子提出自行车道这个答案前，我在活动设计之初便对这个概念有过考量，查阅过非机动车道与自行车道的异同（非机动车道是指公路、城市道路上的车行道上，自右侧人行道牙至第一条车辆分道线之间或者在人行道上划出的车道，除特殊情况外，专供非机动车行驶；而自行车道普遍指公园或景区的健身道路），以及确定在本节活动中（视频、课件）所体现的究竟是自行车道还是非机动车道。我也弄清了我们活动目标中提及的最为重要的概念“共享理念”，它是指城市人人皆可共享，而非有特定限制地使用。所以教师一定要想到幼儿回应的一百种可能，进而为一百种可能想一万种应对策略，且这些回应一定要是正确且规范的，不然对幼儿的一次错误示范可能会影响幼儿长远的发展，这些都对教师的自身科学素养及知识储备提出了更高的要求。

我们更应注意的是提问策略，例如本环节中的三个问题做到了由易到难，由浅入深，由简到繁，层层递进，让幼儿一步一个台阶自主地走上了求知的高度，激发了幼儿的求知欲望，而一次次的体验活动将幼儿的情绪体验带入了一个高潮。在提问时，有针对性地提出了重难点，这样通过初步感知及再次渗透，让幼儿了解共享的物品及其规则，这样不仅突出了重点，难点也迎刃而解了。

5.课例事件3：你愿意和小朋友共享自己的物品吗？——分享体验感受，抓住教育契机

游戏音乐响起后，幼儿拿着平板电脑去寻找隐藏在活动室的二维码并扫描，体验使用共享物品带来的快乐。

教师：“刚刚大家体验的是什么共享物品？可以来为我们介绍一下吗？”

淇淇：“我体验的是共享画笔，我用它画了一幅画。”

教师：“你可以为我们介绍一下共享画笔的使用规则吗？”

淇淇：“首先扫码后使用，不要乱按画笔，使用完要记得盖盖子，免得放干了，最后是要爱惜画笔。”

教师：“你是一个文明的共享使用人，为你点赞！共享画笔正在等待下一个小主人。”

有一只共享篮球尚未归还，正躺在地上。

教师："为什么这里躺着一只共享篮球呢？"

康康："我看到是齐齐使用的，他没有还原。"

教师："齐齐，你可以来给我们介绍一下共享篮球的使用规则吗？"

齐齐："扫码后，在篮球场上使用它，要注意不要被钉子给扎破了，使用后要还原。"

乐乐："那你没有还原呀！"

齐齐："音乐停了，我没来得及还原，我现在去还。"

教师："相信下次你一定能按照规则正确使用共享物品。"

6.课例事件3分析

为了突破难点问题"明白共享理念"，我设计了大量的共享规则（共享物品为板凳、篮球、充电宝、彩笔、躺椅等），并以时下生活中最常见的二维码的形式呈现，既吸引了幼儿的学习注意力，让幼儿们充满了新鲜感，同时也拉近了师幼间的感情，为后面的学习、探究、展示奠定了情感基础；从内容上看，让幼儿为社会节能、设计共享规则出谋划策，不仅遵循了《指南》的要求——贴近幼儿，贴近生活，贴近实际，也激发了幼儿为帮老师解决烦恼，主动学习的积极性。

在本次课例事件中，共享物品的未回收并不是我在活动设计中预设到的幼儿行为，而是由于游戏音乐时间到，幼儿无法完成回收而随机生成的教育契机。本节活动的重点是理解共享规则并遵守规则，那么在孩子没有遵守共享规则时，我们不能放任不管，或者由教师代劳将物品还原。我将问题抛给了孩子，大班幼儿对规则有一定的认识和理解，当孩子们互相讨论物品归还时，不仅"当事人"加深了印象，小伙伴们也更加理解了规则的意义，从而对本次活动的重点内容起到一个深化记忆的效果。将幼儿生活中遇到的二维码图片融入教学活动，减少了孩子们和二维码的距离感，增强了他们的社会经验，孩子们自己去扫描操作的过程，也让孩子对规则有了更深入的了解，相信他们在日后的生活中都会做一个讲文明守规则的小公民。

但我认为，齐齐也并没有做错，他也在他的理解中遵守了游戏规则。因为在游戏前，我说："当音乐响起时，我们自由体验，音乐结束后，我们一起来分享共享感受，好吗？"孩子们齐声说好。所以其实齐齐也是在遵守规则，于是我鼓励他下次同时遵守共享规则，做一个文明的共享使用人。

在一日生活中，有很多情境是我们无法预设的，就像这节活动，在我预设的教学环节中发生了突发情况。抓住这些突发状况，运用教师的智慧随机应变、灵活巧妙处理，在教育机制的实践生成中不断促进专业发展，才能为孩子的健康成长保驾护航。

7.课例事件4：你愿意拿出自己的物品和大家共享吗？——乐于分享物品，大胆制定规则

教师："体验了这么多共享物品，你们有没有什么物品想拿出来和大家分享？"

轩轩："我有！我想拿警车和大家共享！"

茂茂："我有一大包薯片可以拿来共享！"

小朋友们哈哈大笑。

教师："我们一起想想，薯片可以共享吗？"

小朋友议论纷纷，有的说行，有的说不行。

泽泽："我觉得不行，薯片吃完了就没了。"

教师："确实，食品不能循环使用，而且你一口，我一口，也不太卫生。"

茂茂："我还可以共享我的平衡车。"

教师："共享物品想好啦！那我们还差什么？"

幼儿齐声："共享规则！"

教师："没错，现在老师为你们准备好了共享设计纸，可是没有笔，该怎么办呢？"

霖霖："我可以去借共享彩笔！"

教师："那还等什么？走，一起去设计咯！"

8.课例事件4分析

是否每件物品都能拿出来"共享"呢？答案肯定是否定的，共享的原则一定是低碳环保、绿色节能、可重复使用的，一次性物品或食品显然不太合适，所以孩子们在讨论中也得出了答案。在物质材料投放上，我也做了一个小设计。按往常教学活动的物质材料准备来说，这时应提供人手一份的操作材料——画笔，可设计这节活动的初衷就是希望孩子们能感受到现代社会的便捷生活，对共享理念有初步的了解，于是我没有提供画笔。而在充分体验共享物品的便捷后，孩子们都能迅速反应到自己可以借共享彩笔使用，这就和我们手机没电了就想到共享充电宝一般，减少了孩子们对现代社会的距离感，好似在体验自己触手可及的生活。用身边物品来感受社会领域的学习，对于孩子们来说显得十分好学易懂，而借助信息化手段，能凸显真实场景便于学习真本领。

（三）课例中反映出的问题

在反复执教本节活动后，我深刻意识到幼儿园社会教育是幼儿学习与发展过程中的重要组成部分。但这里的社会教育并不是照搬老一套，必须与时俱进，不可能在都用智能手机的当下，给孩子们分享“大哥大”的使用技巧。我们的孩子们是信息化时代的原住民，我们生活在信息化高度发展的当下，我们所掌握的现代科技离孩子并不遥远，我们的社会领域活动设计直接影响到幼儿园社会教育活动实施的质量，并对孩子的社会性发展产生重要影响。《纲要》中指出，幼儿社会领域的学习与发展过程是其社会性不断完善并奠定健全人格基础的过程，良好的社会性发展对幼儿身心健康和其他各方面的发展都具有重要影响。我们在重视社会教育活动对幼儿社会性发展的重要价值的同时也应与时俱进，多设计和开展与幼儿身心发展水平相适应的社会教育活动，促进幼儿社会性能力的发展。

同时，我发现社会领域学习的根本目的就是培养幼儿积极向上的社会情感和态度，养成良好的社会交往行为，为孩子的社会化发展奠基。所以我们的活动目标就显得尤为重要，不泛、不空、具体、全面的目标会对我们整节活动的实施更有针对性与指导性，并从童本角度出发，站在孩子的立场思考活动内容与活动开展方式，满足幼儿的兴趣和需要，尊重幼儿在幼儿园活动中的主体地位。

最后，我想谈谈电子产品在本节活动中的应用。

1. 运用新媒体手段的效果如何

1）微视频促进自主学习

本节活动采用了基于翻转课堂的教学模式。幼儿通过观看微视频进行自主学习：微视频以“老师是乘坐什么交通工具来幼儿园”为线索，设计了两段小视频《“爸爸老师”共享记》和《共享物品交流记》，并借此分别引出了共享单车及当下最新潮的共享物品。微视频学习改变了传统教学中的被动式学习方式。老师通过视频传递了使用物品的正确方法，再调动幼儿已有的生活经验一一进行尝试，确定幼儿学习中的难点、易错点，进行二次尝试，让活动教学更具有针对性，使幼儿学习收获更大。

2）线下扫码明确共享理念

活动中借助“互动课堂”，老师利用手机控制PPT和电子白板的各种操作及编辑，幼儿利用平板电脑进行活动学习，实现了信息技术的深度融合。在本节活动中，主要用到了“互动课堂”的以下功能：

“图片扫码”功能——扫描二维码，感知共享规则；

“传输文件”功能——将幼儿讨论探究过程中需要用到的学习材料现场传输给幼儿，使幼儿在自主的个性化学习和小组的集体互动探究中学习、运用知识，提升能力；

“作品观摩”“作品对比”功能——接收各组共享规则设计方案，清晰直观；

“投入白板”功能——方便向全体幼儿展示各自的共享规则设计图纸，也增强了活动的互动性和幼儿的仪式感；

“发送板书”功能——利用思维导图来进行活动小结，让幼儿更好地把握本课的知识体系；

“倒计时”——在幼儿进行创造操作的过程中，进行计时，增强幼儿的时间观念，也保证了活动的节奏有序；

“幼儿锁屏”——设计师代表在进行展示，或者老师在进行知识讲解时，幼儿的平板被锁屏，让幼儿更专注地听讲。

3）制作自主共享二维码

鼓励想了解尝试共享规则理念的幼儿，可以自主地在草料二维码制作网站（https：//cli.im/）上进行共享海报转二维码操作，将共享环保理念深入生活。

2.信息技术手段参与幼儿园活动的适宜性的思考

早在2018年国家印发的《教育信息化2.0行动计划》就指出，要坚持融合创新，发挥技术优势，变革传统模式，推进新技术与教育教学的深度融合，真正实现从融合应用阶段迈入创新发展阶段，不仅实现常态化应用，更要达成全方位创新。那么，信息化技术与社会领域教学融合后，相比传统社会领域教学，活动充满了多样性、趣味性与主动探索性。生动的图像、动听的声音、有趣的操作体验，增添了活动的情境性，使活动有了化静为动的转变，唤起了孩子们参与活动的积极性与好奇心。信息化设备的投入使用，有助于材料之间的灵活编辑与组织，使活动效果也能灵动地呈现出来，打破传统教学活动中因时间、空间问题对活动造成的限制；同时在操作游戏时更便于幼儿做出适合自己的选择，找到自己的兴趣点和保持对学习的积极性，从而来解决因时间和空间问题对学习活动重难点的影响，使学习内容更容易被掌握，提升学习效率。信息技术的有效运用能更加直观形象地为幼儿呈现某一事物，将抽象的内容具体化、形象化、简单化，从而来启发幼儿理解与习得，提高其社会领域的相关能力。因此，信息化的教学可以做到真正地尊重孩子的兴趣，帮助幼儿在游戏中快乐地学习，且比以往的教学模式更加有趣、有效。

1）双线交织

巧妙地将信息化技术手段融入社会领域教学活动，其教学效果高于传统式社会领域教育方式。信息化技术的应用为幼儿提供了一个轻松、愉悦、生动有趣的学习氛围，激发了幼儿对于活动的学习兴趣，提高了幼儿在活动中学习的专注力，进而也减轻了传统教学活动中教师在前期材料准备上烦琐、不合时宜的压力，为幼儿创设出来一种简单易懂且易操作的方式，帮助孩子们更快更便捷地动手体验，及时地去探索和发现一些活动中的现象；能够帮助幼儿更好地吸收和自我内化原本抽象的社会领域知识点，将社会领域的知识抽象具体化、透明化，使得幼儿能更好地理解此次社会领域活动的重点和难点。

2）主动探索

幼儿的学习兴趣和能力的发展非常重要，游戏是幼儿学习的重要方式之一，在日常的社会领域教育活动中，多媒体信息化技术与游戏的结合能促进幼儿的学习，激发幼儿的学习兴趣，使他们在一种轻松愉悦的氛围中快乐地进行社会发展。相比于传统的教学方式，孩子们更愿意花费大量的精力和时间在一节教学活动的重点和难点问题上，而将信息化引入课堂，使得幼儿体验和感受新的教学模式，将有难度的、不好讲的事物化抽象为具体，引导幼儿调动自身各种感官去感受和体会，更愿意主动去探索学习。

所以对于电子产品，我认为教师的态度应是有底气地将其转化为学习用具，而非视之为“洪水猛兽”。应当看到，信息技术正以其独特优势，助力我们做好新时代学前教育，有助于实现幼有所育。

（武汉市汉阳区玫瑰第二幼儿园　吴炎坤）

附教学活动方案：

大班社会活动：快乐共享

汉阳区玫瑰第二幼儿园　吴炎坤

（中央电化教育馆创新教学实践观摩活动全国一等奖作品）

一、设计意图

一段时间以来，共享单车在我国各大城市火了，这种只要扫一扫二维码就可以骑走的单车，解决了人们出行“最后一公里”的问题，赢得了不少人的喜爱，也引发了孩子们的好奇。“为什么大家都能骑?”“这些颜色一样的自行车是如何使用的呢?”共享单车的亮点在于“共享”二字，它既意味着资源的共享，也意味着文明的共担。《指南》中指出：“社会领域的学习与发展过程是其社会性不断完善并奠定健全人格基础的过程。”“在良好的社会环境及文化的熏陶中学会遵守规则，形成基本的认同感和归属感。”“共享”本身就是一种自律性理念，该活动旨在结合社会生活实际，引导幼儿发现身边的共享二维码，帮助幼儿了解共享规则的重要性，学习自觉遵守共享规则，尝试创造共享规则，通过自律和共享实现“与人方便，与己方便”。

二、活动目标

1. 感受资源共享给人们带来的方便，体验合作的快乐。

2. 初步理解“共享”规则的重要性，并自觉遵守规则。

3. 能设计共享规则，并大胆表达自己的想法。

三、活动准备

1. 知识经验准备：幼儿能熟练操作平板电脑。

2. 物质材料准备：PPT课件、人手一台平板电脑、二维码图片、各类共享物品、视频等。

四、活动过程

（一）观看视频，激发幼儿参与活动的兴趣

1. 提问导入：今天你们是乘坐什么交通工具来幼儿园的呢?

2. 观看视频：观察共享单车的使用方法。

（二）讨论概念，理解快乐共享资源的理念

1. 思考：你们知道它为什么叫共享单车吗?

2. 介绍共享理念。共享：共同使用，一起分享。

3. 思考：为什么要有共享规则？共享规则有什么作用？共享规则重要吗?

4. 观看视频：幼儿了解在共享理念下产生的新鲜事物。

（三）共享游戏，细心发现身边共享二维码

幼儿寻找身边隐藏在活动室的二维码，并扫描体验使用共享物品带来的快乐。

（四）设计规则，分组商讨设定出共享规则

1. 幼儿自由交流共享物品。

2. 幼儿操作电子书包，设计共享规则。

（五）生成图画，为共享物品佩戴上二维码

1.分享自己设计好的共享规则。

2.将共享规则转化成二维码并贴在物品上，体验合作取得成功的快乐。

五、活动延伸

1.回家后与父母分享自己探讨发现的共享规则，并告诉大人也要自觉遵守规则。

2.结合主题活动开展“玩具共享”“图书共享”等活动。

十四、浅谈“发展幼儿自理能力”——《生活中的常见标志》中班社会活动课例分析

（一）课例背景

中班幼儿活泼好动、能够积极地运用感官去探索、了解新鲜事物。随着身心的发展，儿童对周围的生活更感兴趣并充满探究欲，而各种标志是生活中的重要组成部分，在我们生活的周围有许多这样那样的标志会提醒我们要注意某些事项，所以我们需要引导孩子去认识它们。借助绘本《兔子先生去散步》，将生活中的一些标志以有趣的情节串联起来，引导幼儿学会观察常见标志，了解它们的含义。绘本中画面连贯，前一页的右侧隐含着下一页即将发生的内容。让孩子们通过仔细观察，发现故事的线索，而且这个故事本身的趣味性会引发孩子们对标志的作用和意义的好奇，并激发孩子们探索的兴趣，进而愿意认识更多生活中的常见标志，加强对常见标志的理解。

（二）活动片段实录及分析

1.课例事件1：常问“你是怎么知道的?”——认真观察，注意细节

教师：“绿草地上有一所小房子，猜猜会是谁的家，你是怎么知道的?”

天天：“兔子，有兔子标志!”

教师：“对啦，表扬天天注意到了旁边的小小标志。”

教师：“那么是兔子先生呢还是兔子小姐？你怎么知道?”

乐乐：“兔小姐。”

阳阳：“兔先生，他有领带。”

教师：“哦，戴领带一般是先生的标志。原来他是戴领带的兔子先生，阳阳看得真

仔细，能从小地方发现秘密。我们和他打个招呼吧——兔子先生你好！”

齐声：“兔子先生你好！”

2.课例事件1分析

孩子们的观察能力很强，我们要做的就是引导他们感受情境，善于观察。教师的提问要有目的指向性，要认识标志就要引导孩子注意观察哪些地方有标志。同时要注意问题的层次递进性，以故事情节为线索，引导孩子们注意细节，联系生活经验，展开想象。让孩子在这过程中逐步猜测、了解标志的含义。

3.课例事件2：认识各种生活中常见的标志——逐层递进，认识更多标志

教师：“这个故事好听吗？你们喜欢吗，为什么？”

幼儿：“它提醒我们要注意安全，注意看标志。”

教师：“这个故事确实很好听，还很有趣，让我们认识了许多标志。我们小朋友生活的地方也有一些标志，你认识它们吗？”

（出示生活中常见的标志，说一说。）

教师：“这个标志上有些什么，它是什么意思呢？你在哪里见过这个标志？”

幼儿积极踊跃发言。

教师：“总结看来呀，这些个标志在我们生活中很重要。今天这些标志也来到了幼儿园和小朋友玩起了捉迷藏，它们藏在你的小椅子下面，你能拿出来拼一拼，把它们组合出来吗？”

4.课例事件2分析

幼儿对动手操作拼图活动非常感兴趣，也能主动大胆地表述自己的操作过程。从幼儿活动的表现来看，大部分小朋友能目测并马上拼出正确的标志，当有的孩子把位置拼错时，有同伴主动去纠正过来。幼儿在活动中加强了合作精神，并在这次活动中获得了新知识。

5.课例事件3：分析归类，尝试自己设计标志——继续提升，加深理解

幼儿讲讲自己知道的安全标志有哪些，丰富幼儿的认识。

教师：“我们生活中有这么多的标志，你们刚才也认识了很多。你们来看看，这些标志是什么颜色，什么形状的？首先来看看是什么颜色的。”

幼儿：“有黄色，黑色……”

教师："看完了颜色我们来看看这些标志是什么形状的。"

幼儿："三角形、圆形……"

教师小结："我们发现这些标志有蓝色的、黑色的、红色的、绿色的、白色的、黄色的，还有圆形的、三角形的和长方形的。那么这些标志又是表示什么意思呢？接下来我们来看几个主要的标志。"（鼓励幼儿尝试着根据事物的主要特征想象各种标志的意思，然后尝试自己设计标志。）

6.课例事件 3 分析

这个环节主要引导孩子了解生活中常见标志的意义，感受安全与人们生活之间的关系，增强自我保护意识。设计标志也是为这一目的服务的。坚持以孩子为主体，充分相信每位幼儿都蕴藏着巨大的潜力。让孩子们先发表看法，我再用规范性的语言来小结，加深他们的理解。最后孩子们自己都可以给标志大体分类，并用规范的语言来说出标志的意义，也为尝试合作设计标志做好铺垫。

（三）课例中反映出的问题

《兔子先生去散步》这本绘本是日本作家五味太郎的作品，绘本的内容看似很简单，但内涵很丰富。为结合本次活动的主题，我选择标志这一条线索来导入，而这本书最吸引我的是绘本中的标志能引发幼儿无穷的想象，以及它给予孩子自由创作的空间和一种崭新的理念。有了它的引导，幼儿在后续环节中都能踊跃地表述自己的想法，在理解标志意义的环节，孩子们能说出和别人不一样的看法，可见该绘本作为导入工具还是很有价值的。通过故事入手，发掘标志的作用和内涵，使孩子们意识到标志在现代生活中的重要性。利用故事绘本作为活动开展的起点，让孩子们通过欣赏标志以及思考分析问题来了解标志，为本次活动的目标做铺垫，激发了孩子们的兴趣。活动环节中让孩子们了解标志的种类，尝试拼图组合标志，同时列举生活中自己熟悉的标志，进一步加深对标志的认识。通过展示有代表性的标志范例，明确、直观地让孩子们了解标志的构成形式及其包括的类型，有力地解决了孩子们对标志形式理解困难的问题。

标志的设计要求是本次活动的重点也是难点，因此可利用标志图例，一步步展示创作标志的每个基本要求。孩子们通过设计标志，将个人的思考融入自己设计的标志中，真实反映出孩子们对于“标志”的理解。整节活动教学流畅，环节设置合理，最终的教学效果良好。从每一个教学环节来看，设计层次是非常分明的。

但是在这个活动的设计中，我有几方面欠缺考虑。首先是对于绘本中这些非规范的标志，我不知道是否该着重讲讲，因为这些标志是作者富有想象力的创作，而不是社会上常见的标志；最后一个环节中，应该请孩子们先来猜测一下别的小朋友设计的标志，而不是直接分享就结束；整个活动时间偏长，还存在一些可做优化调整的地方。

（武汉市实验幼儿园　熊立群）

附教学活动方案：

中班社会活动：生活中的常见标志

武汉市实验幼儿园　熊立群

一、设计意图

中班孩子虽思维较活跃，但发现问题、大胆提出问题的能力相对还有所欠缺。生活中的标志很多，孩子们很少留意或者不明白它们的含义。为让孩子们对生活中的常见标志有一定的了解，我设计了这个活动。从《兔子先生去散步》的故事出发，将生活中的一些标志以有趣的情节串联起来，从孩子兴趣点入手，引导幼儿学会观察常见标志，了解它们的含义；并逐层递进鼓励孩子在拼图、设计标志的环节中认识标志、探索标志、感知标志在生活中的作用。

二、活动目标

1.认识生活中的常见标志，并了解其意义和用途等。

2.大胆猜测常见标志的意义，增强幼儿的自我保护意识与能力。

3.尝试合作设计新标志，感受标志对我们生活的帮助。

三、活动准备

1.幼儿前期经验准备。

幼儿已经对生活中的各种标志有所认识；幼儿对生活中的一些图标、图示有相关经验。

2. 物质材料准备。

兔子手偶一个、《兔子先生去散步》PPT、幻灯机、标志拼图若干份。

3. 活动环境准备。

利用主题墙的现有设计将教室布置出小兔子生活化的场景，幼儿座位摆成马蹄形。

四、活动过程

1. 师幼一起进入小兔子生活化的场景里，引导幼儿观察说出小兔子的家，引出故事《兔子先生去散步》。

2. 以故事情节为线索，联系生活经验，展开想象，试着根据事物的主要特征想象各种标志的意思。

（1）播放课件：

兔子先生从家里出来，要到外面去走走。一出门就看到一个标志。咦？这标志好奇怪啊？我们可能见过，但兔子先生从来没看到过。有点难了，你猜是什么？这个形状像什么？（什么东西是这种形状？）

（2）继续播放课件：

他继续朝前走，又看到了一个奇怪的标志，这个也看不懂！小朋友当你遇到不懂或不知道的事情，你会怎么做？（幼儿尝试求助。）可是，兔子先生没有看懂，他继续往前走。

小结：遇到困难不要急，动动小脑筋，也可以去求助别人，互相帮助。

（3）认识各种生活中常见的标志。

3. 玩拼图，寻找生活中的标志。幼儿尝试拼图，巩固对这些标志的认识。

五、活动延伸

尝试合作设计新标志，去操场做游戏并续编新故事。

教师："我们小朋友现在知道这么多的标志，那如果兔子先生又要去散步了，你能为他设计一些新标志吗？又会发生什么新故事呢？接下来的游戏活动中我们一起来试试。"

十五、浅谈"学以致用"发展幼儿自理能力——《子儿吐吐》小班健康课例分析

（一）课例背景

《指南》中指出幼儿很大程度上将认识依赖于行动。小班幼儿的认知很大程度上是在行动中进行的，且易受外部事物及自己情绪的影响，无意性占优势。我留意到小班幼儿在吃水果时遇到"籽儿"经常会"囫囵吞枣"，怎样让孩子习得正确的"吐籽"方法？简单重复的说教效果并不理想。在本活动中，我创设了温馨的家庭式生活环境，以浅显精练的小故事配以PPT引发幼儿看看、想想、说说：小猪是怎么吃木瓜的？木瓜籽能吃吗？吃下去会怎样？调动幼儿的已有生活经验，再迁移到平时常见的水果的吃法上，形象鲜明的水果横切图让幼儿很容易就知道了哪些水果该吐籽，哪些不必吐籽，直接就能运用到生活中。孩子们获得经验提升的同时，自理能力也得到了发展。

（二）活动片段实录及分析

1.课例事件1：这是什么水果？——设置悬念，积极表述

教师：（出示木瓜实物并让幼儿闻一闻、摸一摸）"有谁知道这是什么水果吗？"

（大多数孩子不出声。）

阳阳："梨子。"

坨坨："瓜。"（很难直接说出正确答案。）

教师："看来大家都不太清楚。没关系我们先来读一下这个绘本，就会知道了。"

教师："刚才观看了动画片，现在谁知道这是什么水果？"

齐声："木瓜！"

2.课例事件1分析

《子儿吐吐》这个活动就是在幼儿已经接触过水果并初步了解了水果的外部特征等信息后，来和幼儿一起分享吃水果过程中的有趣经历。让孩子们一波三折地感受到了胖脸猪的经历后，孩子们对于水果的关注开始转移到了水果的“内在”——存在但却常被忽略的“子儿”；帮助幼儿实现在教学活动之中和之外都能做到有话可说。

这是将幼儿自己的生活经验引入到故事当中，让幼儿伴随着《子儿吐吐》的故事，进一步深化对“子儿吐吐”的感受。而执教过程中我也发现，孩子们关于“头上长树到底好不好”的语言表达是最多的，并且表达出来的信息也是最丰富的。由此我们也可以证实，过往的生活经历是幼儿表达的一个重要源泉，而当下的感受是更能刺激幼儿表述的直接经验。

在很多的教学活动中，幼儿对于问题的答案都是比较相似或者模式化的。这既有教学活动进行的需要，也是我们的教学预设造成的。然而如果我们将问题“同步”在幼儿的感官参与过程之中，结果就将大不一样。因为，即使针对同一事物，每一个人的感官感受和视角都是不同的，这样，我们所能获得的“答案”也将“五彩纷呈”。《纲要》在语言领域，不也是要求幼儿教师营造“幼儿想说，敢说，并得到积极回应的氛围”吗?

3.课例事件2：这里面的水果你吃过哪些，有没有籽？——调动已有经验，观察发现

教师：出示水果图片“请你看看，哪些水果你吃过?”

（小朋友们开始七嘴八舌地抢答。）

阳阳：“苹果。”

坨坨：“香蕉。”

教师：“不要着急，我们一个一个地说，尽量和别人的不重复。”

小雨："我爱吃橘子、柚子、橙子。"

……

教师："哇，真棒，小朋友吃这么多的水果！可谁能告诉我，你吃的水果都有籽吗？"

天天："甜瓜有籽。"

阳阳："还有西瓜。"

4.课例事件2分析

小班幼儿的感知觉逐渐完善，对生动形象、色彩鲜艳的事物和形象容易认识，但幼儿的观察带有很大的随意性，往往碰到什么就观看什么，顺序紊乱，前后反复，也多遗漏，只能观察到事物的粗略轮廓，看到事物的表面现象，容易因外界新异刺激的干扰而不能持久，而且受情绪的影响很大。教师指导幼儿观察时，要使幼儿明确观察目的，激发幼儿的观察兴趣，教会幼儿观察的方法，促进幼儿观察的发展。3～4岁幼儿的记忆带有很大的无意性，他们对那些形象鲜明、具体生动、能够满足幼儿个体需要或者能激起强烈情绪体验的事物很容易记住，他们所获得的知识，多半是在游戏和其他活动中"自然而然"地记住的，有的甚至会保留终身。实验证明，当记忆事物能够成为幼儿活动的对象或活动产生的结果，记忆则较容易。因此，凡要幼儿记住的东西，必须直观形象、鲜明生动，为儿童所喜闻乐见。

《纲要》中关于语言的目标指出，幼儿园阶段的语言活动，更侧重的是对幼儿语言表达能力的培养。而小班幼儿的认知特征是具体直观的，因此小班的教学内容在选择上应该以更加具体的、可以有感官接触经验的内容为首选。过于抽象的、脱离幼儿直接经验的内容，往往就让孩子缺乏参与的兴趣。

5.课例事件3：提问关于吃水果吐籽的生活经验

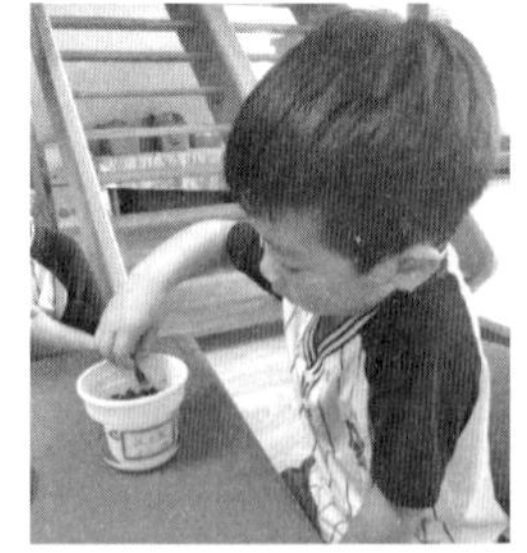

教师："你们让老师也知道了原来这么多水果有籽，那么你们以前吃水果遇到籽是怎么办的呢？"

天天："吃了。"

教师："以后吃水果再遇到籽应该怎么办？"

齐声："吐掉！"

6. 课例事件3分析

《子儿吐吐》是一本充满童趣、画面丰富的绘本，我截取了绘本的主要故事线索，设计了这次健康活动。吃瓜不吐籽违背生活常识，缺乏生活知识的幼儿就很容易犯下这样小小的错。

在日常生活中，我们会在孩子们吃水果的时候，教孩子们把水果籽吐出来，并让孩子们仔细观察水果籽的样子，有些水果有一粒籽，有的水果有很多籽，还有的水果没有籽，让孩子数一数，看一看，孩子们也会专心地吃水果。孩子们能通过这样的方式发现不同的水果籽的样子是不一样的。并请孩子们将柠檬的籽种在了植物角，孩子们每天都期盼着柠檬籽能快点发芽，快快长大。对于剥皮的水果，我们将剥皮吐籽的方法教给幼儿，并尽量让孩子们自己去剥。日常活动中孩子们自己去发现、去探索，不仅锻炼了动手能力，也满足了探索精神。没有感性认识，就没有理性表达。蒙特梭利说过“我听过了，我就忘了；我看见了，我就记得了；我做过了，我就理解了”。对于小班幼儿来说，很多抽象的词汇和故事情节内容以及所包含的意义，不是“旁听”一下就能领会的，只有在充分的感官参与的过程中，幼儿才能积累起丰富的生活经验，幼儿才能“有话可说”。

在上述课例中，既有回忆中的感官经验，也有直接感官经验。“你还吃过哪些水果是有籽的?”这是从故事跳跃到幼儿自己的生活经验，从这里一直到“请你吃一吃，把有籽水果的籽吐在手心里”，是让幼儿从抽象的回忆到直接的尝试，进一步深化幼儿对“子儿吐吐”的感受。而从案例描述中我们也可以发现，孩子们在吃有籽水果的过程中语言表达是最多的，并且表达出来的信息也是最丰富的。由此我们也可以再次证实，过往的生活经历是幼儿表达的一个重要源泉，而当下的感受是更能刺激幼儿表述的直接经验。

（三）课例中反映出的问题

小班幼儿的心理特点是自我中心，一切从“我”出发。小班幼儿对于他人和客体的关注并不是特别强烈，也很难换位思考来体会他人的感受；相反，他们对于自我的关注度非常高，对于自我的诉求强烈，一切从他们自身出发的事物，都能引起他们更高的兴趣。

在这个活动的前面几个环节，都是在讨论小猪胖脸的故事，而到了这里，则从“小猪……”转到“你……”，即提问对象、讨论主角变成了幼儿自身：“你还吃过……”“那我们吃这些……”本来是小猪胖脸在“子儿吐吐”，最终变成孩子们在“子儿吐吐”；本来是孩子们在解读小猪胖脸的故事，最终是自己在热烈地“吃开了”“聊开了”。从客体到主体的转变，让幼儿有感而发、有话要说：“老师，西瓜籽有点黑黑的……”

一个问题有多少种答案？在很多的教学活动中，我们的问题的答案都是比较统一或者模式化的。这既有教学活动进行的需要，也有我们在教学设计上的先天禁锢。然而如果我们将问题“储藏”在幼儿的感官参与过程之中，结果就将大不一样。因为，即使针对同一事物，每一个人的感官感受和视角都是不同的，这样，我们所能获得的“答案”也将“五彩纷呈”。

在这个环节的设计是一个实际试吃并交流讨论的环节。我的本意在于让幼儿在经验总结中延伸思路，在吃有籽水果的过程中，获得并交流各自的信息，使总体的感官感受和语言表达呈现开放和多元的状态。在吃有籽水果的过程中，孩子们确实按“有籽要吐”这一我所预设的目标来进行。同时，从孩子们在吃有籽水果、吐水果籽的交流中我们可以抓住以下信息，即孩子们在关注的是不同水果的籽的形状、数量以及“水果的籽到底是什么？”“为什么有的水果有籽而有的没有？”……这些信息是可以支持孩子们在活动之外继续讨论并表述的重要元素。

本次活动中，我为幼儿创设一个静态的故事情景，让他们进行丰富的、动态的想象，并乐意表达。幼儿的表达形式动静交替，使得活动更为生动有趣。让幼儿置身于一个有趣的童话世界中，通过感受胖脸猪的惊险经历，引发幼儿的想象，使幼儿的思维与情绪跟随着胖脸猪的经历而变化。使幼儿通过故事了解在吃有籽的水果时要吐籽，并且在吃东西时要细嚼慢咽，还要注意食用水果的饮食卫生。

（武汉市实验幼儿园　熊立群）

附教学活动方案：

小班健康活动：子儿吐吐

武汉市实验幼儿园 熊立群

一、设计意图

水果种类繁多，以其香甜的口味、诱人的外形，让孩子们爱不释手。一大部分水果都是有籽的。小班幼儿年龄小，动手能力相对较弱，很大一部分孩子对于有籽水果怎么吃、吃哪里都不知道，生活自理能力和生活习惯较弱。

《指南》中指出幼儿很大程度上将认识依赖于行动。3岁儿童的认知很大程度上是在行动中进行的，且易受外部事物及自己情绪的影响，无意性占优势。因此在本活动中，我创设了温馨的家庭式生活环境，以浅显精练的小故事配以PPT引发幼儿看看、想想、说说：小猪是怎么吃木瓜的？木瓜籽能吃吗？吃下去会怎样？调动幼儿已有生活经验，再迁移到平时常见的水果的吃法上，形象鲜明的水果横切图让幼儿很容易就知道了哪些水果该吐籽，哪些不必吐籽。

二、活动目标

1.喜欢吃水果，知道吃水果对身体有益处。

2.了解许多水果都有籽，知道吃水果要吐籽。

3.能用正确的方法吃水果，会吐水果籽。

三、活动准备

1.经验准备：幼儿吃过有籽水果并初步了解了水果的外部特征等信息。

2.物质准备：木瓜实物、《子儿吐吐》PPT、若干有籽的水果图片、有籽水果若干，保健医生。

四、活动过程

1.认识胖脸。

小猪幼儿园里有许多小猪，有一只小猪的脸很胖很胖，他有个名字叫胖脸。胖脸为什么这么胖呢？

2.欣赏故事，想象讨论。

（1）木瓜以及中间黑黑的是什么？

（2）胖脸的籽到哪儿去啦？

（3）木瓜的籽能吃吗？吃到肚子里会怎样？

(4) 胖脸的头上真的会长木瓜树吗?

(5) 胖脸做了一件什么事让他放心头上不会长树?

3.观察图片并讨论。

我们常吃的水果里有没有籽?逐一看看水果切开后的图片,找找它们在哪里。

4.吃吃有籽水果并说说应该注意的问题。

5.请保健医生带幼儿做“肠道保健操”。

十六、师幼互动中教师如何回应更有效——《感受一分钟》大班科学课例分析

(一)课例背景

最近总是听到孩子在聊“时间”的问题。“我到得比你早。”“我吃得比你快!”“老师,时间是什么啊?为什么白天那么快就变成黑夜啦?”在这样的契机下,教师设计了这节教学活动,开始了关于“时间”的探索。

《指南》中提出:“引导幼儿感知和体会生活中很多地方都用到数,关注周围与自己生活密切相关的数的信息,体会数可以代表不同的意义。”时间与我们的生活是任何时候都息息相关的。为了能够准确地掌握时间,人类发明了钟表。有了钟表,我们不但可以准确地掌握时间,还能有效地把握时间,防止时间无谓地流失。大班的孩子对时间已经有初步的了解,我们已经认识过整点、半点,但是还没有认识过具体的时间概念。通过这次活动让孩子们感受一分钟的时间长度,具体地学习分秒关系,也希望这次活动能够让孩子们认识到时间的宝贵。

科学探究是严谨的活动,需要充分激发幼儿的兴趣参与探究活动。“师幼互动是教师与幼儿双方共同参与‘敞开’与‘接纳’的过程。”如何敞开,如何接纳,如何回应才更有效?这都是科学探究活动中急需探索的问题。

(二)活动片段实录及分析

1.课例事件1:初步感受“秒”——动画的导入,幼儿产生兴趣

教师:“今天有很多动物要赛跑,你们猜猜看,哪个动物会最快到达终点呢?”

幼儿1:“肯定是小兔子。”

幼儿2：“小猴子！”

教师：“刚刚我们看完动画，谁先到达终点？”

幼儿3：“小兔子！”

教师：“小兔子用了多长时间到达终点的？”

幼儿4：“小兔子用了8秒钟到达终点。”

2.课例事件1分析

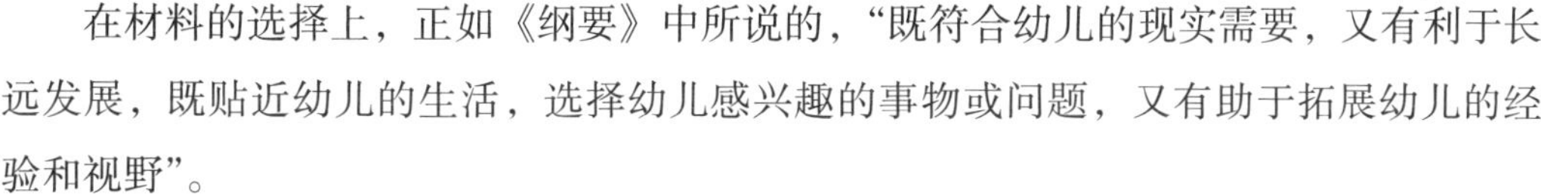

在材料的选择上，正如《纲要》中所说的，“既符合幼儿的现实需要，又有利于长远发展，既贴近幼儿的生活，选择幼儿感兴趣的事物或问题，又有助于拓展幼儿的经验和视野”。

在认识“钟表”中，孩子对“秒”的概念说不清楚，不知道1秒钟有多长，老师通过导入制作的动画，由“动物赛跑”的故事引入主题，极大地引起了孩子们的兴趣，让孩子们大胆猜想，并且通过多次播放动画，引导幼儿学会观察“钟面”上的时间，将抽象的概念具体化到故事中，让幼儿很直观地感受到“秒”，感受到“时间”的作用。

3.课例事件2：认识“一分钟”　——师幼互动，帮助幼儿巩固经验

教师：“孩子们，时针、分针、秒针，三种针谁走得快，谁走得慢呢？我们来看一看。”

幼儿1：“时针走得快。”

教师：“对吗？我们再来看一遍。”

幼儿2：“不对，秒针走得快。”

教师：“那到底谁说得对呢？我们来看看我们的时钟，哪个是时针，哪个是秒针呢？”

4.课例事件2分析

《指南》中提出：“幼儿科学学习的核心是激发探究兴趣，体验探究过程，发展初步的探究能力。成人要善于发现和保护幼儿的好奇心，充分利用自然和实际生活机会，引导幼儿通过观察、比较、操作、实验等方法，学习发现问题、分析问题和解决问题。”

课例中，老师提出问题：三种针谁走得快，谁走得慢呢？孩子们给出了不同的回答，老师并没有立即给出答案或者评价幼儿的回答是对是错，而是再次播放了视频，引导幼儿仔细观察，并重点引导幼儿回顾知识点：哪个是时针，哪个是分针。这样极大地“保护”了幼儿在科学探究中的好奇心，并且有目的地引导幼儿学会遇到问题时要想办法解决。师幼互动中，充分尊重了孩子的年龄特点，说错的孩子，也不会在这个过程中感受到挫败感，相反，老师引导孩子再次巩固了经验，孩子记忆会更加深刻。

5.课例事件3：“一分钟”游戏——幼儿自由探索，感受“一分钟”，学会珍惜时间

教师：“孩子们，一分钟能做什么事情?”

幼儿1：“很多很多事情啊!”

教师：“那你很棒！大家玩过‘夹花生米’的游戏没？猜猜看，一分钟里，你可以夹多少个花生米?”

幼儿2：“60个。”

幼儿3：“应该没有那么好夹，我猜15个吧。”

教师：“大家想知道自己到底可以夹多少个吗？赶紧自己来试试！在游戏时，记得边游戏边做好记录。”

教师小结：“原来一分钟时间是非常短暂的，所以小朋友们要学会珍惜时间。”

教师：“那拍球呢？大家一分钟能拍多少个?”

幼儿4：“拍球有点难，我猜10个。”

幼儿5：“我最喜欢拍球了，我应该可以拍20个。”

教师：“好的，把你们的猜想记下来，然后赶紧自己试试。”

幼儿6：“没问题。”

教师小结：“原来只要你学会了珍惜时间，一分钟还是可以完成很多事情的。”

6.课例事件3分析

《纲要》中指出“游戏是幼儿园的基本活动”，更是幼儿热衷的学习方式，他们非常喜欢做游戏，因此，科学探究活动应以游戏为主体架构，让幼儿从头到尾始终在欢快的游戏中大胆猜想、探究，体现以人为本的理念。

课例中，教师通过“夹花生米”的游戏引导幼儿认识到，时间会流走得很快，我们要学会珍惜时间。紧接着通过“拍球”的游戏，让幼儿有意识地通过拍球动作幅度、速度的变化，体验到不同的游戏结果，进而让幼儿体会到，只要我们学会珍惜时间的方法，一分钟里可以完成很多事情。游戏的选择非常具有连续性，起到了相互呼应的效果。

（三）课例中反映出的问题

1.科学探究活动中如何激发幼儿的好奇心

《纲要》中指出：“幼儿的科学教育是科学启蒙教育，重在激发幼儿的认识兴趣、探究欲望。”活动中，老师将生活中常见的时钟作为教学内容，其实孩子对时钟的概念是抽象的，而老师通过前期的充分准备，为幼儿提供适宜的动画材料以及游戏等，极大地激发了幼儿的探究兴趣。

苏霍姆林斯基说过“所有的智力活动都依赖于兴趣”。课例中，老师设计的游戏简单易操作，也都是孩子熟悉并且喜欢的，所以孩子们在游戏中探究得很愉快，而且过程中孩子边游戏边记录，主动性强。可见，充分了解孩子的年龄特点及兴趣特点，可以很好地激发他们的好奇心。

2.师幼互动中，幼儿回答不一致时，教师如何回应

“师幼互动是教师与幼儿双方共同参与‘敞开’与‘接纳’的过程。”如何敞开，如何接纳？这就好比“抛球”与“接球”一样，我们既要接住球，还得用合适的方法回应。课例事件2中，当老师抛出问题，孩子有不同的回答时，老师没有立即给出评判，而是通过再次观看动画，让幼儿有目的地观看，寻找结果。回答错的幼儿通过老师的“无声”回应，认识到可能是自己对于时钟的概念理解得不清楚或者记忆得不牢固，进而主动学习，习得经验，没有挫败感，反而从中体会到科学探究活动的有趣。

教师充分了解到大班幼儿好胜心强这一特点，如果及时给予答案或者评判，会让幼儿产生极大挫败感，从而没有兴趣进行后面的活动。因此，教师充分尊重幼儿的年龄特点，给出了恰当的回应。可见，回应的好坏，还得取决于是否充分了解幼儿。

3.科学探究活动中，游戏如何选取

“幼儿园应为幼儿提供健康、丰富的生活和活动环境，满足他们多方面发展的需要，使他们在快乐的童年生活中获得有益于身心发展的经验。利用游戏的教育价值，以游戏为基本活动，在游戏中学习并获得知识，寓教育于生活和游戏当中。”在课例事件3中，老师充分利用了“夹花生米”和“拍球”两种游戏的价值。首先，这两类游戏对大班幼儿来说最为熟悉，并且两个游戏动静结合，一个是需要放慢动作幅度的游戏，一个是需要加快动作幅度的游戏，两个游戏对比明显，且孩子们都喜欢。其次，选取这两个游戏很好地达到了“感受一分钟”的目的。让幼儿先通过夹花生米感受一分钟会很快溜走，要珍惜时间。紧接着，拍球时通过加快动作幅度节约了很多时间，

让幼儿明白，只要学会珍惜时间的方法，一分钟里可以做很多事情。游戏选择巧妙，很好地服务于科学探究活动。

（武汉市实验幼儿园　於琼芳）

附教学活动方案：

数学活动：感受一分钟（5~6岁）

武汉市实验幼儿园　陈志斌

一、设计意图

时间与我们的生活是任何时候都息息相关的。为了能够准确地掌握时间，人类发明了钟表。有了钟表，我们不但可以准确地掌握时间，还能有效地把握时间，防止时间无谓地流失。大班的孩子对时间已经有初步的了解。我们已经认识过整点、半点，但是还没有认识过具体的时间概念。我想通过这次活动让孩子们感受一分钟的时间，具体地学习分秒关系，也希望这次活动能够让孩子们认识到时间的宝贵。

二、活动目标

1.乐于参加“一分钟”的游戏活动。

2.建立一分钟的时间概念，初步理解秒与分的关系。

3.通过“一分钟”的游戏活动，懂得时间的宝贵。

三、活动准备

1.经验准备：认识时钟，能够分辨时针、分针、秒针。

2.物质准备：多媒体Flash《认识时间》、球、瓶子、花生米、盘子、筷子、记录表。

四、活动过程

（一）导入活动

教师给孩子播放动画《动物赛跑》，初步感受“秒”。

（二）认识一分钟

1.观察时钟，复习时针、分针、秒针，感受三种针走动的快慢。

2.感受秒钟走动。教师播放Flash，让幼儿观察。

3.认识一秒钟。秒针每走一个格子就是一秒钟。

4.理解秒与分的关系。教师播放Flash，让幼儿观察。

5.观察分针的走动。教师播放Flash《一分钟》，让幼儿观察分针的走动情况。

6.总结：秒针走一圈是60下，也就是60秒；分针走动了一下就是1分钟。所以60秒就是1分钟。

（三）“一分钟”游戏

1.教师再次播放Flash，让幼儿闭上眼睛感受一分钟有多久。

2.讨论：一分钟能做什么事情？

3.游戏一：夹花生米。

（1）让幼儿预测自己能够在一分钟内能夹多少花生米，并记录下来。

（2）幼儿一分钟时间夹花生米。

（3）是否完成，并记录下来。

（4）小结：原来一分钟时间是非常短暂的，所以小朋友们要学会珍惜时间。

4.游戏二：拍球。

（1）让幼儿预测自己在一分钟内能拍多少下球，并记录下来。

（2）幼儿一分钟拍球游戏，并将结果记录下来。

（3）小结：原来只要你学会了珍惜时间，一分钟还是可以完成不少事情的。

（四）总结

今天我们一起认识了秒，并且还知道了1分钟有60秒。我们还知道了生活中也有许许多多和秒有关的事情。看来秒在我们的生活中是非常重要的，秒过得很快，一瞬间就过去了，所以时间是非常宝贵的，小朋友们也要珍惜自己的时间，做更多有意义的事情。

五、活动延伸

教师播放《生活中的秒》，让幼儿感受生活中重要的秒。

十七、如何在篮球活动中提高幼儿的心理健康与社会性发展——《传接球与篮球赛》篮球队课例分析

（一）课例背景

早在2014年我就曾尝试将篮球运动与幼儿体育活动相结合，该尝试在孩子、家长和老师们中都获得了很大的反响。孩子们十分喜爱篮球这一项运动，部分孩子的身体

和心理的发展也远远超出了我的预期。注意到这一点后，我园在2018年将篮球活动正式定为体育特色活动，并组建了幼儿园篮球队。

篮球活动中，教师在注重幼儿的身体素质发展和动作技能发展的同时也要注意幼儿的心理健康发展和社会性发展。那么如何在篮球活动中发展幼儿的社会性呢？众所周知，篮球是一项需要团队合作的竞技性运动，因此，在篮球活动中有许多发展幼儿社会性的契机。许多教师认为体育活动应该重在提高幼儿身体素质和动作技能，而往往忽略掉了其中包含的幼儿心理健康和社会性的发展契机。其实，在体育活动中身体健康、心理健康、社会性三者的发展是相辅相成的。通过篮球这一媒介可以有机地将三者结合，让幼儿能得到更加全面有效的发展。在此课例中我也希望得到关于如何借助篮球活动发展幼儿社会性的启示。

（二）活动片段实录及分析

1.课例事件1：怎么把篮球送进篮筐？——勇于尝试，多角度寻找解决问题的方法

我将孩子们分成了两组，一组手持篮球，一组在篮筐下，将持篮球幼儿阻拦在离篮筐十米外。

教师："小朋友们你们知道在篮球场上怎么样才能得分吗？"

牛牛："要把球投到篮筐里才能得分。"

教师："非常棒！那么现在小朋友们看看，拿了球的小朋友被拦在离篮筐很远的地方容易投进吗？"

依依："我投不进了。"

教师："那应该怎么办呢？"

洋洋："我可以用很大力气把篮球投过去。"

教师："那你来试一试吧。"

洋洋尝试投篮。

洋洋："我投不进，太远了。"

教师："我们不是还有许多小朋友能够到达篮筐下面吗？再想一想。"

慧慧："我们可以把球传给我们的朋友让他们去投篮。"

教师："我们一起再来试一试，把球传给队友看看能不能得分呢？"

陆续有幼儿接到传球后投篮得分。

教师："现在小朋友们知道怎么样才能在篮球场上轻松得分了吗？"

奔奔："我知道了，要和队友一起传球、合作才能更好地得分。"

2.课例事件1分析

在这个课例事件当中，我设计好游戏的场地，指定了游戏的规则，先用提问的方式让幼儿讨论如何进行游戏，幼儿能充分发挥自己的主观能动性寻找解决问题的方法。在有幼儿提出不合适的方案时，我没有马上否定他，而是让他进行尝试，让他能从亲身体验中寻找解决问题的方案。

在过去的教学中许多教师会将游戏的每个细节都固定好，规定幼儿必须照做。虽然这样能让幼儿游戏的成功率提高，更多地体验成功的喜悦，但是这样对幼儿发挥自身的想象力和多角度看问题的能力是一种限制。在适当的范围内让幼儿体验失败更能提高他们追求成功的欲望，能让他们从更多的角度去观察事物。

这一次事件也让我了解到，孩子的潜力是无限的，只要运用合适的方法去引导，就能化解许多困难的问题。

3.课例事件 2：不抛弃任何队友——齐心协力，合作才能得胜利

在传球游戏之后，幼儿分成红蓝两队进行篮球赛。红队暂时处于落后状态，中场休息时红队内部出现了争吵。

"老师我们红队不想要乐乐了。"红队其他 4 名队员向我说道。"为什么呢？"我问他们。

奔奔："乐乐一点用都没有，蓝队投篮他完全挡不住。" 洋洋："是的老师，蓝队的分都是在乐乐那得的。"

这个时候我看到乐乐低着头都快哭出来了，也不愿意说话。

教师："小朋友们是不是都想赢得比赛呀？"

孩子们纷纷点头。

教师："我相信乐乐也十分想获胜，他肯定会为了红队的获胜而努力的。"

这时乐乐也看着我肯定地点点头。

教师："如果你们不让乐乐参加，红队就只有4名队员了，还是一个完整的球队吗？"

大家都摇摇头。

教师："想要赢得比赛必须要5名队员一起努力，乐乐出现了问题我们应该帮助他而不是责怪他，抛弃他。"

乐乐："他们长得比我高，我拦不住他们，但是我的速度比他们快，我可以很快地跑到他们的篮筐，我一定能投进的。"

我与红队马上重新制定了战术，让乐乐专注于进攻，其他队员尽可能为乐乐创造投篮条件。

下半场开始不一会儿，在其他4名队员的帮助下，乐乐利用自身速度和灵活的优势连进3球，俨然成了团队的核心。

4.课例事件2分析

在幼儿园阶段，孩子的合作意识和团队意识才初步形成，还比较淡薄。某一名小朋友在团队中出现问题时他们的第一反应很少是去包容、帮助，而会有责怪、排挤的情况出现。那么怎样去引导孩子正确地处理此类问题呢？这也是此课例想解决的问题。

在团队内部出现问题而孩子们又无法很好地处理时，教师要及时、准确地抓住教育的契机，要让幼儿遇到问题时愿意与你讨论。每个幼儿的个体发展都是存在差异的，某个方面较弱是不可避免的，在团队中要让幼儿学会包容他人的弱项并加以帮助。同时，要学会发现团队中其他成员的优点并配合其优点的发挥。这样每个幼儿就都能找到自己在团队中合适的位置，从而获得成功。在本课例中，我没有批评排斥他人的幼儿，也没有责怪表现不佳的幼儿，而是让他们共同找问题，强化他们是一个团队这个观点，让他们了解到每个人都想为团队出力，所有行动的出发点都是为了团队获胜。同时根据表现不佳的幼儿的个体情况调整战术，让他在团队中发挥更大的作用，让他获得团队的认同。在这里教师要及时地做出干预，否则会让该幼儿更加脱离团队，容易导致其对集体游戏的抵触。并且干预得当也能从侧面让排斥他人的幼儿了解到在团队中每个人都是不可或缺的，让他们学会包容与帮助他人。

5.课例事件3：输了球赛怎么办？——重结果，更重过程

红队经过战术上的调整，下半场奋起直追，在比赛结束前成功反超蓝队，最后以1球险胜，红队小朋友都高兴地一起击掌庆祝。可是这个时候蓝队的小朋友又不高兴了。

蓝队的孩子们围着我说："老师你偏心！本来我们都要赢了，你帮红队打败了我们，不公平！"

教师："老师帮助他们是因为他们出现了问题，红队今天虽然赢得了比赛但是还是要向我们蓝队学习的，蓝队今天配合得很好，5名小朋友都能做到互相合作，给我们带来了一场非常精彩的比赛。"

慧慧："可是，我们还是输了呀。"

教师："老师知道大家都非常想赢得比赛，但是有比赛就会有输赢。你们都看过电视上运动员的篮球赛没有呀？"

牛牛："我看过。"

教师："无论输赢运动员们在篮球赛结束后都会怎么样呢？"

牛牛："他们会互相握手、拥抱，还会交换球衣。"

教师："不错，不管输赢，我们都要尊重我们的队友和对手。在比赛过程中，我们要努力争取胜利。比赛结束后就算失败了我们也不要气馁，只要我们在比赛中尽力就可以了。你们虽然输了，但是在比赛的时候你们都开不开心呀？"

"我们都玩得很开心！"小朋友们一起说道。

教师："对了，我们一定要享受运动和比赛给我们带来的快乐，不要过分地看重输赢。那么，想要赢得下一次比赛我们要怎么做呢？"

"我要更多地锻炼身体，争取比别人跑得都快。"

"我要练习投篮，要能每一球都投进。"

"我们也要改变战术，让我们队的小朋友配合得更好。"

小朋友们马上开始为下一次比赛做准备了。

教师："非常好，我们要在每一次比赛里找到自己的不足，为下一次比赛做好准备，这样我们才能进步，我相信我们每个小朋友都会有胜利的时候。"

6 课例事件3分析

在体育活动中，幼儿的成功欲望是十分强烈的。特别是在竞赛游戏中，孩子都是特别想获得胜利的，一旦失败或者落后幼儿就会产生负面情绪。教师需要进行适宜的引导让孩子们学会接受失败，让一次的失败成为继续努力的动力。

其实，孩子对自己喜爱的事物很少会轻易放弃，但是有时遇到挫折与失败他们找不到很好的解决方法，容易去责怪他人，找其他的客观原因来逃避自身的问题。因此，教师要引导幼儿形成正确的胜负观。我在这次活动中利用运动员赛后表现的例子让孩子们明白对待失败的正确态度，并让孩子主动寻求获得成功的正确做法，让孩子们懂得在体育活动中所有的成绩都是跟平日里的努力挂钩的，要学会注重过程，享受过程，而并非只关注结果。

最后，最重要的是让孩子们在这次活动中锻炼身体的同时收获到快乐，学会如何与他人合作。

（三）课例中反映出的问题

篮球比赛是一个能锻炼孩子综合能力的活动，不仅仅能强健体魄，还能锻炼头脑反应力，也能让孩子们学会如何与人合作相处。但是，以往教师们更看重的是身体锻炼这一部分，对运动智慧、心理健康以及孩子之间的交往合作这些部分关注得不够。

在多次活动后我发现了如果处理好这些问题，能够大大地提升孩子对运动的喜爱，帮助他们形成开朗、坚强的性格。但是，目前我只找到语言引导这一种方法，有些话孩子们还无法很好地理解。我想在体育活动中运用运动的方法也许能更好地解决这些问题，让孩子在快乐的游戏中明白该如何去做。这也是我以后努力的目标。

（武汉市实验幼儿园　张俊夫）

附教学活动方案：

传接球与篮球赛（大班）

武汉市实验幼儿园　张俊夫

一、活动目标

1.喜欢参与篮球活动，感受传接球成功的快乐。

2.初步掌握双手胸前投篮的动作。

3.能主动跑动接球，萌发相互交流和团结合作的意识。

二、活动准备

知识经验：幼儿有运球的经验，会听口哨控制球。

物质材料：篮球幼儿人手1个、标志桶若干。

三、活动过程

（一）准备部分

1.热身活动：教师带领幼儿进行走跑交替活动。

2.球性练习：高低运球。

（二）基本部分

1. 学习双手胸前传接球方法。

传球动作：两脚前后开立，五指自然张开持球在胸前，两臂外展。传球时，后脚蹬地，重心前移，手臂迅速向前伸展的同时，翻手腕并用手指弹拨力量将球传出，重心随之前移。

重点：蹬腿、伸臂、拨球。

接球动作：主动伸臂迎球，触球后随即后引缓冲，在胸腹前接住球。

重点：迎球缓冲护球于胸前。

（1）幼儿两人一组，面对面站好，间距1.5~2米做传接球练习。

（2）投篮距离由近到远，体会改变距离后蹬腿伸臂出球，全身协调用力。

2. 游戏：协同并进。

玩法：幼儿站成两路纵队，两人一组，依次运球到达前方的标志处，抱球传给对面的幼儿，运球协同前进，通过所有标志物后抱球返回到队尾。

规则：协同行进的幼儿根据球的落点，主动做好接球准备；运球行进过障碍；协同滑步、跑步到标志物处传接球行进；运球行进协同配合传接球。

3. 游戏：半场攻防。

玩法：幼儿分两组，运用掌握的技能进行攻防比赛。

重点：教师提醒幼儿进行无球跑位，多传球。

（三）结束部分

1. 放松活动：教师带领幼儿做拉伸性放松活动。

2. 教师带领幼儿回收器械。

十八、师幼互动与幼儿共增智慧，适宜干预为游戏添乐趣——《丛林探险》中大班体育循环活动课例分析

（一）课例背景

早在2014年我园就开始尝试幼儿园户外大循环活动，期间整合了当下比较流行的元素和丰富有趣的情境，通过为幼儿提供丰富的游戏材料，促使其在游戏中遵循一定的路径，并往返循环、不断重复，进而促进其身体素质的全面提升。幼儿的循环游戏也具有循环训练的特点，循环游戏应以幼儿为主体，为幼儿设计自由的、适应不同个

体的自然而然的动作，向幼儿愉快地展示游戏世界。

在循环活动中，场地较大，参与人数多，幼儿快速转换于不同区域。我作为组织者需保证活动整体的顺利进行，很难做到及时地干预和点对点地指导，因此其他参与教师对幼儿的干预就尤为重要。干预的时机与干预的方法会直接影响活动目标的达成，部分教师干预的时机和方法还存在着许多问题，在不当时机运用不当的干预方式甚至会有安全隐患。此次案例分析意在探寻在循环活动中如何选择适当时机，运用适当的干预方式对幼儿进行干预。

户外体育循环活动一直受到幼儿的广泛喜爱，在活动中孩子能自主选择各种器材的玩法，在更广阔的场地中与更多的幼儿、教师、材料进行互动游戏，在愉快的游戏中不知不觉地提高身体素质与动作技能。在活动之前需要幼儿掌握走平衡、奔跑、攀爬、跳跃、投掷等基本动作，有一定与他人合作游戏的经验。

为了满足每一名幼儿的运动需求，在循环活动中要多数量、多种类地投放材料。在材料的选择上，为便于操作及发挥幼儿自主创造力，以日常游戏中常见的低结构材料为主。

投放材料：木梯组合、长凳、轮胎、平衡木、塑料凳、迷彩网、泡沫地垫、大球筐、报纸球、海洋球、沙包、小布球、充气棒、体操垫。

通过丰富的材料与情境，将沙池、操场、跑道、走廊连接起来，扩展幼儿的运动空间。区别于日常的教学活动，幼儿每到一个区域都有全新的情境与游戏，能够持续保持对活动的兴趣与专注，整个户外都是孩子们的游乐场。

中大班的幼儿不仅要提高身体素质与运动技能，也要注重规则意识与合作意识的养成。分组搭建的环节中，团队讨论和搬运器械等活动在发挥幼儿自主创新能力的同时让他们体会到了团队合作的重要性。教师通过扮演情境中的角色向幼儿发布任务，让幼儿在完成任务的过程中明白在一定的规则下进行游戏会获得更多的快乐。

户外大循环活动对幼儿来说不仅仅是一个单纯的体育锻炼活动，也是一个不断经历各种挑战的过程。通过不同的挑战幼儿能够养成勇敢、坚持不懈、团结合作等优秀的品质。而我们的教师也能在循环活动中学习到如何正确地引导幼儿，在不同情况下运用何种干预方法，怎样才能更好地与幼儿互动。

（二）活动片段实录及分析

1. 课例事件1：巧用经验、克服困难，挑战不同的障碍——看准时机将干预效果最大化

在进行了热身游戏后，孩子们正式开始了循环活动。可以看出孩子们都很喜爱这种形式的游戏，表现得十分兴奋。在“丛林沼泽”区域（轮胎区），因为器材的特性，大部分孩子采用走平衡的方式艰难地前行，因行进的速度缓慢而形成了一定的拥堵。这种情况会增加游戏的安全隐患，并且会大大减少孩子的运动密度，我们应该如何解决呢？

一名通过速度远超他人的幼儿引起了我的注意，我问他：“我刚才看你通过‘丛林沼泽’的时候速度特别快，你是怎么做到的呀？”乐乐回答道：“我是用小猴子爬的方法通过的。”我追问道：“其他小朋友都是走过去的，你是怎么想到这个方法的呢？”乐乐说：“我觉得像他们那样一步一步走太慢了，而且轮胎上面也走不稳，还容易摔跤。”看到我们在讨论，玥玥也跑来说：“老师，我的方法也很快。”她是运用双脚跳过轮胎缝隙的方法通过的。“不错，不错！”我鼓励他们两人再展示一次，许多小朋友看到了也纷纷尝试以爬和跳的方式通过，拥堵情况得到了很大的改善。当然，有小朋友坚持运用走平衡的方式，而我也并没有加以阻拦，因为这也是孩子们的选择。

2. 课例事件1分析

在此事件当中，在有幼儿快速爬、跳过“轮胎区”时，我选择运用“平行式介入

法”来引导孩子，让他们在玩同一种器材时尝试运用不同的动作与方法进行游戏。如此一来，孩子们能够非常直观地观察到示范幼儿的动作以及效果，从而更自然地接受教师的干预行为，也能更好地模仿动作。

在日常的体育活动当中，我们总是因为安全原因或者其他的一些顾虑，对孩子有过多的限制，让他们只做一些掌握得比较熟练的和统一的训练动作。虽然这样便于教师的指导与保护，但是也磨灭了孩子们天生的探索与挑战精神，局限了孩子的思维。何不放开一些顾虑，在条件允许的情况下让孩子有一定自我发挥的空间呢？让不同的孩子去思考和尝试不同的方式，孩子也会因此再次提高对运动游戏的兴趣。同时，孩子们在相互商量、互相模仿的过程中也提高了自我学习和社会性交往的能力。

需要注意的是，充分地让孩子进行多种尝试不是放任自流，不管不顾。在翔仔提出他想从轮胎上滚过的时候，我没有等待而是运用了“垂直介入法”果断地制止了他。因为，孩子的想法总是天马行空的，有些时候孩子进行的尝试并没有考虑得很全面，在违背整体的游戏规则或者威胁到孩子的健康安全的情况下，教师就应该果断地予以制止和纠正。在我的引导下翔仔也能意识到问题“如果在这里打滚，有可能会有其他的小朋友踩到或撞到我，我就会受伤”，于是他马上进行调整改变。这也是对孩子运动智慧的一种发展。

3.课例事件2：开拓思维、分工合作，打造自己的乐园——融入游戏选择最佳干预方式

在幼儿进行了充分的锻炼和熟悉器械后，活动进入到下一环节，幼儿分组将所在区域器械进行二次搭建，教师也将以“资深探险家”的身份加入到讨论中并对幼儿进行保护与帮助。

孩子在面对眼前各种各样的器材时有些不知所措，不知道从何处下手，这时，教师的介入是十分重要的。教师提议道：“各位小探险家们，我们先来讨论一下想要进行什么样的挑战吧！”场面一下就热闹起来了。“我想把‘沙海探险’变成一个迷宫，让进入到里面的人迷路走不出来!”“老师老师，我觉得迷宫不好，我想搭出一座有悬崖的高山，让他们过不去，必须要很勇敢的小朋友才能跳过去。”小朋友们你一言我一语地讨论了起来，每个人都有自己的想法。

教师：“各位小探险家们，作为资深探险家我觉得你们的想法都不错，不管是弯弯曲曲的迷宫还是考验勇气的悬崖都是很好的想法。你们看我们这里有这么多材料，不如我们分成两组相互合作将两种都搭出来，看看哪一种更有趣更好玩吧!”

“我要加入迷宫组!”“我想搭悬崖!”……马上，孩子们就分成了两组，开始了热火朝天的搭建工作。

4.课例事件2分析

在体育活动中，当孩子与孩子之间，孩子与教师之间产生意见分歧的时候我们应该怎么办呢？是否定某一方或者强制孩子按照教师的意愿来吗？还是在条件允许的情况下尊重不同孩子的不同需求呢？由于体育活动的特殊性，教师在活动中扮演着至关重要的角色，发生类似的情况时必须进行有效的介入。那么教师应该如何去介入呢？这也是我想要解决的问题。

在这一环节中，孩子们要通过对材料的观察，以及前期对材料的使用经验，开动脑筋，相互合作，将器材进行重构。这也是孩子们充分发挥自主性探索以及社会性交流的一个环节。因此，孩子们必须先行将意见达成一致才能有效率地快速完成搭建。但是，孩子们的想法总是五花八门，当不同的想法碰撞在一起时，有可能会产生矛盾导致活动无法顺利进行。这个时候如果能在不影响孩子们自主探索及主动参与的积极性的情况下有效地干预，就是一名教师的教育智慧的体现了。

在本事件中，教师运用“交叉介入法”进行了干预，摇身一变成为了一名“资深探险家”，成功地融入了游戏情景，通过鼓励、建议等方式去提高孩子参与游戏的积极性，而不是以一名教师的身份去命令孩子必须做什么，或者去强硬地否定幼儿。同时，教师代入这个身份，对孩子也有一定的约束力，让孩子自然地与教师成为一个共同体去进行游戏。教师在搭建器材的过程中也能自然地运用“平行介入法”，为孩子们进行搭建的示范，去调整孩子们搭建不合理的地方，让孩子的自主性与社会性合作都得到了很好的发展。

5.课例事件3：遵守规则、正视失败，体验快乐的竞赛——根据情况灵活变换干预方式

最后一个环节是激烈的对抗性投掷游戏，在经过了前面的循环活动后，幼儿分成了两组进行相互投掷与躲避的游戏。在游戏中我发现有一名小朋友的表现跟其他人不一样，她并不像其他人那样很高兴地在玩，而是一个人躲在一个角落里满脸的不高兴。我走过去问道：“怎么回事呀？要不要跟我这个探险队长一起去打败对手呀？”思思摇了摇头也不说话。我向其他幼儿了解情况后得知，有小朋友跑到了思思的基地来打她，思思劝他遵守规则他也不听，所以她是为了捍卫游戏规则才这样的。“原来你这么棒呀。那我任命你为基地保卫者，用充气棒将跑进我们基地的敌人全部赶出去好不好？”我向思思提出了我的建议。思思高兴地拿着充气棒加入了“战场”。

6.课例事件3分析

说到体育活动就不得不提到“规则”，在体育活动中“规则”的地位是十分高的，如果幼儿没有良好的规则意识，意外事故发生的概率就会增加，也会对运动习惯的养成产生不好影响。但是，孩子们天生不喜欢被束缚，规则意识不够强，运用好规则对于教师来说至关重要。

如果把规则运用好，孩子们不仅不会产生反感、抵抗情绪，还会对游戏产生更加浓厚的兴趣，从而去主动遵守规则并且自发地去提醒他人遵守规则。那么怎样才能运用好规则呢？这就需要教师在发生违反规则的事件时运用正确的解决方法。

在本事件中，我运用了“交叉介入法”与“平行介入法”，了解了事件的发生情况，并对幼儿进行疏导，通过与幼儿共同去参加游戏来调动、提高幼儿的参与积极性。在这个方法没有起到明显的效果后，我果断地调整了游戏的规则，加入了“基地保卫者”这一个角色，运用了孩子喜欢玩的充气棒，调动起了消极幼儿的积极性，同时兼顾了锻炼上肢肌肉与身体协调性的活动目标，也对其他违反规则的幼儿起到提醒的作用。可见，对于一些有安全隐患的、违反规则的情况，要运用“垂直介入法”坚决地进行干预。

（三）课例中反映出的问题

开展体育活动是达成幼儿健康领域目标的重要途径，也是人类发展不可缺少的部分，因此，养成“终身体育”的意识是十分重要的。在体育活动中提高身体素质、学习运动技能之外，提升“运动智慧”也是必不可少的。

此次循环活动中共进行了三次“集中”“分散”的转换。集中活动时幼儿相互讨论，增强社会性交流，开拓思维，同时给予教师更多与幼儿进行互动的机会，强化教师干预职能。分散活动时让幼儿探索最优方案，勇敢尝试，教师在负责区域中观察幼儿并进行点对点指导、干预。在契合幼儿“波浪形”运动生理曲线的同时，让幼儿体验不同环境和不同状态下应该如何运动，让幼儿在运用经验、学习模仿的同时有了更多智慧的思考。

1.敏锐捕捉问题，抓准最优干预时机

活动前期，幼儿对器材、规则不熟悉，一定会出现许多问题。幼儿在游戏中所运用的技能不合适或对器械的操作方式不正确，都有可能导致活动进行不顺畅，甚至存在安全隐患。此时，教师应该迅速、准确地发现问题所在并进行指导或帮助。但教师也不能完全限制幼儿的探索，在不对自己和他人造成伤害且不违反活动规则的前提下，应当鼓励幼儿根据自身特点进行多种尝试，开拓幼儿的思维，引导幼儿选择最适合自己的游戏方式。

2.具体事件具体分析，选择最适宜的干预方法

第一阶段游戏中，大部分幼儿通过轮胎的速度都较缓慢，该区域内很快就形成了拥堵，存在安全隐患，但是幼儿通过的方法本身并没有问题。于是，我使用“平行式介入法”对以爬行和跳跃快速通过的幼儿进行鼓励，并让他们多玩几次，其他幼儿注意到后马上就进行了学习与模仿，甚至还有自行探索更多方式的幼儿。如在此处运用“垂直介入法”虽然也能解决问题，但是会导致幼儿误以为走平衡的方式是错误的。然而之后有幼儿要求用“滚”的方式通过时我却果断地使用了“垂直介入法”，因为此动作会导致幼儿身体受到伤害所以必须进行直接的干预。

3.生成教育契机

在活动中还存在着一些无法及时解决的问题。例如：幼儿动作熟练度不够，对一定难度的游戏产生害怕、畏惧的心理等，教师可以就此生成教学、游戏等诸多活动。例如：过木梯攀爬区时，幼儿无法轻松通过，爬过后又不敢从上跳下，而经过教师的指导与保护帮助后都能顺利地完成游戏，此时又生成了“攀爬动作”与“心理健康”的教学活动。

在活动中，孩子需要运动的智慧，教师更需要智慧。在活动中处处都存在着教育的契机，教师要有一双智慧的眼睛去发现，用智慧的方式与孩子一同挖掘游戏的乐趣。

（武汉市实验幼儿园　张俊夫）

附教学活动方案：

中大班户外体能循环活动：丛林探险

武汉市实验幼儿园 张俊夫

一、活动目标

1.体验户外循环游戏活动的快乐，成功完成任务，获得成就感。

2.强化投掷动作，锻炼下肢与上肢肌肉力量，发展身体协调性。

3.能专注游戏，身体快速反应大脑讯号。

二、活动准备

1.知识经验准备：幼儿有走、跑、跳、平衡、爬、投掷等动作经验。

2.物质材料准备：梯子若干、轮胎若干、长凳若干、平衡木若干、塑料凳若干、迷彩网两张、支架6个、大篓子10个、大量报纸球、海洋球、沙包。

3.环境准备：户外宽阔的场地。

三、活动过程

（一）热身活动（集体游戏）

幼儿进行动物大游行游戏。教师说出一种动物或放出一种动物的叫声，幼儿做出相应动作。

（二）循环游戏（丛林探险）

幼儿运用自己的方法安全通过所有的器材。

1.平衡木区。

2.轮胎区。

3.障碍跑区。

（三）整理调整

一部分幼儿做放松整理，一部分幼儿调整场地器械。

1.动物大游行。

部分幼儿进行动物大游行游戏。

2.调整器械。

一部分幼儿扮演调皮小狐狸到场地上调整器械。

3.循环游戏。

所有幼儿再次进入调整后的循环中进行游戏。

（四）循环游戏（找果子）

再次进行器材变化，增加了投掷区域，教师在场地中投放报纸球、沙包、海洋球等器材，幼儿在循环的同时收集球类，将球带到投掷区域后投入篓子里。

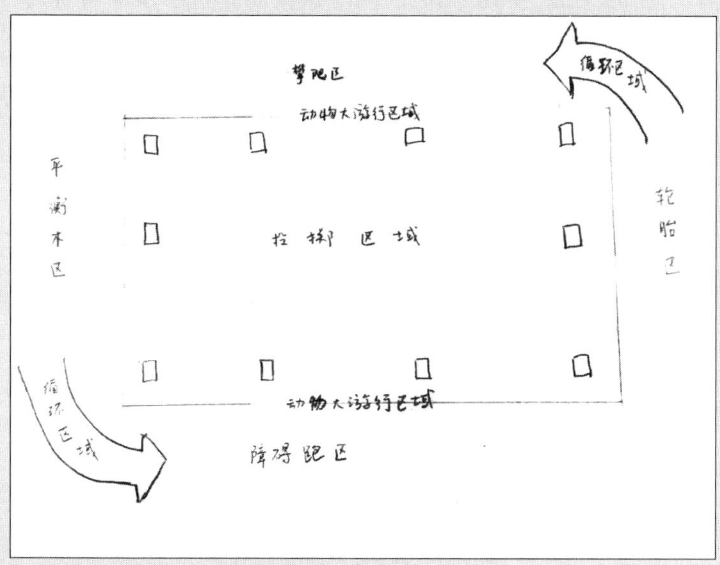

1.动物大游行。

部分幼儿进行动物大游行游戏。

2.调整器械。

扮演调皮小狐狸的幼儿到循环区调整器械。

3.循环投掷游戏（大丰收）。

幼儿在循环游戏的同时要收集散落在场地上的各种投掷物，投掷到场内的篓子里，调皮小狐狸则在篓子旁进行干扰。

（五）放松活动

幼儿进行动物大游行游戏。

十九、如何在幼儿园体育活动中构建有效的师幼互动——《玩得好嗨呀》中班体育活动课例分析

（一）课例背景

近年来，国人的健康意识不断提高，大家纷纷意识到增强锻炼、提升免疫力的重要性，而对孩子的健康问题更是尤为关注。陈鹤琴先生指出：“大自然是我们最好的老

师，大自然是我们的教科书，我们要张开眼睛去仔细看看，要伸出两手去缜密地研究。”为此，本次活动我们将户外体育活动与大自然联系起来，旨在通过充分利用小树林、菜地、沙池等自然环境，将幼儿设置在不同的任务情景中，在发展幼儿攀爬、平衡、跳跃等基本动作的灵活性和协调性的同时，让幼儿进一步了解身边常见植物的主要特征，将亲近自然与体育游戏相结合，寓教于游戏之中，促进幼儿身心全面和谐发展。《纲要》中也指出：“要开展丰富多彩的户外游戏和体育活动，培养幼儿参加体育活动的兴趣和习惯，增强体质，提高对环境的适应能力”。

幼儿园体育活动离不开教师的参与和引导，而师幼互动是幼儿与教师之间的重要纽带，有效的师幼互动不仅是幼儿发展的沃土，更是教师持续发展的动力。教师在与幼儿的互动中优化教育行为，幼儿在与教师的互动中凸显独特个性。那么在体育活动中，教师如何将显性互动和隐形互动相结合，从而提高师幼互动的有效性呢？通过此次体育活动《玩得好嗨啊》，观察分析游戏片段，总结构建有效的师幼互动的策略方法。

（二）活动片段实录及分析

1.课例事件1：想一想，用什么方法通过这些挑战？——以语言引导入手，加强情感交流

（幼儿进行了第一次的障碍物挑战。）

教师（弯腰，眼睛注视着幼儿）：“你们是用什么方法通过挑战的呢？”

幼儿1：“我用的是钻洞。”

幼儿2：“我是爬过去的。”

教师：“看来不同小朋友使用的方法也不同，有的小朋友是钻过去的，有的小朋友是爬过去的。”

教师："那个高高的凳子你们是怎么过去的呢?"

幼儿3："我是翻到横杠上跳下去的。"

幼儿4："我两个高高的板凳都是翻过去的。"

幼儿5："这个矮凳子我是直接在上面走过去的，高的我是直接从上面跳下去的。"

教师（竖起大拇指）："你们真厉害，还能想出这么多的方法!"

2.课例事件1分析

在活动中，教师将障碍物摆放好，幼儿先尝试着用自己的方式进行第一次的挑战，让他们根据自己的前期经验来创造更多的"新玩法"。教师并没有一开始就用语言去提示幼儿，而是等到所有的幼儿全部都试着用自己的方法通过障碍物之后，才开始抛出问题"你们是怎么通过这个障碍物的?"这个时候的幼儿正处在通过障碍物的兴奋和满足中，他们急于向教师和同伴来展现自己的成果。此时正好是师幼互动的好时机。

教师在活动中有意识地用语言引导幼儿大胆地表达自己，并且运用身势语言（如弯下腰、注视幼儿、竖起大拇指）等方式，聆听幼儿的表达。在这种一问一答的过程中，幼儿的主动性得到了发挥，双方的情感交流融洽，同时也加深了教师与幼儿的联系。

3.课例事件2：怎样通过障碍物最轻松呢？——从肢体表现入手，突出幼儿主体作用

教师："你们在通过挑战的时候，有没有觉得哪个地方比较困难呀?"

幼儿5："那个高高的凳子有点难。"

教师："你觉得哪里有点难呢?"

幼儿5："我翻过去的时候手要用好大的力气才能过去。"

教师："没关系，等会我们再来一次，你再看看用什么方法能够比较轻松地过去。"

（第二次攀爬结束。）

教师："我刚才看到有一个小朋友在通过高高的凳子的时候很轻松，我们让他给我们传授一下经验吧!"

幼儿进行动作示范。

幼儿6："在过高高的凳子的时候，我使劲地用脚往上蹬，一会就爬上去了。"

教师："原来在爬高高的凳子的时候，要把力量集中在脚上，双手辅助发力，就能够很轻松地爬过去。"

4.课例事件2分析

在经历了第一次的挑战后，幼儿对障碍物的难度有了初步的了解，在第二次攀爬时能根据自身的情况去调整动作。活动过程中有的幼儿比较胆大，基本上能够在没有教师的帮助下顺利地完成挑战，但是有的幼儿在遇到了无法解决的问题时，马上就用求助性的目光看向教师。

基于幼儿在活动中的不同表现，在第二次挑战的过程中，教师仔细观察幼儿攀爬动作的规范性，挑战结束后，教师敏感地捕捉到了幼儿的活动需求和契机，并且以"引导者"的身份与幼儿一起活动一起发展。始终让幼儿作为主体，让幼儿自己意识到攀爬障碍物的难点，同时给予了幼儿充分的尊重。特别是在动作示范时，教师并没有自己进行示范，而是邀请动作较为规范的幼儿来进行示范，幼儿的示范既激励了同伴模仿与尝试，也为下一环节的活动做了铺垫。之后环节设置新障碍后，挑战难度也随之加大，有利于激发幼儿的探索欲望，帮助幼儿树立自信。

5.课例事件3：我们去大自然中找一找吧——从环境创设入手，注重隐形互动

（进行循环游戏，寻找任务卡片。）

教师："老师这里有几种颜色的卡片，你们来看看分别是哪几种颜色？"

幼儿1："绿色、黄色、蓝色、红色。"

教师："现在红黄蓝绿这几种颜色的卡片分布在幼儿园的各个角落，你们有个任务就是找到卡片，完成循环后回到这里来。"

（幼儿开始寻找卡片。）

幼儿4："你看，这里有好多卡片！"

幼儿5："我拿了一张红薯卡片，你也拿一张红薯卡片吧！"

（幼儿回到操场。）

教师：“你们现在可以围着刚才找宝藏的路线看一看，你们观察到不同颜色的卡片放置在哪里呢？”

（幼儿再次循环游戏。）

教师：“红队的板栗在哪里呀？”

幼儿：“在树上。”

教师：“黄队的红薯在哪里呀？”

幼儿：“在土里。”

教师：“那蓝色的桂花在哪里？”

幼儿1（失落地）：“我们没有找到……”

教师：“我们可以先想一想，桂花一般长在什么地方呢？”

幼儿2：“在树上。”

幼儿3：“我们刚才忘记看树上有没有卡片了。”

教师：“没关系，等一会张老师陪你们一块去看一看找一找。”

教师：“绿色的菊花在哪里呀？”

幼儿4：“在那边，有好多颜色的。”

幼儿5：“是的，有黄色和紫色的。”

教师：“你们想不想把大自然的宝藏采摘回来呀？”

幼儿：“想！”

教师：“张老师这里有许多的道具，这些道具可以为你们采摘果实提供一定的帮助，那么怎样才能获得这些道具呢？前面有很多更加有挑战的关卡，如果你们能够挑战成功，就能选择一样道具。准备好了没有？”

幼儿：“准备好了！”

教师：“记得一定挑选对我们采摘果实有帮助的道具哟！”

（幼儿开始挑战关卡。）

6.课例事件3分析

《纲要》明确指出：“环境是重要的教育资源，应通过环境的创设和利用，有效地增进幼儿的发展。”由此可以看出，环境是幼儿发展的支持与保障，良好的环境对人有着潜移默化的影响力。美国学前教育专家哈佛大学库特费舍教授指出：丰富的环境刺激，会加快儿童发展的步伐。我们在创设活动环境时要紧扣目标，根据目标来提供材料。

教师在活动中创设了“寻找宝藏”的场景，让幼儿在场景中完成体能循环。我们可以看出幼儿对教师创设的场景非常感兴趣，他们在环境中进行观察、提问、操作。教师在场景中还投放了大量的材料，如桂花、菊花、板栗、红薯任务卡，幼儿在寻找任务卡的过程中，完成循环游戏。同时，教师还在最后设置了一道挑战性的关卡：让幼儿完成障碍物挑战后，选择适宜的工具来收集任务卡上面的食物。这就需要幼儿运用前期学习到的经验，了解不同的食物的收集方式和工具有所不同。教师将对幼儿的引导、激励以及活动目的、要求都渗透在创设的游戏环境中，让幼儿主动地与环境、材料互动。

（三）课例中反映出的问题

《纲要》中指出：“教育本身就表现为教师和幼儿间的互动，没有互动的教育是难以想象的，更谈不上是有效的。”我对师幼互动的理解是：“师幼互动意味着对话，意味着参与，意味着相互建构。它不仅是一种教学活动方式，更是弥漫、充盈在师幼之间的一种教育情境和精神氛围。对幼儿而言，良好的师幼互动意味着心态的开放，主题性的凸显，个性的彰显，创造性的解放；对教师而言，师幼互动意味着教学不再是传授知识，而是一起分享理解，是一种意义的构建，是专业成长和自我实现的过程，同时对教师的心智提出挑战。”

师幼互动作为幼儿园教育的基本表现形态，存在于幼儿一日生活之中，表现在幼儿园教育的各个领域，并对幼儿发展产生难以估量的重要影响，因此，努力建构积极有效的师幼互动是势在必行的。那么如何才能建构积极有效的师幼互动呢？

1.尊重幼儿，建立宽松、平等的活动氛围

首先，师幼之间在情感上的相互理解、认同和接受是促进师幼积极互动的必要条件。在活动过程中，教师要关心和爱护每一个幼儿，将尊重幼儿落在实处，真正做到“以幼儿为主体”，这样教师的激励、引导、支持和赞扬才能让幼儿体会到自尊感，才能与幼儿的情感产生积极的碰撞，得到正面的回应，唤起师幼互动的主动性。

其次，创造一个自由、宽松的可以支持幼儿与教师、同伴与同伴之间主动交谈，并能得到积极应答的环境，是构建积极有效的师幼互动关系的基本前提。所以，教师和蔼的笑脸、亲切的话语、亲密的接触都是创设良好氛围的行之有效的方法。正如

《纲要》健康领域中提出的：建立良好的师生、同伴关系，让孩子在集体生活中感到温暖，心情愉快，形成安全感、信赖感，逐步形成和建立“尊重、平等、和谐、快乐”的幼儿园文化。

2.保持关注是建构良好师幼互动的必要条件

《纲要》指出：师幼双方特别是教师在师幼互动中保持关注是建构积极互动的必要条件，能否对幼儿的行为给予关注是师幼互动保持进行的前提和基础，也是幼儿产生被支持感的基本条件。幼儿任何行为得不到对方的关注，其发挥作用的可能和余地都不会太大。幼儿自发的探究行为吸引了教师的关注，教师的关注又促进了幼儿探究活动的深化。例如：在活动中，几个幼儿在寻找宝藏的过程中发现他们要寻找的板栗在树上，但是他们太矮了，不知道该如何将树上的板栗摘下来。幼儿看到教师后也尝试向其求助，但是教师并没有过多干涉，而是以鼓励和支持的态度引导他们。在这个过程中，孩子也碰撞出了非常多的想法，如可以借助工具来摘板栗。这时教师便将准备好的工具——长木棍拿出来，让幼儿尝试着自己动手，看怎样才能将板栗顺利地打下来。于是又有幼儿提出我们可以派出一个长得高的小朋友站在台阶上用棍子敲打树枝，其他的小朋友就在地上捡树上掉下来的板栗。这下我们可以看到幼儿已经全身心地投入到打板栗的活动中了。由此可以发现，教师给予了他们极大的关注，而孩子们的积极表现也是教师难以在一般的教学活动中所见到的，他们的潜能得到了真正的发挥。因为这个活动完全是孩子们自己的活动，他们想要了解的完全是他们自己想要知道的东西。很显然，我们可以看到师幼互动在这种情况下会变得积极而热烈，教育效果也会因此而不断地提升。

3.教师巧妙介入、平等参与和有效引导是建构良好师幼互动的关键所在

幼儿活动受到无意注意和外界事物的干扰是经常发生、也很正常的事。所以，在幼儿活动过程中教师要仔细观察，通过思考找到恰当的机会，巧妙地介入和平等地参与到幼儿活动中，并运用适当的互动策略引导幼儿的活动，促进幼儿深入探索，有效发展。

首先，要积极运用师幼间的显性互动。教师在活动中应该始终关注着幼儿的学习，并且时刻做好激发师幼互动和反馈的准备。在活动的开始阶段，教师要注重观察和聆听幼儿的需求，积极调动幼儿的学习兴趣。在活动过程中，教师要注重判断、分析，适时地以不同的角色进行介入，如当幼儿在游戏中遇到困难时，教师以“协助者”的角色介入；当幼儿对游戏的兴趣减弱时，教师以“参与者、引导者”的角色介入；当幼儿对游戏的参与积极性很高时，教师以“鼓励者”的角色介入；当幼儿对游戏的方式提出建议时，教师以“支持者”的角色支持幼儿发起主动互动。活动结束后，教师

要注重反思，只有对活动进行回顾，才能发现其中存在的问题，敏锐地捕捉活动过程中被忽视的部分，这样才能保证教师对幼儿的影响保持最佳状态，并让教师以积极的态度回应幼儿的互动，以积极的方式引导幼儿的呼应。

其次，要充分重视师幼间的隐形互动。教育家陈鹤琴指出：幼儿对于一切新的东西都会生出好奇心。一好奇，就要与新的东西相接近。—接近就需要互动、讨论。假使幼儿与新的环境相接触愈多，他的知识就愈广。幼儿天性好动，丰富的环境与材料能引发幼儿产生摸一摸、探究一下的愿望。而在与环境和材料的相互作用中，幼儿会有许多新的发现，这又进一步引起他们的操作兴趣。随着他们积极探索，会产生一种主动与同伴进行交流的愿望。他们在对环境的观察与操作中相互讨论，热烈提问，情绪积极愉快。幼儿借助所创设的环境，借助材料，通过与伙伴及老师的交流讨论找到所探索问题的答案。这大大增强了师幼间有效的隐形互动。

最后，要意识到师幼互动的双向性。教师和幼儿是相互作用的主体，互动既要有由教师发起的，也要有由幼儿向教师和同伴发起的。师幼互动具有双向性，有时甚至是多向的，它是师幼间进行“抛接球”的过程。

（武汉市实验幼儿园　赵妙）

附教学活动方案：

中班体育游戏：玩得好嗨呀

武汉市实验幼儿园　张俊夫

一、设计意图

近年来，社会大众愈发重视身体锻炼与自然环境。本活动旨在通过充分利用小树林、菜地、沙池等自然环境，将幼儿设置在不同的任务情景中，在发展幼儿攀爬、平衡、跳跃等基本动作的灵活性和协调性的同时，让幼儿进一步了解身边常见植物的主要特征，将亲近自然与体育游戏相结合，寓教于游戏之中，促进幼儿身心全面和谐发展。

二、活动目标

1.乐意在大自然中玩运动游戏，感受亲近大自然带来的乐趣。

2.探索爬梯、爬绳的方法，初步掌握攀爬的基本动作要领。

3.能合理运用基本动作，完成适宜的挑战任务。

三、活动准备

1.知识经验准备：幼儿初步认知桂花、菊花、板栗、红薯的植物形状，初步掌握攀爬、跳跃、平衡的动作要领。

2.物质材料准备：活动前，检查幼儿园操场、小树林、菜园、沙池等户外运动场地，备好相关器材及背景音乐。

四、活动过程

（一）准备部分：小小探险家

幼儿在场地中四散站好，做“小小探险家”热身操。

（二）基本部分：我是探险家

1.攀爬游戏：翻山越岭。

游戏玩法：幼儿尝试运用攀爬技巧通过长凳（高度30~50cm）、爬梯，幼儿分成两队鱼贯进行游戏。教师重点指导，攀爬时主要由腿部发力双臂辅助发力。

2.循环游戏：快乐挑战。

游戏玩法：探险家出动，幼儿按照操场—菜园—树林—沙池的路线进行循环游戏，在游戏过程中，请幼儿寻找桂花、菊花、板栗、红薯任务卡，找到任务卡后回到操场完成任务，获得任务道具。

挑战任务：翻山越岭。

游戏玩法：连续翻越“小山”（两架爬梯、两条长凳），助跑跨跳过宽度1米的“小河”，匍匐爬过3米的“荆棘”道路。

3.团队游戏：寻找宝藏。

游戏玩法：幼儿按照任务卡分成桂花、菊花、红薯、板栗四个小组，回到树林、菜园、沙池寻找四种植物，利用获得的任务道具得到四种植物并运送到指定地点。

（三）结束部分：完美收工了

教师带领幼儿绕场地慢走，做拉伸放松，重点放松下肢，总结本次游戏。

五、活动延伸

1.鼓励幼儿在自然环境中开展户外运动游戏。

2.教师和幼儿一起选用桂花、菊花、板栗、红薯等原料制作食物。

二十、《勇敢的小鹿》大班健康课例分析

（一）课例背景

幼儿园体育游戏是幼儿园开展体育活动的基本形式，它由基本动作组成，有一定的思想内容、情节或比赛元素，形式生动活泼，适合幼儿年龄特点，易于激发幼儿积极参加体育活动的兴趣和愿望，使幼儿在轻松愉快的活动中，学习各种基本动作，锻炼肌体。为了使体育游戏更好地发挥作用，我们不但有必要对各类游戏进行科学的分类、合理的选择安排，而且有必要全面、积极、有效地组织和指导每一次的体育游戏，同时将儿童的发展水平、发展需要同各类体育游戏的特点结合起来研究，这可以将我们组织开展的体育游戏整合成一个循序渐进的有机整体。

依据《纲要》，可以将幼儿园体育活动的目标概括为培养幼儿对体育活动的兴趣，发展幼儿的基本动作和体能，并在体育活动中培养幼儿良好的个性品质和社会性。幼儿园体育活动的目标，是幼儿园计划、安排和组织幼儿体育活动时遵循的主要依据。

现在的孩子都是家庭的中心，他们备受宠爱，体力活动较少，导致运动能力很弱，特别是腿部力量不足。所以，提高孩子的运动能力是一个长期的过程。为了锻炼其腿部力量和敢于挑战的精神，本次活动要求孩子们全部跳过两排的垫子，有一大部分孩子能跨跳三排垫子，少部分孩子能够挑战四排。

孩子已有一定的知识经验准备，了解原地跨跳的动作，能自由拼插地垫，熟悉各种垫上游戏。所以，我准备依据孩子的实际情况设计这样一个活动，更多地从“自主”这个角度，让幼儿进行积极练习，使运动量很大的一节课变得好玩起来，孩子的参与积极性得到了很大的提高。

（二）活动片段实录及分析

1. 课例事件1：一步一步引出助跑跨跳——让幼儿自由探索

教师（将垫子横过来请小朋友们一步跨过垫子）：“跨过去了吗？”

孩子们：“跨过来了。”

教师：“那好，现在将垫子竖过来，还是要求一步跨过垫子。成功了吗？”

蛋蛋："我成功了。"

萌萌："我没有跨过去，碰到垫子了。"

教师："那有没有什么办法可以让我们所有的小朋友都成功呢？这样，请你们找一块空地去试一试，看看有没有好办法。"

（孩子们在空地尝试了一段时间，教师吹结束哨。）

教师："结束哨，眼睛看着我。都成功了吗？"

孩子们："成功了。"

教师："那你们用的什么办法呢？"

孩子们："我们在跨之前先跑了一段距离。"

教师："噢，在跨之前先助跑就可以一下子跨过去了，你们都是这样做的吗？"

孩子们："是的！"

教师："那好，请你们再试一试，我看看是不是都成功了。"

2.课例事件1分析

在这个课例事件当中，每一个任务都是环环相扣的，而且每一个任务我都是让孩子自己去尝试，自己去解决，这样能开阔幼儿的思维，让孩子有更高的参与活动的积极性。孩子们在前期的学习中基本上都已经掌握了助跑、跨跳的技能，再加上他们是大班的孩子，所以我的要求就是让他们自己在尝试的过程中找到办法，这对于大班的孩子来说是没有问题的。

在以往的教学当中，我们也会用到这种回顾已有经验的方式。但是，孩子们只能够通过教师的引导提示来尝试回忆出已有经验。而我在设计本次活动的过程中，特意抛出问题让孩子们自己去寻找解决办法。这样孩子们就可以充分运用已有经验，而且还可以自己去说、自己去总结。当一开始蛋蛋成功了，萌萌没有成功的时候，萌萌的心里肯定是不开心的，这个时候如果没有一个成功的体验萌萌就会对活动失去兴趣。所以，我设计让孩子们自己探索的过程中出现同伴互助，最后所有的孩子都能够从体验中获取成功。这样也会让孩子接下来参与到后面活动的积极性大大提高。

当然，这样的环节设计用在低年龄段活动中时，会出现有的孩子不去探索或者不接受同伴的建议的情况。所以体育活动中的这种设计我一般会用在大班的活动中。

3.课例事件2：将长方形方块拼搭组合进行挑战

教师："赵老师给你们十个数的时间，请你们把长方形的垫子变成三角形，开始！"

教师（数十个数）："拼好了吗？"

孩子："拼好了！"

教师："好，都拼好了，我们干什么呢？待会两个人一组把三角形这样拼，然后退退退，跑跑跑，跨过去，看看我是怎么放的，你们开始找人组合。注意不要和别人面对面跨，会撞车的。”

布丁：“老师，我们成功了！”

教师：“好，结束哨，眼睛看着我，两手交叉，吸气，再吸，再来一次。好，两个三角形拼成一排成功了吗？”

孩子们：“成功了！”

教师：“成功的小朋友给自己鼓鼓掌。下面增加难度，四个小朋友四个三角形这样拼，还是退退退，跑跑跑，跨过去，开始组合练习。”

教师：“还是一样的要求，不能碰到三角形并且注意安全。你们成功了吗？”

孩子们：“成功了！”

4.课例事件2分析

本次活动的材料只有一种，就是生活中常见的泡沫垫。这种材料如果放在小班或者中班来说完成活动应该没有问题，但是对于大班的孩子可能会显得很单一，大班孩子也可能会很快地失去对参与这个活动的积极性。那么我通过前期的设计，让孩子在活动中自己动手将泡沫垫变换形状从而提高活动的趣味性，让孩子不断去完成新的任务。同时，我还在设计中加入了生生合作的情景，充分地体现孩子是活动的主体，把决定权都交给孩子们。

所以，我让孩子们自己去拼搭方块，然后通过形状的改变给孩子一种新的体验，不断地去调动他们的积极性。同时，让孩子们自由地去组合拼好的三角形，这样给了孩子充分的自主性，让孩子根据自己的意愿来完成游戏和挑战。总之，孩子积极参与才是活动的宗旨所在，所以在设计的过程中要充分考虑到孩子的兴趣点。

5.课例事件3：游戏环节——敢于挑战，积极参与

教师吹结束哨：“下面四个小朋友一组到这里来排队，一队，二队，三队，四队。”

教师：“你们知道接下来我们要干什么吗？”

棒棒：“做游戏！”

教师：“你们这么喜欢玩游戏。好，下面呢我们来玩一个挑战的游戏，叫勇敢的小鹿。赵老师给你们摆了几排障碍物，我们来数一数第一组障碍物有几排。第二组几排？

第三组？第四组？在小朋友面前有一条线，叫起跑线，待会听我的开始哨，哨子一响从小排头开始，跑跑跑，跨过去，挑战自己前面的障碍物，跨过去之后呢，再从垫子旁边绕到其他队伍的后面排队，试一试其他队的难度，如果你三排垫子挑战失败就去两排，两排成功了就跨三排的，听明白了吗？前面的小朋友跨过去了后面的小朋友才可以出发，跑的速度要快。你们是勇敢的小鹿，跨的时候腿要抬高。”

教师：“注意，在跨的时候，两排成功了就可以去挑战三排了，三排要是失败了就回来挑战两排。小鹿们在跨的过程中要遵守秩序，注意安全。”

（孩子们进行游戏。）

教师：“时间到，请回到起点线上。请小鹿们注意了，所有的小鹿站成一排站在起跑线上，两手交叉，吸气，再吸，再来一次。”

教师：“你们成功跨了几排的？”

孩子：“两排。”“三排。”……

教师：“好，接下来给大家看表演了。刚才你们都跨得很好，我觉得有一个小朋友跨得最好，我请他来挑战一下。你们数一数这有几排啊？你们觉得他能过去吗？”

孩子：“能。”“不能。”……

教师：“这样，我们来看一看就知道了。不过我有个疑问，垫子越长，我跑的距离应该怎么样？”

嘉伟：“越远。”

教师：“那能不能特别远啊？”

棒棒：“不能很远，很远就没力气了。”

教师：“跑的速度要怎么样？”

蛋蛋：“要很快很快。”

教师：“腿要抬得怎么样？”

孩子：“要抬高。”

教师：“好，如果他过去了，你们给他鼓鼓掌。”

教师：“准备好了就出发吧。非常棒，掌声送给他。他是你们的小鹿队长，那我是你们的老师，我就是‘鹿王’了。队长能跨四排，那我也来挑战一下，你们帮我数一数有几排啊？”

孩子：“哇，十排。”

教师：“你们能跨过去吗？如果我过去了要不要给我掌声？那么我助跑的距离要怎

么样？对，要很远很远，要跨得更高更高。”

教师：“掌声在哪里啊？我是你们的鹿王，你们好好学本领以后也能跟我一样。”

6.课例事件3分析

体育活动离不开练习部分，不停地重复练习同样的动作，很快会使得幼儿对活动失去兴趣，不愿意再继续练习下去。所以我在设计练习环节的时候没有采用重复性的形式，而是让幼儿结合游戏“勇敢的小鹿”来进行练习，让孩子扮作小鹿去参与活动。同时，大班的孩子喜欢有挑战的活动，所以我在设置难度的时候也进行了区分，让孩子在练习的过程中自己选择自己有把握的难度去进行挑战练习，只要动作正确即可。

在练习结束后，孩子们其实已经很疲惫了，这个时候需要有一个休息时间来让孩子进行一个调整，这个环节在活动中被称作“看表演”。同时，在表演的时间结合“生生互动、师生互动”的原则，请一名能力强的幼儿挑战4排三角形，教师挑战10排三角形。挑选出的孩子和教师完成更高难度的挑战，进一步调动了孩子的积极性，并且让活动的气氛达到了一波高潮。

在孩子们自由选择适合自己难度的环节还体现了一个非常重要的教育契机，那就是体育常规的培养。孩子们在起点处完全是自由的状态，教师这个时候不需要干预孩子，但在出发前教师特别强调了前面的小鹿回来之后下一只小鹿才能够出发的这一要求。并且，在设计路线的时候将两个三排的放在最两边，两个两排的放在了中间。这样做是因为大班的孩子挑战三排难度的肯定会多一些，放在两边就不会发生拥挤。

7.课例事件4：师生互动——结束游戏，师生互动，再次巩固

教师：“好，今天我们学的是跑跑跑、跨过去的本领，接下来我们要用这个本领去鳄鱼岛。你们怕不怕啊？”

布丁：“我才不怕呢，碰到鳄鱼我们可以跨跳过去。”

教师：“很好，鳄鱼岛上还有很多的危险，都需要你们克服，加油吧，勇敢的小鹿们！鳄鱼岛我们转了一圈，你们发现鳄鱼了吗？”

孩子：“这个是鳄鱼……那个是鳄鱼……”

教师：“不对，都不是。你们再找一找。”（此时教师坐在鳄鱼岛圈上。）

孩子：“你就是鳄鱼！”

教师：“你们看我是一只睡着的鳄鱼，待会排头的小朋友带队跑过垫子，然后从我的腿上跨过去，我睡觉腿会动的，还会翻身，不要踢到鳄鱼了，要不然鳄鱼要来找你了。开始吧!”

8.课例事件4分析

在体育活动中活动的密度应该是波浪形的，有高低起伏。在活动结尾的地方应该慢慢地将活动的密度降下来，所以设计了“勇闯鳄鱼岛”的游戏来让孩子们从兴奋的状态中平静下来。第一次里面并没有出现鳄鱼，是因为活动场地有了变化，游戏要求也变了，所以第一次是为了让孩子们熟悉游戏场地和规则；第二次出现鳄鱼，让孩子们意想不到的是自己的老师变成了鳄鱼，很好地体现了师生互动的情感。整个活动的过程都能够让孩子保持很高的参与积极性。

（三）课例中反映出的问题

幼儿园体育课是一种有目的、有计划、有组织的教育活动。在体育活动中，教师科学地组织幼儿进行体育锻炼，能有效地促进幼儿基本动作协调性，提高幼儿的身体素质。孩子们的运动能力绝对不是靠一时体现出来的。可能在这节活动中，并不是所有的孩子都能够挑战三排的难度，但是一个班级里面孩子的个体存在差异也是正常的。

还有就是孩子们的体育常规问题。这节活动我的整个设计思路是比较开放的，把自主权都交给孩子了，所以体育常规是保证这次活动顺利进行的关键所在。本次活动我选用的班级是我了解的班级，如果在不了解的班级采用这样的方式可能会有点冒险。

在课例事件3的鳄鱼岛环节中，这里如果没有交代清楚规则的话，孩子们的路径可能就会出现问题了，而且能力强的孩子也会很快地冲到前面来，所以这个环节必须要先交代清楚规则才能继续进行。

1.如何更深入挖掘体育活动的教育价值

在体育游戏中创设能使幼儿充分表现自己和体验成功快乐的机会与条件，鼓励他们大胆实践锻炼，使他们在实践中感受自身的能力，从而培养幼儿的自信心。在幼儿体育活动中尽力做到既要设置情景，激发幼儿兴趣，又要鼓励幼儿大胆去尝试，在亲身体验中逐步认识自己，喜欢自己，欣赏别人。孩子们情绪高涨，积极探索，每人都充分体会到了成功和分享合作的快乐。每当幼儿顺利完成动作或在游戏比赛中获得胜利，他们体验到愉快情绪的同时也增强了自信心。

2.如何将体育活动的知识点变成有效载体培养幼儿的体育常规素养

本节活动在这方面做得还是比较好的，但是我们现今还处在尝试的阶段，还缺乏理论的依据和经验的总结。因此，在日后的教研活动中，我们可以就此问题展开研讨。

3.幼儿体育活动在选材上存在的问题

《纲要》指出幼儿园必须把保护幼儿的生命和促进幼儿的健康放在工作的首位。幼儿园的体育活动是遵循幼儿的生长发育规律和身体活动规律的一种教育活动，以幼儿为活动主体，以身体练习为基本手段，结合阳光、空气、水等自然因素和安全卫生等措施，促进幼儿身体的正常发育和机能的协调发展，增强幼儿体质，旨在提高幼儿对环境的适应能力，及动作的协调性、灵活性，培养幼儿坚强、勇敢、不怕困难的意志品质，树立正确的健康观念。本次课例分析发现孩子们对已有经验的掌握水平各不相同，无法使所有的孩子都明白动作要求和要领。但是如果没有前期经验的铺垫，也是无法完成本次活动的。

（武汉市常青童梦幼儿园　赵卿）

附教学活动方案：

大班健康活动：勇敢的小鹿

武汉市常青童梦幼儿园　赵卿

一、设计意图

大班幼儿随着年龄的增长，动作技能发展有了较大提升，动作的协调性、身体力量明显增强，他们也更加活泼好动，喜欢尝试一些富有挑战性的新游戏、新玩法。跳跃游戏符合孩子的身心发展特点，当他们助跑跨跳过一定障碍物时，能获得对自己身体发展的自信。《指南》中也特别强调：幼儿能助跑跨跳过一定距离，或助跑跨跳过一定高度的物体。借助情景学习的理念来设计本次活动，希望幼儿在游戏情境的贯穿中自主探索助跑跨跳的基本方法，并敢于挑战自我，大胆跨越不同宽度的障碍物，从而逐步提升腿部力量及身体动作的协调性。

二、活动目标

1. 积极参与体育活动，敢于尝试挑战自我。（情感态度）

2. 学习助跑跨跳基本动作。（知识技能）

3. 能助跑跨跳不同宽度和高度的障碍物，动作连贯自然。（能力）

三、活动准备

1. 知识经验准备。

教师经验准备：了解助跑跨跳的基本动作要领。

幼儿经验准备：了解原地跨跳的动作，能自由拼插地垫，熟悉各种垫上游戏。

2.物质材料准备。

泡沫垫幼儿人手三块、背景音乐。

3.环境准备。

户外宽敞的操场。

四、活动过程

1.准备部分。

活动身体，激发游戏兴趣。

（1）跑步练习。

重点：师生随口哨声呈一条纵队跑步，速度由慢到快、由快到慢循环，教师注意提醒幼儿调整跑步呼吸。

（2）准备操节。

重点：头、肩、手臂、腰、膝关节、脚踝等身体部位随口令依次活动开来。

（3）垫子游戏：看谁反应快。

重点：幼儿随教师正口令、反口令快速变换自己的跳跃动作。

2.基本部分。

游戏“跨垫子”，探索助跑跨跳的基本方法。

（1）幼儿自由练习，寻找简便快速跨过地垫的方法。

（2）幼儿个别示范，教师总结经验，提问：这个小朋友跨之前先做了一个什么动作？师幼共同探索助跑跨跳的动作要领。

（3）幼儿根据经验再次分组练习助跑跨跳。

（4）提升经验：练习跨立体三角，两人一组到四人一组，不断提升难度。

（5）巩固部分：通过情景游戏，巩固跨跳动作的相关经验。

3.游戏“勇敢的小鹿”。

游戏玩法：设计两排和三排的障碍物各两组，幼儿扮演小鹿自由选择练习，鼓励能力强的幼儿继续挑战四排障碍物，然后“鹿王”展示最高难度，激发幼儿不断挑战自我的愿望。

4.游戏“小鹿勇闯鳄鱼岛”。

游戏玩法：利用拼好的垫子设置成障碍，组成一个循环的场地，老师扮作“鳄鱼”躺在某处，幼儿要用助跑跨跳的方法跳过每一个障碍物和“鳄鱼”，锻炼幼儿的快速应变能力。

5.结束部分。

放松运动，总结回顾相关经验。

（1）集中放松：拉伸练习、放松游戏。

（2）教师总结：小朋友们真棒，都没有被鳄鱼吃掉。

五、活动延伸

1.想一想：生活中哪些情况下可以用到助跑跨跳的本领？

2.玩一玩：继续开展助跑跨跳的各类游戏活动。

二十一、《纸张力量大》大班科学课例分析

（一）课例背景

幼儿园科学教育活动是有目的、有计划地引导幼儿主动参与科学探索活动的教育过程。幼儿园的教学是幼儿教育活动的一种特殊形式，是实施幼儿园保教目标的重要手段。面对知识经济时代的到来，新时代对人才素质必然有新的标准，受教育者不但要有健壮的体魄、良好的行为品德、社会生存能力以及学习的兴趣、习惯和智能，而且要有创新精神和创造能力。幼儿园科学教育活动让幼儿学习粗浅的科学知识，培养初步活动能力，引起幼儿的学习兴趣和探索动机。一堂课教师准备得再好，如果不注意激发幼儿的兴趣，集中他们的注意力，这样的课就不会有好的效果。幼儿园科学教育活动有很多组织方法。

幼儿生活中存在着无数有趣的自然现象，它们具体、直观、生动的形象每时每刻都吸引着幼儿，《纲要》的颁布与实施，更进一步提出了科学领域教育的重要性。《纲要》指出："幼儿的科学教育是科学启蒙教育，重在激发幼儿的认识兴趣和探究欲望，要尽量创造条件让幼儿实际参加探究活动，使他们感觉科学探究的过程和方法，体验发现兴趣。"因此，教师应成为幼儿学习活动的支持者、合作者、引导者，在科学教育活动中拓展幼儿的经验和视野，充分考虑幼儿的学习特点和规律，使各个领域的内容有机联系，相互渗透，注重综合性、趣味性、活动性、操作性，寓教育于生活、游戏之中。

（二）活动片段实录及分析

1.课例事件1：游戏导入——激发幼儿的兴趣

教师："我这里有很多很多装满水的水桶，请小朋友们来提一提感受一下吧。"

教师："你们提水桶的时候有什么感觉？"

佳佳："好重好重，要两只手才能拎起来。"

教师："你们都感受到了水桶的重量，接下来还有一样东西请小朋友们感受一下，说一说它有什么特点。"

棒棒："纸很薄，很容易破。"

布丁："它怕水也怕火。"

教师："你们知道这么多特点啊。那你们觉得纸的力量大不大啊？"

孩子："不大。"

教师："好，接下来让我们一起来看一看吧。"

2.课例事件1分析

在这个事件中，开始部分就设计让孩子自己去动手提一提水桶，亲身感受水桶的重量，能够很直观地得到孩子们的认可。随后又让孩子们自己结合已有经验去感知白纸的特点，孩子们自己总结出来白纸很轻、很薄、很容易破等特征。前期的这两个环节为我们本次活动后续部分做了很好的铺垫。

在以往的设计中，可能开始部分采用最多的是以提问的方式来回顾孩子已有的知识经验以及调动孩子参与活动的积极性。而我这次采用的方式是让孩子以直接体验的方式来感受，并且让孩子们自由地在场地内进行体验。这样可以让孩子更加直观地感受，通过提问让他们调动经验。

3.课例事件2：知道纸张有纤维，纤维集合在一起承重力会变大

教师："如果我们的手不碰到水桶你们有什么办法可以将水桶提起来吗？"

壮壮："可以用根棍子穿过提手将水桶提起来。"

米粒："我们可以拿绳子将水桶提起来。"

教师："是的，在生活中我们其实可以借助很多东西，在不用手碰到水桶的情况下将水桶给提起来。但是呢，今天我们在这里玩的游戏没有那些材料，你们还能够不碰到水桶将水桶提起来吗？"

布丁："可以用纸啊！"

教师："噢，但是用纸怎么做呢？这样，你们去试一试看看能不能成功。"

教师："刚才我看到了有的小朋友成功了，有的小朋友失败了。这样，我们看一看

成功的小朋友是怎么做的。请布丁说下吧！”

布丁：“我把纸这样卷起来，做成一根纸棍，然后从提手这里穿过去就可以把水桶提起来了。”

教师：“原来是把纸卷成了纸棍，你们再来试一试吧。”

教师：“成功了吗？”

孩子：“成功了。”

教师：“看来啊，我们通过改变纸的形状让纸的承重力变大了，就可以提起水桶了。”

教师：“那你们觉得一张纸可以提起来两桶水吗？”

孩子：“可以……”“不能……”

教师：“这样，你们悄悄地在自己的记录表上记录下你们的猜想。然后两个人一组进行合作，试试看到底能不能成功。”

嘉伟：“老师，我们成功了。”

教师：“好，刚才有的小组成功了，但是有的小组好像没有成功。我们请嘉伟这一组来分享一下他们是怎么做的吧。”

嘉伟：“我们是把纸卷得很紧，然后穿过水桶，一人提一边就可以成功了。”

教师：“噢，原来你们把纸卷得很紧，那跟刚才比卷得松点还是紧点？”

嘉伟：“比刚才要紧。”

教师：“其他小组同意他们的做法吗？ 你们再来试一试是不是能够成功吧。”

孩子：“成功了，成功了！”

教师：“那请大家在记录表上实验后一栏记录上你们的实验结果吧。A4纸通过改变形状，不仅能提起一桶水还能提起更多的水。”

教师：“那你们觉得这一张白纸能不能提起来三桶水？”

孩子：“啊，应该不行吧！”

教师：“这样，还是像刚才一样，请你们猜想能不能成功，并在记录表上记下来你们的猜想。下面请三个小朋友一组，用一张白纸试一试能不能提起来三桶水吧。”

棒棒：“成功了，我们成功了。”

教师：“这次三桶水只有一组小朋友们成功了，我们请他们分享下他们是怎么做的吧。”

棒棒：“我们把纸拧得很紧很紧，然后他们两个人提那一边我提这一边就可以成功了。”

教师：“为什么他们两个人提那边，你一个人提一边呢？”

棒棒：“因为我力气大啊！”

教师：“原来你们是把纸拧得很紧很紧，像一根绳子了，而且还进行了分工，所以才成功了。我们再来试一试，看看他们那样的办法是不是能成功吧。”

孩子：“成功了成功了！”

教师：“看来棒棒他们的方法确实不错，那请你们在记录表上记录你们的实验结果吧。”

教师：“我们还是将纸改变了形状，让纸能够提起来三桶水，现在你们觉得纸的力量大吗？”

4.课例事件 2 分析

在科学活动当中，我们应该如何引导孩子？是将答案告诉孩子，还是牵引孩子寻找答案呢？在幼儿教学活动当中，我们经常会用到“引导”这个词。该如何“引导”呢？我想，这也是我写这个课例想要解决的问题。

在这一环节当中，孩子们失败后去尝试，最后获得成功，用实验的结果来验证前期的猜想结果，从自己的实验中找到答案。活动中，当听到要求是不能用手将水桶提起来后，很多孩子想到的办法都是用纸把水桶包起来，但是布丁很快就想到了改变纸的形状来提水桶的方法，所以这个时候我也果断地把“主讲员”的身份让给了她，让孩子们跟着她的方法去尝试，看看是不是真的会成功。果然孩子们通过自己动手验证了确实可以成功。

从这里，我也有所感悟。孩子们的个体差异是很明显的。但是，他们有一个共同的特点就是敢于猜测，并且对于未知的东西非常感兴趣。如果我直接将答案告诉孩子，或者由我牵引着孩子一步一步寻找答案，那么很有可能这样好的教育机会就给浪费掉了。这节活动孩子们的表现非常棒，正是因为他们灵活的思维和大胆的猜测帮助他们分析和最终探索出有共性的答案。

而在这之后，为了让孩子学会验证，我还会继续增加难度，要幼儿尝试用一张纸提起两桶水甚至三桶水，让幼儿先进行猜想，随后自己动手去验证是否能够成功。在预测阶段，孩子们有的认为这么难无法成功，有的孩子基于上次的经验猜想可以成功，特别是到了三桶水的时候，猜想能成功的孩子越来越少。虽然老师知道答案，但是只有让孩子自己进行实验，验证出的结果才能得到共性的答案，得到孩子的认可。科学是严谨的，所以一切的结论在猜想后一定要通过实验才能得到验证。

5.课例事件3：巩固游戏——空中飞人

教师：“一张白纸能提一桶水、两桶水甚至三桶水，那你们觉得它能提起一个人吗?”

蛋蛋：“啊，那怎么可能，人那么重。”

布丁：“我觉得可以啊，纸的力量有那么大。”

教师：“不要紧，我们还是一起来试一试就知道了。看一看到底能不能用这张纸把你们提起来。我请今天最快成功的棒棒来试一试。”

蛋蛋：“哇，还真的成功了啊。好厉害啊!”

教师：“别看这么一张白纸，它的力量还是很大的。因为纸有纤维，我们通过改变它的形状将纤维集合在一起，这样就可以提起很重的东西。但是为什么提‘空中飞人’时，我们没有把纸变成绳子，它仍然提起来了呢？今天回去请问一问爸爸妈妈这个问题，看看你们能不能一起找到答案吧。”

6.课例事件3分析

科学探索活动离不开操作，怎么充分开拓孩子的思维？我认为，在这一过程当中除了存在培养孩子良好的操作习惯的机会之外，更有培养幼儿良好科学素养的最好机会。孩子们在前面的环节当中进行了猜测、预设，但是科学是需要事实验证的，孩子们带着这些目的来到操作台，可以更有针对性地进行操作，而这时就需要老师来合理、科学地引导。

整个活动中的难度是层层递增的，随着难度增加，幼儿的预测也越来越倾向于认为不可能完成。特别在最后一个环节里面，当我提出要求后很多孩子都露出了惊讶的表情，他们的表情已经告诉我了他们认为这是不可能的。但是科学实验必须要有猜想也必须要有验证的环节，所以在后面的验证中孩子们自己动手操作将之前的预测进行了一遍验证。

在最后一个环节中，给我印象最深的就是蛋蛋小朋友，当听到我说提起一个人时，他马上发出反对的声音，很大胆地表达了否定。甚至当其他小朋友说觉得可能的时候，蛋蛋也胸有成竹地反驳了他们。这是因为，虽然前面纸能提起水桶，但在孩子们的思维里他们并不知道水桶有多重，他们觉得人肯定比水桶重，而且人也比水桶大，所以蛋蛋觉得这不可能做到。

（三）课例中反映出的问题

孩子们的思维发展从动手开始。所以，科学活动非常主要的一种形式就是动手操作。可能在这节教学活动当中，还比较缺乏动手操作的实质性，活动中虽然有充足的操作材料来帮助孩子探索和发现，但是具体操作的时间和占比还是不足的。

其实，在多次教学反思之后我逐步感悟到，活动中的知识点“改变纸的纤维可以让纸的承重力变大”只是一个载体，它并不是活动中主要的教学目标和内容。而让我感触最深的就是难度一点点地加大，孩子们对此非常感兴趣，而且在充分的想象、猜测、分析和判断过程中获得享受。怎样让科学探究的内容回归我们的生活？在生活中怎么去运用这些知识？我想，这才是科学活动最为重要的教学目标。

此外，在教学组织过程当中，我充分感受到，每一个环节都有一个小目标，而这个小目标就是本环节的目的。当然，在教学的过程当中经常会出现偏差，所以教师的随机教育和掌控能力是非常重要的。因此，我日后在观摩和听课中要多反思、多观察、多学习，探究怎么掌控和合理组织活动，从而更多地挖掘教育价值。

当然，教学活动是充满缺陷的艺术。在此活动的教学过程当中，还有很多可以挖掘和分析的地方，要不断改进从而让这节教学活动变得更加完美和有价值。此外，在这次课例分析当中还发掘出一些尚未解决的问题：

1.如何更深入挖掘科学活动的教育价值

幼儿科学学习的核心是激发探究欲望，培养探究能力。成人要善于发现和保护幼儿的好奇心，充分利用自然和实际生活机会，引导幼儿通过观察、比较、操作、实验等方法，学会发现问题、分析问题和解决问题，帮助幼儿不断积累经验，并运用于新的学习活动中，形成受益终身的学习方法和能力。其实，在本节活动中蛋蛋给了我这样的启发，我们往往在教学活动中过于重视孩子必须要掌握什么知识和能力，但是忽视了可挖掘的教育价值。这促使我意识到这节教学活动还可以进行一个延伸活动，让幼儿探索新的认识。这个活动布置在家完成，让幼儿先与父母一同进行，再来幼儿园一起进行分享。同时，我们在科学教研组教研活动中也可以一起来商讨如何更大程度地挖掘科学活动的教育价值，例如“生活中的科学”等主题。这也回归到了科学活动的本质，即科学是回归于生活的。

2.如何将科学活动的知识点变成有效载体培养幼儿的科学素养

本节活动在这方面做得还是比较好的，但是我们现今还处在尝试的阶段，还缺乏理论的依据和经验的总结。因此，在日后的教研活动中，我们可以就此问题展开研讨。

3. 幼儿科学活动在选材上存在的问题

科学活动来源于生活，最后回归于生活，课例中的教学活动之所以能够成功开展，是由于孩子们在前期习得了很多的相关经验。《纲要》中明确指出：“科学教育应密切联系幼儿的实际生活进行，利用身边的事物与现象作为科学探索的对象。”而通过本次课例的分析我发现，即使在孩子已有经验习得的基础之上，依然很难使所有的幼儿都明白和了解其中的科学道理。如果没有大量前期经验习得的孩子，更是无法开展本次教学活动。其重要原因就是：活动中的科学知识点远离了孩子们的生活。当然，这不仅仅是我个人存在的问题。我们在成功地设计和组织了一次教学活动之后，更应该合理反思自己所选择的题材是否适合孩子，这也是日后必须探讨的一个话题。

（武汉市常青童梦幼儿园　赵卿）

附教学活动方案：

大班科学活动：纸张力量大

武汉市常青童梦幼儿园　赵卿

一、设计意图

纸张是孩子在日常生活中经常使用的材料，与孩子的学习生活更是密不可分，画画、做手工、写字、拎东西、包装食物都需要用到纸。活动《纸张力量大》的设计灵感来自于生活中拎东西的纸质手提袋。在观察中，我发现孩子喜欢做做玩玩，喜欢自己动手操作，他们喜欢探索新的方法，能够运用想象进行一些简单的设计制作活动。改变纸的形状来制作成纸袋或是纸提手，对于孩子来说既熟悉又新奇，在熟悉与新奇的碰撞下，很好地激发了他们制作与探索的欲望。所以我根据本班幼儿发展水平，选择设计了本次活动，主要是引导他们探索纸张里有纤维存在这一有趣的现象，并通过操作让他们了解纸张纤维的走向、集合与承重力之间的关系，在有趣的游戏中激发他们探索科学奥秘的欲望，在活动中发展幼儿的观察能力和动手操作的能力。

二、活动目标

1. 积极参加“纸张力量大”实验活动，具有探索和勇于挑战的精神。

2. 感知纸张有纤维，纤维集合在一起承重力会变大。

3.能大胆猜想，并与同伴合作参与“纸张力量大”的操作实验。

三、活动重难点

1.引导幼儿感知纸绳里含有纤维，纤维走向是实验成功的条件。

2.纸绳具有拉力。

四、活动准备

1.知识经验准备：了解生活中常见的含有纤维的物品，观看过纤维的图片。

2.物质材料准备：人手一张A4纸、人手一瓶桶装水、场地安排、垃圾桶、4张桌子、人手2把椅子，《纸张力量大》小视频。

五、活动过程

（一）游戏导入：谁是大力士，激发幼儿兴趣

1.请每个小朋友提一提水桶，感受一下水桶的重量。

2.小结：水桶很重。

3.出示白纸，让孩子说一说白纸的特点。

4.小结：白纸很软，很薄，容易破。

（二）基本部分：知道纸张有纤维，纤维集合在一起承重力会变大

1.游戏“提一提”，感知水桶有重量。

教师出示水桶，请幼儿说说如何将桶提起来。

提出问题，引发猜想：如果不用手触碰“把手”能将水桶提起来吗？

教师小结：在生活中我们可以借助绳子、棍子等辅助材料将水桶提起来，那么纸能提起一桶水吗？

2.实验“做一做”，感知A4纸与力的关系。

（1）提出问题，一张A4纸能提起一桶水吗？

（2）幼儿第一次实验，感知用A4纸将水桶提起来的方法。

教师小结：改变纸张形状可以让纸的承重力变大，提起一桶水。

教师提问：一张A4纸能提起两桶水吗？

幼儿第二次尝试合作实验，挑战A4纸能提起几桶水。

教师小结：A4纸通过改变形状，不仅能提起一桶水还能提起更多的水，为什么呢？

幼儿第三次合作实验，试试三个人一组提起三桶水。

教师小结：还是通过改变纸的形状才能提起三桶水。

3.观看PPT，了解纸张力量变大的原因。

教师小结：纸张富含纤维，当我们把纸张卷起来的时候纸张会变紧，里面的纤维集合在一起，它们共同抵御了拉扯的力量，这样就能使A4纸提起三桶水。

（三）结束部分："空中飞人"挑战纸的力量

1.提问：一张A4纸能提一桶、两桶甚至三桶水，那么纸能承受一个人的重量吗？

2.幼儿猜想，教师记录。

3.鼓励幼儿尝试进行游戏实验。

活动总结：看似轻、薄的A4纸不仅能用来画画和制作飞机，还因为它有纤维而能变成"大力士"，提起三桶水。为什么"空中飞人"游戏中，我们没有把纸卷起来，它却能吊起一个人呢？

六、活动延伸

提供各种各样材质的纸张，继续探索纸张能将一个人吊起的原因。

二十二、幼儿在户外活动中如何提高合作解决问题的能力——《小小野战军》户外活动课例分析

（一）课例背景

当前，大多数孩子是独生子女，家长对他们呵护有加甚至还会溺爱，家长对育儿知识学习不够，在教学方法等方面没有和教师进行主动沟通，没有为幼儿提供良好的氛围，导致幼儿不知道如何融入集体中，不利于幼儿身心健康发展。在《指南》中明确提到，要引导幼儿学会与人相处，提高他们的合作能力，让他们更好地学会在团队中与人分享，满足自己和他人的需求，掌握知识，促进自身全面发展。

随着新时期幼儿教育的新要求，游戏作为一种常用的教学方法在幼儿园被广泛使用。每天孩子们都期盼在空旷的操场奔跑，自由选择材料，和同伴分享自己的新玩法。有一天，有个孩子告诉我："乐乐在平衡板上不能下来了；果果和同伴都不能移动这个玩具。"带着对这些问题的思考，我开始对幼儿在户外活动中的行为表现进行观察记录。本课例在户外游戏中培养孩子合作解决问题的能力，围绕幼儿合作能力和户外游戏，探讨了加强中大班幼儿在户外活动中的合作能力培养的意义，分析了户外游戏引入的重要性。

（二）活动片段实录及分析

1.课例事件1：两两分工合作布置游戏场地，探究多种方式运送沙袋

活动场地分为内圈和外圈，中大班幼儿自主协商进行分工合作，分为A、B两组。A组幼儿在内圈，一部分幼儿用沙袋搭建战壕，将纸球或沙包撒在内圈；另一部分幼儿负责用轮胎搭建山坡，让幼儿从两边攀爬或跳跃到山顶夺红旗。B组幼儿在外圈，一部分幼儿利用攀爬组合对称搭建高低不同的行进路线，方便进行走、跑、跳、攀爬等基本动作；一部分幼儿利用海绵垫搭建匍匐前进线路；另一部分幼儿利用油桶、桌子、木板等材料搭建不同难度的梯桥，满足不同能力的幼儿行进的需求。

教师："这个沙袋你要搬到哪里去?"

可可："我要搬到我们的领地去。"

教师："做什么用?"

可可："用沙袋搭建战壕"。

教师："那里有人负责搭建吗?"

可可："我负责搬运沙袋，子阳负责搭建"。

教师："你要怎样把这个沙袋搬过去?"

可可："我搬不动，但是可以拖着走。"

圆圆："我可以一个人搬过去。"

天天："我用小推车运过去。"

晨晨："我用滑板车运过去。"

乐乐："沙袋太重，一个人搬不动，有人来帮我一下吗?"

明明："我来帮你，可是两个人还是搬不动。"

可可："我也来帮你。"

小朋友陆续加入，成功运走沙袋。

教师："有的小朋友一个人能运走沙袋，有的小朋友利用推车、滑板车、自行车也能把它运走，还有的需要很多人一起用力才能运走。我们要根据自身的能力，选择适合自己的方式。哪种方式运送的速度快?"

小朋友们："大家一起运的速度快。"

教师："为什么大家一起运送的速度快?"

小朋友们："人多力量大。"

教师："生活中有哪些这种团队完成任务的例子?"

可可："蚂蚁抱团运送粮食回家。"

多多："爸爸妈妈一起抬生活用品。"

……

教师："对，一个人的力量是有限的，团队合作才能释放更大的力量。"

2.课例事件1分析

在这个课例事件当中，我用追问的方式，让孩子尝试用多种不同的方式去解决问题。游戏来源于生活，运用于生活。孩子的动作技能来源于生活经验，能运用不同的方式将沙袋运送到目的地。大部分孩子对运沙袋有一定了解，有的孩子凭借自己的力量独自进行；有的孩子虽然力量小，却知道利用辅助工具来运送；还有的孩子借助同伴的帮助，成功运送沙袋。他们都用自己不一样的方式成功地完成了任务。

"教师要想给孩子一滴水，就要自己有一桶水"。每一个孩子都是一个天使，他们有不同的潜力，需要我们去发现。每个人的经历不一样，解决问题的方式也不一样。一个人的思维决定一个人的眼界，这就需要我们不断地去开拓幼儿的思维。本次提问过程中，孩子根据自己的生活经验说出自己运送沙袋的方法，并用行动来实践，不同思维的碰撞，让大家看到对同一件事有多种完成方法。特别是遇到一个人不能运走沙袋的情况时，幼儿知道寻求同伴的帮助，在两人也不能运走的时候，知道邀请更多的小伙伴一起来帮忙，他们意识到团队协作力量大。孩子们在实践体验中，深刻认识到了合作的重要性。

当然，这种提问方式，也提醒着我在日常教学当中要多给孩子表现的机会，让他们多表达自己的想法，多交流不同的思想，让孩子们的思想在一起碰撞。在学习掌握一项运动技能的时候，我也要用这种方式，让孩子明白每个动作技能的作用并熟练运用。曾经有个体育运动员用前滚翻的动作成功躲避车祸，这就是让运动技能服务于生活的例子。

3.课例事件2：自制新滑梯，多人相助，协力脱离困境

孩子们在平衡区搭建防线时，几个女生拼搭出一个简易的滑梯，比之前的长度要长，这时我听到一声“老师，他不敢!”我回头看到另一队正在进行一种创新的玩法，只见他们轻松自然地从自制的滑梯上滑了下来。这时媛媛发现了这边的刺激，加入到这队，我没有制止她，尊重了她的选择。

轮到铭铭游戏，只见他将滑板摆正，正准备享受刺激的时刻，衣服却被滑梯卡住了，他失去了动力，屁股停在斜面上，他急忙喊着：“怎么走不了?”后面的幼儿发现了问题，开始往上拉拽铭铭的衣服，铭铭也用力蹬木板，双手撑住架子往上抬高身体，配合着松开衣服，但他俩尝试后没能成功“解困”。

铭铭不但没有害怕，脸上还露出笑容，好像是一次新的体验。这时，洋洋和果果用尽全身力气去抱他，想把他抱回架子上，但是他们力气太小，也没有成功。从旁边过来的可可也发现了问题，他和洋洋一起合力往上拖铭铭，尽管两人合作，但是效果仍然不大。

铭铭依然无法上来，着急地喊着：“我该怎么办?”看到他求助的眼神投向我，我向他抛出“怎么办”三个字，于是大家都继续积极想办法。他们又想到了拉拉链，但拉链在最末端被木板挡住了，也拉不动。最终，在洋洋的一声呐喊中，四个人齐心协力，洋洋往上拽衣服，媛媛负责拉拉链，可可跳上去帮忙，铭铭往上抬身体，只听到嗖的一声，铭铭滑下去了。

4.课例事件2分析

大班的孩子喜欢与同伴合作，观察力、注意力、交往能力得到很大提升。当铭铭滑不下去的时候，洋洋第一时间观察到小伙伴的衣服被卡住了，急于帮同伴脱困，最后在小伙伴的齐心协力下，铭铭顺利脱困。在接下来的体验中，孩子们利用学到的经验，解决游戏中循环出现的问题，解决问题的能力进一步提升。

这个环节中，我尊重幼儿的兴趣选择，最大程度发挥孩子的自主性，给孩子提供自由、自主的游戏氛围，促进孩子游戏水平提升。媛媛是一个可爱聪明的孩子，游戏刚开始，她的兴趣被铭铭的呐喊声所转移，选择了更具有挑战和刺激性的游戏。由此可见，孩子内心是渴望挑战的。因此，我选择尊重孩子，而不是制止她突然的“客串”行为，让幼儿再次进行自主选择、自主游戏。

重视幼儿自由游戏过程，鼓励幼儿自己面对问题，体验合作解决问题。我观察到铭铭被卡的衣服在背后方，不会对幼儿造成身体伤害及引起生命危险，所以我把问题抛向孩子，鼓励孩子自主解决。在孩子们思考问题交流时，不同的想法碰撞在一起。让幼儿通过交流，共同合作，集中大家的智慧，促进孩子解决问题的能力和社交能力。我及时总结活动，分享经验，提升孩子的游戏水平。

5.课例事件3：商讨角色，分工合作，遇到问题，商议解决

游戏开始后，商讨分配角色，内圈幼儿扮演防守方，用报纸球或沙包投掷攻击外圈幼儿（攻击方）；外圈幼儿走过攀爬区、匍匐前进区、木梯桥、钻爬区等区域，鱼贯行进，在行进过程中外圈幼儿利用辅助器械掩护，也可以将散落在地上的沙包、报纸球捡起来反击。内圈和外圈进行数次循环游戏后，双方发起勇夺红旗的总攻。

在孩子游戏的过程中，我观察着每个环节，孩子们在情景、语言、音乐的带动下很快身临其境进入角色，孩子们能够熟练拖运、抬梯子、滚轮胎，游戏经验丰富，喜欢探索与创新。突然，我听到“啊！”的一声，小朋友蜜糖哭了。在调整器械结构时，她尝试增加一个轮胎高度，多次尝试没有成功，最后想放弃。

成成一边给蜜糖鼓励，一边邀请来龙龙帮忙，三人一起用力往上抬，轮胎成功地重叠在第一个轮胎上面。大家继续着下面的任务，在放入梯子的过程中，需要两人抬着梯子放在轮胎上，可是这样在抬高梯子的时候容易碰倒轮胎。这个时候，龙龙说：“虫虫，你和成成负责扶着轮胎，我们两个负责抬梯子安装。”四个人一起用力，成功地把梯子安装在轮胎上。接着，大家尝试进行游戏，结果发现梯子左右移动，果果刚上去就不敢走了。龙龙发现：“轮胎不稳，很容易造成梯子晃动。”成成说：“停，停，先把梯子搬下来，我们要把轮胎固定稳，这样才不会晃动。”果果问：“用什么固定轮胎呢?”大家七嘴八舌地讨论着……最后大家一致同意用轮胎紧密摆放在垒高轮胎的四周，用绳子把上下两个轮胎绑起来。有了想法，大家立马行动起来，龙龙和成成一起抬高轮胎，乐乐和可可负责绑绳子，虫虫和蜜糖负责抬梯子。最后，在大家的努力下，新的拼接材料终于组装成功了。大家开始尝试游戏，这一次，梯子非常稳，挑战难度也提高了，孩子们很喜欢。

6.课例事件3分析

在同伴的帮助下，蜜糖内心变得更加强大，有了战胜困难的决心。孩子能够观察问题，在不断的变化中去观察比较与分析。在反复尝试新方法却反复失败的时候，蜜糖想退出游戏，是成成和同伴的坚持和鼓励让她变得有信心了。同时可以看出，成成在游戏中，有目的，有坚持，有想法，在同伴中有号召力，有一定的游戏领导力。而且她在游戏中也积极配合大家的行动，一会趴下，一会快速移动，一会翻越障碍，一会吸引对方注意力掩护队友行进。在小伙伴们的合作下，大家互相掩护一步步突破障碍，最终胜利突破对方设置的障碍线。

在这个环节中，我通过关键词进行引导，出现问题时没有马上给予直接帮助，而是给他们合作解决问题的机会。孩子首先从心理角度上为蜜糖减轻压力，给她鼓励和自信心，让她相信一定可以战胜困难。接着，很多小朋友在一起分享自己的想法，在同伴的思维带动下，大家想到好的办法就一个个去尝试，并在反复失败中总结经验。最后大家一起交流商议统一意见，一起合作解决不断出现的问题。在这个过程中孩子们的思维是非常活跃的，能够充分大胆地表现自己的想法，学会了与人交流，学会了和同伴一起协商解决问题。

给孩子提供分享游戏经验的机会。请成成小朋友分享他们几个人如何解决搭建轮胎梯子时出现的问题。怎样将重重的轮胎垒高到另一个轮胎上？怎样将又长又重的梯子放置在轮胎上？怎样稳定轮胎？还遇到什么困难，大家又是如何解决的？请小朋友玩一玩搭建好的玩具，感受与之前的不同，感受游戏的快乐。

在了解孩子的基础上，教师要大胆放手，给予孩子合作的机会。游戏中，当幼儿无法将轮胎垒高到另一个轮胎上时，我没有急于出手帮孩子，因为我知道，将厚重的轮胎搬到另一个轮胎上，用绳子绑住上下两个轮胎，这个事情看起来挺简单，做起来有难度，具有一定的挑战性，需要幼儿很好地配合才能完成。以我对幼儿游戏能力的了解，我判断幼儿一定可以自己解决，所以放手给孩子更多合作的机会，让孩子自己想办法，找到解决问题的方法。

看到这样的场景，我有所感悟，只有充分了解孩子的特点和游戏能力才能更好地放手，给孩子提供更多的合作机会，让孩子在团队中提高解决问题的能力，成为一名真正的小士兵。

将游戏的主动权还给幼儿，满足幼儿独立的愿望。教师要对孩子放手，给他们更多的自主权，感受孩子独特的学习方式，成为孩子游戏的引导者和伙伴，让幼儿在游戏情景中进行对抗、交流、互动，使孩子成为活动的主人，用游戏的手段促进幼儿社会品质的发展。例如，在搭建障碍的过程中，我们看到力量大的孩子一个人拖沙袋，力量小的孩子两个人抬一个沙袋并喊数合力将轮胎垒高。幼儿合作意识、解决问题意识、克服困难的决心顿时被环境调动起来，孩子们通过协商，用自己的智慧完成整个场地的战壕搭建和障碍的设置，脸上露出灿烂的微笑，完全沉浸在自己劳动成果之中。正如《纲要》中所说“满足幼儿独立的需求和愿望”。

通过竞技、合作等情景设计，增强幼儿游戏性的体验，让他们获得成功感。针对混龄幼儿年龄特点，教师给幼儿创设一个攻防演练的游戏情景，满足幼儿对英雄主义、榜样主义的向往，引导幼儿扮演小战士、指挥官、前线运输员等角色，不断地在游戏中体验挑战带来的成功感和愉悦感。游戏的路上不是一帆风顺的，在遇到困难时每个孩子都是解决问题的高手，只是他们缺少一个解决、交流、讨论的机会。教师在遇到这种情况时如果直接介入给予孩子指导，或是辅助孩子解决，很可能就减少了孩子们独立解惑的机会，而要知道孩子是实践中的行动家，他们永远有着好奇心，敢探究，敢尝试。

体育游戏促进幼儿社会性的发展，关注幼儿学习与发展的整体性。《指南》中指出："关注幼儿学习与发展的整体性。儿童的发展是一个整体，要注重领域之间、目标之间的相互渗透和整合，促进幼儿身心全面协调发展，而不应片面追求某一方面或几方面的发展。"此次游戏中幼儿在模拟的小社会中体会人与人相处的快乐，体会到集体的智慧才能克服困难，感受到每个人都是社会中重要的一部分，让自己在团队合作中解决问题得到成长，最大限度地认同自己，欣赏别人。让幼儿的集体荣誉感、自豪感得到最大体现。

（三）课例中反映出的问题

孩子的合作能力是在交流中得到发展的。户外大循环活动就相当于给孩子建立一个游戏的小社会，在这个集体中，孩子可以接触到不同班级和年级的孩子，跟他们一起游戏，分享自己的想法，产生思维碰撞。游戏有挑战，就会遇到失败，有的孩子胆小，失败后不敢寻求帮助，也不愿意主动地去交流，这也就需要我们用运动带动孩子个性的发展，让孩子在运动中彰显个性，爱上表现，爱上挑战，爱上展示。

团队的力量大，这句话需要孩子在切实的生活实践中去体验，才会有更真实的认知。当一个人搬不动时，尝试两个人搬，两个人也搬不动时，三个人一起用力成功将沙袋搬起来运送到目的地，孩子们由此认识到自己一个人的力量是有限的，而团队的力量是强大的，要组成团队，一起战胜困难。在游戏中，孩子们随时会遇到各种突发问题，需要自己去解决。很多小朋友都喜欢独立思考解决，但是又因思维单一而无法解决问题，造成游戏暂停。这也说明我们需要引导孩子们培养协调合作意识，学会主动交流，互助合作，共同克服困难，养成好的社会品质。

在教学组织过程当中，我充分地感受到，教学是一门艺术，教学更要懂得随机应变。一日生活皆课程，教师要把握户外活动中的每个环节，对孩子进行及时的教育。特别是在户外活动中，孩子会出现各种身体和心理状况，教师要全程参与、观察，把握科学指导的时机和方法。所以，今后的户外活动组织中，我要多思考、多学习，科学组织每个环节，合理设置场地器械，让孩子有更多收获。

教育是需要不断学习，不断创新的。在以后的教学过程当中，还可以挖掘很多的资源，从而让这节教学活动变得更有价值。此外，在这次课例分析当中还发掘出一些没有解决的问题。

1.如何让户外活动贴近幼儿生活，回归于自然

环境是无声的教育，幼儿原本就属于自然。法国著名教育家卢梭倡导“教育要适应自然规律，主张尊重天性，归于自然”。英国学前教育非常重视户外活动的开展，倡导人与自然的融合。因此，幼儿园根据幼儿自然的天性，因地制宜，依托自然资源，充分挖掘深层价值，构建幼儿园户外游戏课程。本次活动中，根据幼儿需求创设小士兵的情景，幼儿需要掌握基本动作技能，但是忽略了其他可挖掘的教育价值。这让我意识到可以进行一个延伸活动，让幼儿身穿迷彩服装备从心理和身体上扮演小士兵，学会利用自然环境保护自己，在突发的情况中提高自我保护和团队协作意识。我们的体能教研组也可以一起商讨，最大限度挖掘幼儿与自然资源融合的教育，例如让幼儿学会抵御对方的沙包袭击，利用自然环境保护自己也是幼儿在户外活动中需要培养的一种必不可少的能力。

2.如何将游戏权还给幼儿，给幼儿更多的机会

游戏是幼儿最喜欢的活动，幼儿的生活即游戏。教师在幼儿的游戏中应始终扮演一个配角、旁观者、引导者的角色，要不动声色地让有意提供的材料在游戏中起到应有的作用，在考虑游戏安全的同时，尽量放手让幼儿有游戏的主动权，做到不干涉幼儿的主动性和创造性。给幼儿真正的自由和充分的尊重，让幼儿成为游戏的主人，促进幼儿个性化最大的发展。本次活动在这方面做得还是比较好的，活动中充分调动幼儿的自主性，让幼儿大胆创造，尝试构造营地，合作交流，合作解决问题。但是我们现今还处在尝试发展的阶段，还缺乏经验的总结。因此，在日后的教研活动中，我们可以就此问题展开研讨。

3.幼儿户外活动在材料创设上存在的问题

幼儿能够针对不同材料进行不同动作能力水平的游戏，是由于孩子们在前期已经有了很多动作经验。《纲要》中明确指出：“游戏来源于生活，应用于生活”。本次活动中我们发现：在孩子已有动作经验的基础上，依然很难使所有的幼儿都弄明白器械的多种玩法。每一种器械都有很多不同的玩法，每一种器械都能发展不同的动作水平，就看你怎么创设玩法。在户外活动中，很多孩子掌握了单个器械玩法，知道用同种类型器械创造新玩法，但是很少用不同器械材料组合玩法。创设的玩法是否安全可行，

是否能够促进幼儿动作的发展，这些都是我们需要反思的问题。在今后的探讨中，我们要思考：选择的材料是否适合孩子？孩子怎么利用不同材料创设不同玩法，发展动作能力？

（武汉市实验幼儿园　周盼）

附教学活动方案：

小小野战军

武汉市实验幼儿园　周盼

一、设计意图

中大班孩子特别崇拜警察、解放军等职业，喜欢像他们一样充满正义感、有厉害本领的形象。本次“小小野战军”活动就是在幼儿充分掌握走、跑、跳、钻、投掷等基本动作的基础上，让幼儿通过视频模仿解放军战士学习本领及实战演练的情景，充分满足了幼儿的兴趣。通过实地情景参与，让幼儿充分将学到的基本动作运用到实践中，同时感受小士兵的英勇顽强、不怕苦不怕累、勇敢战胜困难的精神。本次活动我们重点观察如何在活动中提高幼儿合作解决问题的能力，让孩子充分在活动中发挥自己的主动性、创造性，成为游戏的主人，主动去解决问题，敢于奋斗、拼搏，乐于合作、探究、交流，发展独立个性。

二、活动目标

1.主动参加体育活动，主动解决问题，懂得克服困难，敢于尝试，有一定的团队协作意识。

2.通过走、平衡、爬、投掷等动作，发展幼儿动作的协调性、灵敏性以及灵活躲闪的能力。

3.能运用一定的技能，在合作下完成指定任务，会保护自己。

三、活动准备

1.知识经验准备：幼儿有过走、跑、跳、平衡、爬等动作经验。

2.物质材料准备：麻袋若干、军旅伞四把、轮胎若干、条凳八张、人字梯六架、油桶、拔河绳、拼接木板、红旗等。

3.环境准备：户外宽阔的场地。

四、活动过程

（一）热身活动，搭建大本营以及指定区域障碍物

1. 幼儿用麻袋自主搭建大本营，两队在指定区域用轮胎、平衡木、人字梯、木板、油桶、垫子等器械组合搭建不同难度的障碍物。

2. 幼儿将投掷物（沙包、纸球等）随意分散在第二个圆圈中，自主搭建轮胎山红旗阵地。

（二）游戏：小小野战军

1. 两队听到教官说野战开始后，猛虎队（进攻队）迅速从大本营出发，排长带领队员依次经过层层障碍物去进攻包围勇士队（防守队），勇士队（防守队）排长带领队员迅速从大本营出发寻找弹药，到第一道防线边线利用各种投掷物来阻止猛虎队（进攻方）的包围。

2. 经过激烈的攻防战斗，猛虎队攻破防线，勇士队退到第二道防线与“敌方”展开团队实力大比拼（拔河），进行大一班对大二班、中一班对中二班的拔河比赛。

3. 经过苦战，双方进入到决胜阶段，猛虎队与勇士队在起点线就位准备抢旗。猛虎队（大二班抢旗，中二班负责用投掷物延缓大一班的前进速度），勇士队（大一班抢旗，中一班负责用投掷物延缓大二班的前进速度）。

4. 抢到红旗后在高点挥舞欢呼，教官宣布结果，各队带领队伍有序返回大本营，将红旗插在大本营方。

5. 各班组织幼儿利用器械进行自由活动。

（三）整理放松活动

1. 教师引导幼儿收拾器材并放到指定区域。

2. 教师小结活动，对活动中的不足进行点评，肯定幼儿积极的表现。

3. 放松活动：教师带领幼儿进行拉伸性放松活动。

五、活动延伸

1. 幼儿分享自己成功突破障碍物的方法。

2. 幼儿分享生活中遇到困难如何勇于克服困难，想方法解决。

3. 教师小结：要养成主动交流、动手动脑解决问题的好习惯。

二十三、如何对幼儿动作技术的学习进行科学指导——《助跑跨跳》大班健康课例分析

（一）课例背景

大班幼儿随着年龄的增加，运动能力逐渐增强，身体各项机能发展稳定，体力明显增强，活泼好动，喜欢尝试一些新奇、有挑战性的游戏和动作，与同伴间开始出现一些合作关系来获得身体运动的经验，也有了一定的自我保护意识和安全意识。跳跃是大班幼儿非常喜欢做的动作，孩子们尝试跨跳得更高更远来获得快乐，特别是助跑跨跳过一定障碍物能使他们获得对自己身体发展的自信心。

在本次教学活动中利用长短、高低不一的三折泡沫垫让幼儿对动作发展进行自主调节，让孩子自己设计一些挑战，也可以在活动中让动作发展水平不一的孩子得到各自最大的锻炼与提升。本次活动从多途径、多视角对幼儿学习动作技能中产生的困难进行研究，教师进行科学指导时注重动作分解，循序渐进，从而帮助幼儿掌握正确的助跑跨跳动作技术。

（二）活动片段实录及分析

1. 课例事件1：出示小泡沫垫，并提问这些小垫子可以怎么玩——激发兴趣，探索小垫子的多种玩法

教师拿出小泡沫垫并提问："大家知道它是什么？"

妮妮："它是小泡沫垫。"

教师："可以用它玩哪些游戏？"

妮妮："可以双脚从它上面跳过去玩。"

子豪："可以一只脚从上面跳过去玩。"

教师："还有没有跟他们说的不一样的玩法？"

子豪："可以从垫子上爬过去。"

教师："请这个小朋友展示一下他是怎么爬过去的。"

（幼儿展示用手、膝爬过垫子。）

铭铭："我还可以从垫子上滚过去。"

很多小朋友："我也可以，我也可以。"

（请三个小朋友展示侧滚过垫子。）

子豪："我能从垫子下面像条毛毛虫一样钻过去。"

很多小朋友："我们都喜欢那样玩，很有趣！"

（请三个小朋友展示钻过小垫子。）

铭铭："我可以从垫子上面飞过去！"

教师："你们想知道他是怎么飞过去的吗？我想看看，因为我觉得他很厉害，能够从垫子上面飞过去，很多人都不敢。"

（请铭铭小朋友展示跨过小垫子。）

2.课例事件1分析

在这个课例事件当中，我一连用了几个追问的方式，激发幼儿的游戏兴趣。孩子们在前期游戏活动中已经了解了小垫子多种不同的玩法。由于他们前期在不同游戏中接触过小垫子，所以当我问到这些问题的时候，他们能够迅速地回答出来，而且确实想出了多种不同的玩法。

在以往的教学当中，我们也会用到这种回顾已有经验的提问方式。但是，我们往往只是局限在让孩子掌握和回顾已有经验，孩子并没有在现场展示他们的游戏经验和游戏方法。而我在本次活动的设计中，特意给孩子们一个机会展示自己想出的玩法，孩子们非常积极，都争先恐后地回答，想得到在众多幼儿中展示游戏玩法、展示自我的机会。当铭铭回答他可以从垫子上滚过去的时候，其他孩子都说他们也可以，大家都想展示在垫子上滚过去的玩法。这充分反映出，同伴之间的相互影响和比较使得活动在导入部分就已经营造了积极探索、主动练习及展示自我的氛围。

当然，这一环节的提问对话，也提醒着我在日常教学当中，要注重给孩子更多自我展示的机会，更多地让孩子去思考，去尝试，去探索游戏的新玩法，而不是老师去教孩子们该怎么玩，要让幼儿的"学"放在教师的"教"前面。而在设计一节教学活动的时候，也可以用类似今天的提问加展示的方式来让孩子充分展示自己的已有经验，这样可以让一节活动拥有一个好的开头。

3.课例事件2：知道正确跨过小垫子的方法吗——动作示范，总结动作要领

我让铭铭展示从垫子上飞过去的玩法，孩子们发现铭铭在离垫子几米外的地方先助跑，在快要靠近垫子的时候突然一只脚快速蹬地，另一脚向上向前抬起，一下子就从垫子上方跨过去了，于是孩子们发出惊叹的声音，而且现场的掌声此起彼伏。

教师："铭铭成功地飞过去了吗？"

幼儿："成功了！"

教师："他是怎么飞过去的？"

幼儿："两只脚一前一后从垫子上面过去的。"

教师："那请小朋友们想一想，怎么样才能让我们的脚一前一后过去呢？"

芊芊："先要跑起来。"

小雨："而且要跑得很快。"

牛牛："不是的，是因为铭铭的腿很长，所以一下子就飞过去了。"

花花："我也认为是因为他的腿很长才能飞过去。"

教师："假如是因为他的腿很长，那铭铭这次不从垫子前面开始助跑，看看结果会是什么样的。"

（铭铭不助跑，直接在垫子前面开始抬腿跨垫子，结果踩到垫子上了。大家一起笑了起来。）

小雨："我说了吧，是因为跑得快才能从垫子上面飞过去。"

教师："那请你们从垫子前面开始快速助跑，看一看能不能飞过小垫子。"

（大家分4组练习助跑通过垫子，有的幼儿"飞"过去了，有的幼儿没有"飞"过去。）

教师："为什么大家快速助跑后，有的小朋友能飞过去，有的小朋友却不能呢？"

子豪："因为他们跑的速度不够快，所以飞不起来。"

大家都在说："是的，是的。跑得太慢了。"

（请没有"飞"过垫子的孩子回到自己的队伍再试一次，而且也请一半已经"飞"过去的小朋友再回到队伍里试一次，其他幼儿则在一旁观察。）

教师："你们都发现了什么？"

妞妞："他们在飞过垫子时脚没有抬起来。"

教师："大家觉得她说得对不对？"

大家想了一下，还是没有答案。

教师："这次请刚刚没有飞过去的小朋友除了助跑要快以外，还请你们在垫子前面快要飞的时候脚蹬地抬起来，抬高一点，看看这次能不能成功。"

（按照教师要求，幼儿再次尝试助跑跨跳过垫子，这一次很多孩子成功了。）

小雨：“前面要跑得很快，而且后面快要到达垫子前面时脚要蹬地抬高一些？”

子豪：“我早就猜到了。是的，是的，要跑得快，而且脚要蹬地抬得高。”很多孩子都同意这个观点。

4.课例事件2分析

在体育活动当中，我们应该如何引导孩子掌握正确的动作要领？是将答案告诉孩子，还是带领孩子寻找答案呢？在幼儿教学活动当中，我们经常会用到“引导”这个词。该如何“引导”呢？我想，这也是我写这个课例想要探讨的问题。

在这一环节当中，孩子们要通过观察和实践练习，大胆总结正确的动作要领。孩子们最终总结的动作要领当然是对的。但是在这个过程当中，我没有牵着孩子找答案，更没有直接把答案告诉给孩子，而是由孩子们深一步、浅一步观察和实践练习得出来的答案。

在还没有完全掌握助跑跨跳的动作要领时，孩子们五花八门的答案非常有趣。不仅如此，孩子们之间还在争论。有的孩子说铭铭之所以能够跨跳过垫子是因为他的腿很长，但是当看到铭铭没有进行助跑这一动作而是直接跨就会失败后，就有孩子出来反驳，提出是因为他助跑速度快才能从垫子上面“飞”过去。到这里，孩子们通过观察与实践已经总结出了助跑跨跳正确动作要领的一部分了，那就是助跑速度一定要快。但是，助跑跨跳这一技术动作是不是只要速度快就行了呢？虽然在现场练习和观摩下，孩子们已经认识到了助跑速度要快这一关键要领，也知道助跑速度决定跨跳能否成功，但是孩子们依然很难从蹬地起跳、抬腿等方面来考虑答案，因为蹬地起跳这个动作是在瞬间内完成的，肉眼很难直接观察到。这也再次说明孩子的学习大多是以直观形式进行的，对于那些隐藏较深的肌肉工作原理，孩子们很难去觉察和掌握它们。但是，也有像妞妞、子豪及小雨那样的孩子，他们可以对比观察、反复思考得出较正确的结论。

从这里，我也有所感悟。孩子们的个体差异是很明显的，但是他们有一个共同的特点就是敢于尝试，并且对于未知的东西非常感兴趣。如果我急于将答案告诉孩子，或者牵引着孩子一步一步寻找答案，那么很有可能就会浪费掉这样的教育机会。这节活动孩子们的表现非常棒，他们灵活的思维和仔细的观察，帮助他们对比分析和探索出了正确的答案。

5.课例事件3：为什么小垫子总被碰倒——动作练习，纠错总结，再次练习

经过探索、示范、总结要领几个环节后，接下来就是组织孩子们进行多次反复的练习。通过前面三个小环节，孩子们对助跑跨跳动作有了一定的理解，而且也在认知层面掌握了这个动作的关键要领。但是在练习过程中，还是有部分孩子不能成功“飞”过小垫子，立起的小垫子多次被打倒；还有的孩子有时能成功，有时却又失败了。

通过与幼儿探讨后发现，失败的主要原因就是以下几点。

幼儿自身身体协调性、肌肉力量和身体素质总体水平不高，导致在动作技术的学习过程中“有心无力”，容易出现多余动作或错误动作。

幼儿心理条件不够成熟，抗压能力较差，易紧张，从而影响动作的发挥。比如在助跑起跨这一瞬间，幼儿看到高高竖起的小垫子障碍，心里瞬间就紧张起来，一紧张就会改变原有的跑步节奏，导致出现“倒步子”现象，使得助跑与蹬地起跳动作衔接不连贯，从而无法跨越障碍物。

将学习的理论转化为实践需要一个过程，有的幼儿理论内化过程较长，无法在短时间内快速输出正确的动作。

幼儿运动信心不足，害怕失败。

通过大家系统性的探讨总结后，他们在练习的时候尽量避免以上几点，成功的次数也就越来越多了。对于练习效果仍然不理想的幼儿，教师要在幼儿练习过程中观察他们的动作，快速找出导致幼儿失败的根本原因，从而进行个别化指导。

6.课例事件3分析

健康活动主张精讲多练，幼儿动作的掌握离不开身体练习，而且身体练习甚至要占一节教学活动的大部分时间。怎么帮助孩子快速掌握正确动作？我认为，在这一过程当中除了让孩子们知晓正确的动作要领之外，反复有效的身体练习是帮助幼儿掌握新动作的最好方法。孩子们在前面的环节当中对新动作的技术要领进行了探索和观察，但是体育动作的掌握是需要靠身体练习来完成的，孩子们应该带着这些目的来练习和多次尝试。这时就需要老师进行精准的科学指导。

其实，孩子们在练习过程当中很直接地就能感受到真正的结果。因为，“飞”过去到底是成功了还是失败了这是非常明显的。我安排幼儿分组进行有无蹬地抬腿动作对比，这在无意中成为以后沿用的教学方法。孩子们在观察截然不同的两种结果之后，我问道：“为什么XX能成功，XX却失败了？”孩子们很快就能总结出经验来了。

最终，孩子们通过自己反复多次练习后发现，助跑速度快和蹬地抬腿要高这两点是取得成功的关键，而且大多数幼儿掌握这两点要领后“飞”过了小垫子，从孩子们喜悦的表情当中就足以看出孩子们满足感和成就感。

（三）课例中反映出的问题

幼儿都喜欢尝试、挑战、学习新的动作技术。但是新技能的学习需要循序渐进，由易到难。探究新玩法需要幼儿在掌握跨的动作后有指向地进行助跑跨跳的尝试，动作成功需要幼儿更直观的身体体验。在本次活动中，幼儿探究了过垫子的很多玩法，但是教师没有针对性地进行跨跳的铺垫，并在练习中对助跑跨跳动作进行分析。幼儿需要以寻找跨跳动作的要点和难点分步骤地学习，在实践中去寻找答案，体会跨跳的动作要领。这里的难点就是动作要连贯，选择好起跨点，调节好步幅，落地轻，保持身体平衡。幼儿通过亲自尝试，做到心中有数。

教师要及时关注幼儿的活动，发现问题及时解决。如果幼儿对动作有了一定的了解，但通过练习仍然没有掌握正确的动作，特别是如果幼儿出现了共性问题，那么教师需要集中纠正指导，采用教师与幼儿共同示范的方式展示正确动作，帮助幼儿直观了解自己与正确动作的差距，让他们在反思与练习中不断地改进。通过幼儿练习巩固，提升总结，让幼儿掌握跨跳的动作要领，也通过教师的榜样模范作用让孩子情绪更加高涨，增强了他们助跑过障碍的信心。

此外，活动过程中，我发现了一些问题，主要集中在团队精神、难度挑战、新的尝试三个方面。比如有些孩子自己掌握动作要领，能按照要求完成动作，但是集体意识不强，团队精神不足；有些幼儿只是一味地挑战刺激难度，没有正确判断自己的动作能力水平；有的幼儿掌握了一个动作要领，但在自由选择不同难度来练习时不愿尝试新的动作。这个时候如果教师能够及时地鼓励和表扬幼儿，相信幼儿掌握的动作技术会更好。当然，体育教学活动会出现很多突发的情况，需要教师及时把握教育的时机，运用正确的方法，让活动变得更有效果和价值。此外，在这次课例分析当中还发掘出一些尚未解决的问题。

1. 如何在教学活动中照顾不同运动水平幼儿的发展

幼儿的成长与发展具有不平衡性，每个孩子的运动能力水平也不完全一样。在教学活动中，教学内容设计太难了会打击幼儿的自信心，让幼儿体会不到运动的乐趣，长此以往会影响幼儿参与体育运动的积极性；但如果设计得太简单了，孩子的身体发展和运动水平得不到提高，也会失去运动的价值与意义。所以，在一节教学活动中如何能做到兼顾不同运动水平的幼儿，是值得我们教研组后期再次挖掘的内容。

2. 幼儿不愿意参加更大难度的挑战怎么办

体育运动的精神是更高、更快、更强，而且适当的运动挑战有利于帮助幼儿学会更好地控制自己的身体肌肉，提高幼儿的运动技能和自信心。但是在体育教学活动的现场，我们经常会发现仍有一部分孩子特别是女孩子害怕甚至拒绝各种自我挑战的游戏。作为体育老师，我们又该如何来帮助这类孩子呢？

3. 在教学活动中，如何将助跑跨跳动作技术与游戏有机地融合

助跑跨跳是一个技术性很强的教学内容，而且技术动作相对而言比较复杂。如果在教学过程中一味强调动作的技术要求，会让幼儿觉得很枯燥乏味，幼儿参与活动的积极性会大大降低。游戏是幼儿学习的基本形式，能很好地提高幼儿参与活动的兴趣，但是在教学活动中只强调幼儿的游戏体验，又会在一定程度上弱化运动技术动作的掌握，这也不利于幼儿掌握正确的助跑跨跳动作。所以，如何将助跑跨跳这一动作技术融入游戏中，真正做到让幼儿在玩中学，在学中玩，也是一个值得后期继续研究的问题。

（武汉市实验幼儿园　周盼）

附教学活动方案：

大班健康活动：助跑跨跳——“勇敢的小鹿”

武汉市实验幼儿园　周盼

一、设计意图

助跑跨跳是大班幼儿需要掌握的基本动作之一。在以往的教学中采用教师讲解、示范和幼儿反复练习的方式，我发现孩子们对这种学习方式不感兴趣，达不到理想的效果。《纲要》指出：“幼儿园要以游戏为基本活动，让孩子成为游戏活动的主人。”于是，我尝试以“勇敢的小鹿”的游戏形式让孩子在游戏中自我发现、自我学习，教师将动作技术以游戏的形式呈现给孩子，让孩子在游戏中巩固动作技术。用游戏服务于动作学习，孩子的积极性提高了，学习的效果也变好了。

二、活动目标

1. 体验不同跨跳游戏带来的快乐。

2. 初步掌握助跑跨跳的动作要领，80% 幼儿能够助跑跨过三排垫子，发展跨跳动作和协调性。

3. 能积极参与活动并努力挑战自我，会保护自己。

三、活动准备

1.知识经验准备：拼垫子和垫上游戏，掌握原地跨跳动作。

2.物质材料准备：20*20米以上软平地，泡沫垫50块，音乐。

四、活动过程

（一）热身准备

1.集合站队。

2.师生问好。

3.变速跑跨垫子。

4.常规准备活动。

5.热身游戏："看谁反应快""1、2、3跳跳跳"。

（二）学习跨垫子

1.原地跨垫子。

2.探索助跑跨跳的方法。

3.师幼示范，共同总结助跑跨跳要领。

4.练习助跑跨跳。

5.练习跨立体三角，两人一组到四人一组。

（三）游戏"勇敢的小鹿"

游戏玩法：设计两排和三排垫子的障碍物各两组，幼儿自由选择难度进行练习，然后请部分幼儿尝试四排障碍物，最后"鹿王"展示最高难度。

要求：遵守游戏规则，自觉排队。

五、游戏"小鹿勇闯鳄鱼岛"

游戏玩法：利用拼好的垫子设置障碍，组成一个循环的练习场地，老师扮作"鳄鱼"躺在某处，幼儿要用助跑跨跳的方法跳过每一个障碍物和"鳄鱼"。

要求：勇于挑战，不怕困难。

六、放松活动

1.集中放松。

2.拉伸练习，放松游戏。

3.重点回顾，复习助跑跨跳的重、难点。

4.师生再见。

七、活动延伸

1.幼儿分享自己在生活中成功运用助跑跨跳动作的实践活动。

2.教师小结，在生活中运用助跑跨跳本领的实践活动，如过排水沟、大自然中跨越狭沟等，引导幼儿运用动作回归生活，服务于生活。

二十四、一课三研中相似联想的教学策略在美术活动中的运用——《春天的联想》大班美术课例

（一）课例背景

春天来了，在我们园附近随处可见各种各样的鲜花竞相开放，许多小动物也出来活动了，我们利用环境资源对幼儿进行因地制宜的教育，让环境成为我们的课程建设的一部分。在选择《春天的联想》这个艺术教学活动时，教师们发现幼儿们围绕春天的颜色争论不休，在提供给幼儿画具后他们画得不亦乐乎。但是在画的过程中如何让幼儿的创意思维得到发展？此次教学活动中的相似联想又体现在哪里？怎样抓住这个教学的切入点实施有效的教学活动？这都是需要反复推敲的问题。

于是我们采取一课三研的形式，分别有三位老师执教了同样的教学活动，有位男教师也有幸参与执教，在集体磨课的过程中，老师们围绕困惑的问题积极展开讨论，所有老师的教学能力都得到了不同程度的提升。

（二）活动片段实录及分析

1.课例事件1：该不该提供范画给幼儿欣赏？

在我们美术教学活动中对于新授部分往往会先给幼儿欣赏范画，引导幼儿去感受美、发现美，同时再抛出当天的美术活动在表现技能上的要求。这种一问一答的方式对于幼儿创意思维的培养是存在限制的。

我们换了一种方式来开始活动。当幼儿们看到老师准备的绘画材料时都兴奋得不得了，认为能够拿着画笔、蘸着丙烯颜料画画是一件很了不起的事情，都不由自主地走到老师的跟前想知道今天我们到底要干什么。

问题一：如何调动幼儿已有的知识经验让幼儿了解春天？

大多数教师都认为这次教学活动有很强烈的季节特征，应该充分利用我园周围的地理环境因地制宜地开展教学活动，带着幼儿到户外去观察春天，积累幼儿前期的知

识经验，再来进行相似联想；也有一部分教师坚持要有范画欣赏的环节，认为这样可以直观地再现春天的景色，特别是我园附近没有的春天风景，以此来丰富幼儿的审美经验并令其展开相似联想。

2. 课例事件1分析

单凭几张范画的欣赏来调动幼儿的审美兴趣，远不如把幼儿带到户外让幼儿通过观察、探索来获得对于春天的季节特征更深的感性认识。所以最后老师们决定先带幼儿到户外寻找春天，再欣赏一首春天的歌曲，以歌曲的形式来调动幼儿的已有经验。

幼儿在欣赏完音乐后，教师通过提问调动幼儿的已有知识经验：刚才歌曲中你们听到什么？又仿佛看到什么？闻到什么？通过感官激发幼儿学习的兴趣。“听到流水声”“闻到花香”——幼儿纷纷各抒己见，在回答的过程中有的幼儿载歌载舞地跳了起来，表达自己对春天的理解。

教师的提问要能围绕此次教学活动的知识点进行设计，从而形成有效提问。同时绘画材料的使用要能激发幼儿学习的兴趣。在幼儿欣赏的过程中教师适时地提供带有花香的香水，让幼儿闻到淡淡的花香，从而找到教学活动中关于植物的切入点，再来挖掘在植物领域中关于春天的色彩，为后面的相似联想打好基础。

3. 课例事件2：通过脚印舞蹈激发幼儿进行相似联想，让幼儿的创造力和美术技能协同发展

教师带着幼儿随着一段欢快的音乐在海绵布上跳起了舞蹈，顿时幼儿的脚印印在了画布上，脚印有大有小、形状各不相同。幼儿看着脚印的颜色说春天。

教师根据画布上的颜色抛出问题：春天来了，什么是红色的？什么是金黄色的？小河潺潺地流着，谁会在小河里游玩呢？

幼儿1：“春天来了，粉红的桃花开了，一大片一大片金灿灿的油菜花开了，有树叶发芽了。”

幼儿2：“春天来了，河里的小鱼快活地游着，小蝌蚪也出来玩了。”

幼儿3吟诵古诗《咏柳》。

幼儿4：“春天来了，有一首歌曲叫《春天在哪里？》。”于是幼儿们跟着他一起唱了起来。

4. 课例事件2分析

相似联想本质上是一种抽象思维，就是在不同的形象和事物之间，找出相同的东西，利用事物之间的本质和共同性来孕育一个新的创意。画布上留下了很多春天的颜色：粉红色、金黄色、蓝色等等，教师利用颜色的相似点引导幼儿进行相似联想。比如，看到粉红色就会想起春天的桃花盛开；看到金黄色就会想起油菜花开；看到蓝色就会想到湖水或天空，由湖水想到湖里的小动物，由天空想到天空中的小动物、云朵等——开启幼儿想象之门，激发幼儿的创造力。把幼儿观察到的春天进行情景再现，同时为后面的作画环节打好基础。

问题二：如何通过点线面的组合让幼儿的创造力和表现技能协同发展？

因为担心幼儿的表现技能，担心幼儿画不出春天的景象，有一部分教师主张在幼儿绘画前进行范画，认为这样一来幼儿的表现技能就能得以提升，而且觉得这样自己更容易驾驭这节教学活动。后来经过教师们的推敲，认为幼儿是天生的创造者和表现者，他们的艺术性发展和对艺术的表现力是由内而外的，这种由内而外的表现是通过不断地体验与感知而形成的，并不需要教师教条式地进行教授。最后教师经讨论决定不需要范画，而是让幼儿根据相似联想进行绘画。即让幼儿自己利用绘画材料对点线面进行再次组合，形成与别人不同的作品，充分调动幼儿的想象力，激发幼儿的创造力；教师在活动的过程中关心幼儿的自我表现和绘画材料的运用，但不提供成人的观念和意象，鼓励幼儿大胆作画和画出与别人不一样的景象。

5. 课例事件 3：在评价中提升幼儿的表现力——如何进行多元评价？在评价中如何体现表现技能？

幼儿们画完后，教师们觉得幼儿的表现技能在此次教学活动中没有得到充分的体现，特别是教师指导凸显得不够，认为在幼儿创造力与表现技能协同发展时，可以让评价发挥其功能。于是老师们认同幼儿互评，教师和幼儿一起评，最后是教师评。

6. 课例事件 3 分析

在评价中采用幼儿之间互评与幼儿自评相结合，让幼儿能够对自己、对他人有更多的认同感，增强幼儿的自信心。在教师进行评价时采纳幼儿的纵向评价，让幼儿得到老师的认同，同时在教师进行评价时体现对表现技能方面提升的意见，如画面的布局、线条的处理等等，这样整节教学活动会更生动。

（三）课例中反映出的问题

1. 有效地调动幼儿已有的知识经验，利用多种感官进行学习

在课例研磨的过程中，如何调动幼儿前期知识经验一直是我们存在争议的话题。幼儿新经验的建构是在原有知识经验的基础上与环境、材料互动而逐渐形成的，此次教学活动在教学策略方面教师没有出示范画，只是和幼儿谈论、回忆我们所观察到的春天，尊重幼儿的兴趣，唤醒幼儿已有的知识经验，对幼儿的审美感受进行梳理。正如《指南》中指出："幼儿绘画时，不宜提供范画，特别是不应要求幼儿完全按照范画来画。"从辩证唯物主义观念上来看，范画应根据情况适当地进行投放，投放范画的元素不要束缚幼儿在创作过程中的想象力与表现力的发展。通过现在各种体裁的美术作品，让幼儿感受和欣赏到不同美术作品的同时，激发幼儿好奇心、好胜心、爱美之心，帮助幼儿从"画匠"向"画家"进行转变。

经过教师们的讨论，教师提议通过欣赏一段春天的乐曲，调动幼儿的感官，通过听声音、闻气味、看颜色等唤起幼儿已有的知识经验，然后通过教师的循序渐进的提问，一步一步激发幼儿的审美经验，最后经过教师梳理与总结让幼儿更清楚地知道春天的季节特征，从而达到教育无痕的效果。

2. 绘画过程中教师鼓励幼儿的表现力和创造力协同发展

现在在幼儿的美术作品中常常会看到标准的"7"字鼻、一双大大的眼睛、翘翘的马尾辫，以及蓝天、绿地、简笔画的人物和植物等表现方法，这样的作品很工整，但缺少幼儿个性的表现。其实幼儿是天生的创造者和表现者，他们的艺术发展和对艺术的表现是由内而外的，并不需要教师一板一眼地进行教授，在幼儿大胆作画的过程中他们的表现力不断得到提升，绘画技能也能得到发展，不需要成人在技能方面过多地

干预，只需鼓励幼儿大胆作画，画出和别人不一样的景象。

活动中教师围绕幼儿的表现力和创造力之间协同发展，做了巧妙的调节。日常教学活动都会给幼儿欣赏范画以激发幼儿活动的兴趣，但此次教学活动中没有范画，也没有刻意地讲解绘画的方法，教师充分调动幼儿已有的审美体验和经验，在表现技能中通过提问抓住事物主要特征引导幼儿进行表现，完全摈弃了以往在美术教学互动中讲解一种或几种事物的绘画技能的教授方式；同时在活动中充分尊重幼儿特有的表现方式，让幼儿快乐地作画，快乐地表现。在这样温馨的师幼关系下幼儿心情愉快，就连画出来的作品也是带着笑容的。

3.多元评价机制让相似联想成为幼儿园美术教学的新起点

相似联想本质上是一种抽象思维，就是在不同的形象和事物之间，找出相同的东西，利用事物之间的本质和共同性来孕育一个新的创意。幼儿通过自己的方式表达出自己对春天的理解后，画布上留下很多春天的颜色，幼儿将观察到的春景和画布中的颜色进行联想，这就是相似联想。在本次一课三研中，在评价环节通过经验的梳理，将复杂的相似联想的绘画理念巧妙地传递给幼儿，让幼儿在不断表现的过程中体会到相似联想的绘画方法，为幼儿绘画打开想象的大门。

幼儿的评价带有他律性，让幼儿利用相似联想这个切入点在充分肯定自己作品的同时也认同别人的作品，因此在最后评价环节中采取幼儿自评、互评、教师点评的方式。在教师评价中再次利用相似联想这个知识点来评价美术作品，如“这里为什么要画桃花?”“那里为什么会有雨?”等等。最后又回到我们教育目标的实现，让相似联想真正地插上理想的翅膀飞进每个幼儿心里，也让幼儿们的思维方法从一个纬度向另一个纬度进行发散。

（武汉市实验幼儿园　赵晋）

附教学活动方案：

大班艺术活动案例：春天的联想

武汉市实验幼儿园　熊立群

一、设计意图

一次主题活动的开展中，我带幼儿们到社区去观赏大树，春风吹过邻近的几棵李子树，纷纷扬扬下起了花瓣雨，幼儿们不知不觉陶醉于此情此景。陈鹤琴先生说过："带幼儿到大自然、大社会中去学习，去实施活教育。"于是我将春天丰富的色彩作为教学的切入点，通过相似联想进行艺术创作活动。

二、活动目标

1.乐意用丙烯颜料展开描绘春天的美术活动。

2.幼儿尝试运用借形想象的方法描绘春天。

3.能用黑色的线条大胆发挥想象进行创作。

三、活动准备

1.知识经验准备。

幼儿感受过春天的季节特征，有过画水粉画的经验。

2.物质材料准备。

（1）在长4.8m、宽2m、厚5cm的海绵上泼洒丙烯颜料，色彩以黄、绿为主，在海绵上盖上同样大小的白色棉布。绘画工具：排笔、水粉颜料、丙烯颜料等。

（2）幼儿每人一件罩衣、一个鞋套（提前穿好）。

3.艺术环境准备。

举办班级"春天来了"的主题活动展示栏。展示栏上有幼儿绘制的风筝、手工制作的花朵、树木以及线描画《花儿朵朵》等。

四、活动过程

1.在音乐的伴奏下，幼儿模仿"春天里的小花"进入活动室。

2.幼儿聆听乐曲，想象春天的景色。

现在是什么季节？老师带来了一首关于春天的乐曲，你们听完后请告诉我你听到什么？闻到什么？仿佛又看到了什么？

小结：春天来了，有很多小动物都睡醒了，他们有的在水里游玩，有的在草地上觅食，还有大雁从南方飞回来，它们都在尽情地享受春天。春天来了，粉红的桃花开了，金灿灿的油菜花开了，美丽的迎春花也开了，还有很多很多连名字都不知道的鲜花竞相开放，美丽极了。

3.教师和幼儿边听音乐边在棉布上踩画。

提示：教师要引导幼儿观察脚下不断被颜色浸染的白色棉布有什么变化。

4.教师引导幼儿进行相似联想。

春天里什么是粉红色的？什么是黄色的？什么是蓝色的？

5.幼儿作画《春天的联想》。

幼儿分组讨论：棉布上的舞蹈足迹是什么颜色？最像春天的什么？引导幼儿用黑色的丙烯颜料在印有足迹的棉布上进行相似联想勾画或添画春天的景象。教师鼓励幼儿根据足迹大胆地进行相似联想并大胆地用语言说出自己所画出的春天。

6.欣赏作品《我们的画卷》。

幼儿相互评价作品，并说说自己最喜欢哪个作品的哪个部分？为什么？

五、活动延伸

1.将幼儿作品展示到班级主题墙面上，引导幼儿开展有关“春天”话题的讲述活动。

2.鼓励家长带幼儿到大自然中观察，用多种方式表达自己对春天的联想。

二十五、从户外活动窥见“童趣活动”——《侏罗纪世界》大班户外体育活动课例分析

（一）课例背景

近几年，中国人对健康的重视再上一个台阶，全社会也更加重视“健康中国”战略的实施，作为一名幼教工作者，我们在思考：幼儿园户外活动如何建立系统性？如何科学地制定幼儿园户外活动计划？如何在幼儿园的每一寸土地和每一个角落里都留下童年的记忆？如何让户外环境发挥它的最大效能？

我园自2013年以来聘请了体育专职教师在三个园区轮流授课，2015年起聘请体育专职男教师分别驻扎在三个园区，至此，我园的体育活动有了专人负责管理。但是，当时的体育专业教师缺乏与幼儿打交道的实际经验，以至于户外活动通常以训练、器械游戏为主。经过五六年的打磨，体育专职教师从理论到实践的水平都有了较大提高，特别是一旦男教师的思路得到开发，他们所带来的游戏往往具有冒险精神、挑战性、童趣性，成为最受幼儿欢迎的活动之一。

《侏罗纪世界》户外活动构建于男教师团体思路之下，是几名男教师站在和儿童同样的高度、同样的视角下组织的活动，从神秘环境氛围的营造到富有挑战性的游戏组织再到游戏材料的升级运用，这样的活动必定是儿童喜欢的、充满童趣的活动。现在我们以武汉市实验幼儿园户外活动的组织为扩散点，分享我们的“童趣活动”。

（二）活动片段实录及分析

1.课例事件1：走进侏罗纪——创设情境性的童趣环境

教师根据大班幼儿现有的运动能力、经验及心理品质，利用园所的天然条件，创设富有童趣和冒险性的运动环境，将园内大型滑梯、樟树林、操场、沙坑、木屋等巧妙地融入童趣环境之中。“恐龙滑梯”由攀爬架顺势搭建在幼儿园大型滑滑梯旁，并用喷绘恐龙身体连接，滑梯布置成恐龙鼻子。“鳄鱼池”由防水布与木砖搭起来，并随时可以增加“鳄鱼池”的高度，跨越鳄鱼池有几种办法：①通过小池上方“架”起的独木桥；②穿上由油壶特制的避水鞋；③想办法消灭“鳄鱼”。“丛林穿越”是由若干矮椅子摆成宽1米的平行边界，将一块绿色长方形“草”铺在上面，下方可供幼儿爬行或使用工具快速匍匐穿越。“沉默的火山”由大型积塑玩具拼搭而成，里面放置干冰冒烟模拟火山口，幼儿可以投掷石子以堵住火山口；“小心陷阱”在幼儿园树林比较多的地方设置较密集的“陷阱”，幼儿需跨越以防掉落；“丛林飞跃”将树干用牢固的绳索牵连，幼儿戴上手套使用工具或滑索或双脚悬空两手交替前行；“安全堡垒”则用大大小小的轮胎堆砌而成，幼儿需徒手翻越；“隔离关”是红砖砌立的仿古文化墙的别称。

教师当导游，带领幼儿以游客身份在“安全长廊”参观“侏罗纪世界”，每个区域旁都有“公告”（即告知游客注意事项），边参观边按“公告”要求活动身体，做初步的热身运动。

2.课例事件1分析

一般幼儿园的户外体育活动，大多数是以器械训练、游戏活动为主，通常用竞争方式、角色扮演方式等来引发幼儿的兴趣和积极性，很少运用户外体育环境本身来激发幼儿积极参与的欲望。此活动因势利导，充分运用幼儿园随处可见的玩具器械，各个角落、地势、空间，再加上氛围的营造，给幼儿一种新奇感，并产生跃跃欲试的冲动。再加之给幼儿冠以游客的身份，进入园区自然要遵守园区规则，就这样，幼儿自然而然地做完了热身运动，也对游戏规则进行了大致的学习。

由此可见，创设贴近幼儿生活、具有层次性、充满童趣的情境性运动环境是激发幼儿参与运动游戏的重要因素。

在设置运动环境时，我们既要考虑各区域活动的性质和要求，又要充分考虑安全因素。我们将“沉默的火山”（投掷区）设置在场地边缘，并留出较大的区域空间，以此控制投掷方向，保持安全距离；“丛林穿越”（钻爬区）和“鳄鱼池”（平衡区）对运动空间的要求都不高，且两种活动有较大关联性，因此将这两个区域设于相邻的位置；“丛林飞跃”与“小心陷阱”（技巧区）则因地制宜设置在园区小树林上空和地面；“恐龙滑梯”（攀爬区）和“安全堡垒”（轮胎区）运动量大，需要较大的运动空间，宜与其他区域间隔一段距离，以免互相干扰。合理的区域设置是保障各区域活动有序进行的前提。

在《侏罗纪世界》活动创设中教师注意到了安全性、生态性和趣味性，投放的材料更适宜幼儿的健康成长。例如我们在户外环境的创设中巧妙地运用了丰富的南方资源，有用竹子、木头为主要材料创设的迷宫，幼儿在里面流连忘返；有因地制宜在角落里堆成的小土坡，幼儿在上面冲锋陷阵；有生活材料组成的绳网区，让幼儿充满了探索的欲望；有在小树林里架起的高低不同的绳索，让幼儿在其中上蹿下跳。今后，这里也将成为幼儿比赛的乐土。

3. 课例事件 2：拯救侏罗纪——创设具有挑战性的妙趣内容

游客正准备参观侏罗纪时，“沉默的火山”突然喷发，“侏罗纪世界”中的动物面临着巨大的危险。按照任务要求，幼儿分为红蓝两组开展“营救动物”活动，一组为“隐藏组”，即把“动物”藏到他们认为最隐蔽的地方，另一组为“营救组”。看哪一组用的办法好，留存下来的“动物”多。

活动一开始，“隐藏组”的幼儿四散开来，有的快速爬到“恐龙滑梯”上，将“动物”藏到滑梯的最高处；有的攀上樟树，将“动物”藏到树枝上。

可是，这样的隐藏手法并不高明，很容易被“营救组”的幼儿发现。

几轮游戏下来，“隐藏组”的幼儿不断调整藏匿地点，渐渐地拓宽思路。有的往草丛中藏，并用物体掩盖起来；有的利用“动物”皮毛色与“隔离关”（砖墙）颜色相近，将之藏到空洞里；有的尝试将“动物”放置在“小心陷阱”处做诱饵等。幼儿在妙趣的环境中不断地挑战自己，调节、控制自身的运动并获得成功。随着活动的持续深入，“隐藏组”的幼儿不再“单打独斗”，而是互相协作藏“动物”，如搬来木梯搭在“恐龙滑梯”上，一人扶着，一人把“动物”藏在“恐龙滑梯”不容易触及的“眼睛”部位；或一人用力扯住另一人的手以延长距离，把“动物”特别包装一番放在“最危险”的“鳄鱼池”里；或一人负责爬树，一人传递“动物”；或几人互相协作，互相抓紧帮助“丛林飞跃”并藏好“动物”……“营救组”的幼儿则要相应地合作，迎接“隐藏组”的挑战。整个活动既有挑战性，又非常刺激，妙趣无穷。

4.课例事件2分析

在体育活动过程中适当设置一些问题情景，适度创造与其年龄相适应的“困难”，让幼儿在这种富有挑战性的运动环境中，充分激发运动潜能和各方面能力，让他们在体验充满野趣的运动快乐时培养大胆勇敢、坚持到底、团结互助等品质。创设挑战性妙趣运动有如下小技巧。

1）不断调整运动情景

挑战幼儿的运动能力，教师不仅要保证运动难度的递进，还应通过调整活动环境，丰富活动情景，让幼儿不断调节、控制身体运动方式，从而顺利地进行身体活动。首先，注重活动内容的情景性。教师可赋予活动以一定的主题、角色与情节，使活动内容游戏化、趣味化，将游戏规则有机渗透在与角色、情景相对应的活动中。教师还可逐渐引入简单的竞赛性情景，渗透竞争意识，让幼儿充分体验快乐的感受。其次，要注意体育游戏的多变性。游戏自然、好玩、多变，能更好地激发幼儿的运动兴趣，培养幼儿的意志力，提高幼儿自主运动的能力，唤起他们对成功和胜利的渴望。再次，要注意材料的趣味性。游戏材料应体现简单、安全、有趣、耐玩、富有实效等特点，以吸引幼儿的注意，激发幼儿的兴趣。如游戏“营救小动物”，教师在攀爬网的不同位置上悬挂“小动物”，让幼儿攀爬一定的路程或高度营救“小动物”，这有助于培养幼儿的身体支撑能力以及克服困难、坚持到底的意志品质；又如“沉默的火山”环节，个矮的幼儿投掷有困难，教师将竹梯、木板等架设成不同高度，让幼儿设法爬上“填满火山口”，幼儿可以单独或结伴完成，有助于提高自身协调能力，培养克服困难的精神。

2）创设循序渐进的学习梯度

对幼儿运动能力的培养应融于有意识的环境创设、针对孩子的游戏需要所做的动态环境调整以及和幼儿的有效互动中去，潜移默化地影响幼儿。这就要求教师成为一个敏锐的观察者，从幼儿的视角出发理解他们的内心活动，接纳幼儿特有的感受方式、表现方式，把握他们的游戏线索，并顺应幼儿的运动流程和需要，对环境进行调整（如及时增添幼儿需要的活动材料，整理、去除环境中多余的、可能妨碍活动开展的东西等），使幼儿的活动得以拓展。如“丛林穿越”中，教师可将橡皮筋穿绕成网状，让幼儿小心穿越，以后逐步以增加网状密度、限定时间、悬挂响铃等方法，鼓励幼儿在原有基础上加快身体运动速度，提高运动质量。

5.课例事件3：玩转侏罗纪——创设多变性的乐趣活动

当“营救”“隐藏”任务告一段落，“侏罗纪世界”危险解除，游客可以继续自主参观、游玩。这一次，教师又增加投放了一些材料供幼儿使用，如便携式晾衣绳（两边有钩子）、滑板车、自行车、竹竿等。幼儿很方便地将晾衣绳的两端挂在“丛林飞跃”绳索上，通过在绳索上的距离，调整它们的高度、宽度，拉出线条，进行侧身钻、跨跳、行进跨跳、双脚跳、跳格子等活动。有的幼儿趴在滑板上快速通过“丛林穿越”，比自己匍匐节省不少时间，更有会合作者，将若干滑板和晾衣绳连接起来，变成一节节小拖车，由一人在前拉，其他人奋力用手当桨共同通关；有的幼儿在“鳄鱼池”走“独木桥”比较困难，于是用上竹竿维持身体平衡；还有的幼儿在“小心陷阱”区域用竹竿当“扫雷器”。

6.课例事件3分析

很多时候，教师的环境创设会指向最直接的目标，形成太多固定的环境与材料。开始的时候幼儿会因为新奇而感兴趣，但一旦玩熟之后，发现他们无法根据自己的想法去调整和变化，兴趣也就会慢慢地消失。因此，教师可以提供不固定的材料，给幼儿变化组合并创设新环节的机会。幼儿是通过操作游戏材料来实现游戏的娱乐功能和教育功能的，游戏材料的投放方式直接影响幼儿的游戏行为。幼儿拥有了自主权，便会有属于他们自己的有趣的运动游戏产生，从而有了充满乐趣的运动感受。

创设多变性的乐趣活动，不仅需要适宜的场地和丰富的材料，更离不开教师的观察指导。教师应注重引发和支持幼儿与材料的互相作用，鼓励幼儿自由选择多种材料进行自主创造、尝试多种玩法。将游戏的主导权交给幼儿，这就需要教师善于启发幼儿，运用横向比较和纵向深入的思维，引导幼儿进行发散思维、多向联想。

在活动进行中，幼儿分组团体合作结束后进入任务“玩转侏罗纪”。一开始，幼儿很快将教师新投入的一轮材料一抢而空，大多数幼儿选择自由独立“闯关”，可是在拿到材料后发现靠自己的力量无法很快地解决“困难”。这时，教师适时介入，在教师的启发与指导下，幼儿合作创造出了多种多样的玩法，特别是当幼儿创造的新游戏、新玩法得到教师的肯定和鼓励后，他们的创造热情更加高涨。在此过程中，幼儿聚在一起探索、思考，发展了语言及交往能力，提升了获取信息和探究问题的能力，并积累了相关的知识经验。

（三）课例中反映出的问题

从此节户外活动中儿童的反应上可以看出，儿童在园的一天本身就应富有童趣。那么“童趣”活动是如何产生的呢？大家都知道，儿童虽然弱小，但他们也是意义的创造者，是自身所处生活世界的专家；儿童能够用不同于成人的“眼睛”观察和理解自己的童年生活，实质性地参与到童年知识的建构之中。从具体的教育活动来说，“童趣”活动需要有儿童视角，对教师的要求就是在目标制定、内容选择、活动实施等方面都要沉下去倾听儿童的声音，站在儿童的立场考虑问题，使活动成为真正的“儿童的活动”。

本节活动从选题到环境布置到活动实施，“大儿童”男教师团队都是蹲下来从儿童的视角出发去设计安排，从参与者意愿来看，经历了“带我玩—我要玩—我会玩”的发展，使户外活动真正充满了“童趣”。

虽然这一群“大儿童”男教师团队分工合作配合得较好，但由于每个人发展水平不一样，对孩子的理解也不一样，还是存在一定的问题。

1. 户外体育活动材料的开发使用限制

1）活动材料使用不均衡

尽管这节户外活动涵盖了走、跑、跳、投掷、攀爬等常见的活动，但由于场地局限性和运动教育教学的课程资源培训不足，教师投放的材料应用不均衡，主要体现在悬垂类、支撑类、翻滚类、负重类活动相对缺乏，幼儿获得动作技能发展的全面性受限。

2）活动材料种类不丰富

虽然此次活动运用了大量的生活材料和游戏材料，但这些材料都基本属于直接购买的，对于废旧材料的利用率比较低。原因在于自制材料的过程比较烦琐，且不易保存，所以几乎没有教师自制材料。针对这一现象，教师以后可以留意收集一些比较安全的装修半成品材料，如各种规格的PVC水管、油漆桶、油漆滚筒刷等，这些材料都比较坚实耐用。

2. 户外体育活动教师指导能力有待提高

教师积极介入户外体育活动与游戏中，可以真正发挥户外体育游戏对幼儿的作用，达到户外体育游戏的目的。在本次活动中，教师的指导能力还存在以下需要改进的地方。

1）适宜的指导时机

教师应该在对幼儿的行为进行了充分观察的基础上再介入游戏。但是此次体育游戏活动中，参与的幼儿较多，教师观察的范围有限，不能准确地介入幼儿游戏中，只有当幼儿求助时，教师才介入游戏，导致观察者和指导者的定位不够清晰准确。

2）合适的指导方式

在户外活动中，安全是要放在首位的。所以通常情况下，教师对幼儿的行为会严格把控，限制甚至束缚幼儿的行为。这在一定程度上不利于幼儿自主性的发挥，幼儿的兴致也会因为教师的阻止，得不到充分释放。

活动中，教师在讲清游戏规则后，小朋友开始游戏，教师在一旁进行观察。蓝队小朋友起初还很认真有序地进行着游戏，但个别小朋友完全不遵守游戏规则，完全按照自己的兴趣和意愿玩。教师在观察到之后，直接说“你这样不对，刚才老师给大家介绍了规则，你看看其他小朋友和你的动作一样吗？”

在看到2个小朋友争抢自选材料自行车时，教师说：“你有没有看到自行车非常少？你和她商量一下，2个人一起玩可不可以？”

以上片段中教师虽然对户外体育游戏过程和幼儿的行为进行了指导，可是幼儿在这一过程中，不能完全按照自己的意愿玩，抑制了他们游戏的兴致。

一节有生命力的体育活动，是由教师和幼儿共同演绎的，打造“童趣活动”就要以“儿童视角”为窥视点，让幼儿园户外体育活动真实、灵活、充满挑战，从自身环境条件出发，因地制宜，巧用空间，在丰富区域游戏材料的同时，积极创设富有童趣的主题游戏，并注重指导幼儿与材料发生相互作用，鼓励幼儿大胆创意、自主创新，推进课程游戏化理念的深入渗透，同时也促进幼儿个性、能力的全面发展。

（武汉市实验幼儿园　徐艳）

附教学活动方案：

大班户外活动：侏罗纪世界

武汉市实验幼儿园　汪磊

一、设计意图

在开展我园博物馆课程活动——《恐龙世界》的过程中，我们组织幼儿开展了“共同收集恐龙资料”“恐龙分类大记录”“画画我最喜欢的恐龙”等一系列的教学活动。一段时间下来，恐龙这一离人类遥远而有魅力的生物深深地吸引了他们，许多孩子对恐龙家族如数家珍，模仿、绘画、参观博物馆已经满足不了他们的日益增长的探索需求，于是我依据幼儿的兴趣和切合主题的想法，设计了本次户外体育活动。以走进侏罗纪—拯救侏罗纪—玩转侏罗纪为活动过程，通过创设与以往不同、富有童趣的户外体育情境促进幼儿积极活动，发展幼儿的跑、跨跳、平衡、钻等综合运动能力，培养幼儿克服困难的精神及增强同伴合作的意识，让幼儿体会到游戏的乐趣并在愉悦的游戏中完成教学目标。

二、活动目标

1. 喜欢参加体育锻炼，感受身体技能运动带来的愉快体验。

2. 学习用各种攀爬方式通过障碍的方法。

3. 尝试合作解决困难，培养幼儿遇事不退缩、勇于战胜困难的信心和品质。

三、活动准备

1. 经验准备：对户外大循环活动有初步的常规行进路线规则意识。

2. 物质准备：户外场地的划分、提前布置，投放材料（自行车、小推车、便携式晾衣绳、轮胎、沙包等）。

四、活动过程

（一）走进侏罗纪

教师（导游）：今天的天气真好，请游客们和我一起去参观侏罗纪公园吧！

在“安全地带”带领小游客游览公园，根据提示牌和音乐创设情境，引导幼儿分别进行走、跑、跳、屈膝走、绕障碍走、单脚站立等热身动作。

（二）拯救侏罗纪

1. 公园里响起了警报，因“沉默的火山”突然喷发，“侏罗纪世界”中的动物面临着巨大的危险，需要马上想办法营救它们。

2. 任务要求：幼儿分为红、蓝两组开展“营救动物”活动。一组为“隐藏组”，即把“动物”藏到他们认为最隐蔽的地方；另一组为“营救组”。看哪一组用的办法好，留存下来的“动物”多。

3. 营救行动。幼儿分组进行“营救行动”，教师观察其行为，进行保护，不必过多建议。（建议活动玩2~3次）其间隙可请每队进行自我总结、自我评价。

（三）玩转侏罗纪

当“营救”任务结束，“侏罗纪世界”公园可供游客继续自主参观、游玩。

教师逐步投放高、低结构材料：脚踏车、滑板车、便携式晾衣绳、竹竿等供幼儿自由地进行游戏。

（四）结束部分

教师（导游）：“侏罗纪世界”公园参观结束，请小游客们随导游一起去下一个景点探险。

教师带领幼儿模仿恐龙的各种姿势进行放松练习，调节身心。

后　记

男教师是否可以撑起幼儿园的“半边天”一直是社会关注的焦点，但他们用自己生动的教育教学经历书写了完美的答案！我喜欢幼儿园男教师的严谨钻研、执着探索的精神，他们正努力地在专业发展领域发挥自己的优势，幼教领域正是有了这星星之火的加入，才变得更加丰富、多元且精彩。

本书汇编了二十余篇幼儿园男教师的教学活动及课例分析，这其中不仅包括来自男教师的分析，也包括女教师针对其中部分男教师的教学活动，从她们的角度出发而产生的深刻思考。经过编写人员共同努力，本书现在终于得以出版了。在此我真诚感谢武汉市教育科学研究院张汉强所长对本书编写工作的大力支持；感谢分享课例的幼儿园教师及所在园各位园长的细心指导和支持。他们分别是：武汉市实验幼儿园、湖北省省直机关第一幼儿园、武汉市东西湖区莲花湖幼儿园、武汉市常青童馨幼儿园、武汉市流芳幼儿园、武汉市汉阳区玫瑰第二幼儿园、武汉市常青童梦幼儿园。最后感谢参加编写及校对工作的高思琪及吴琳两位园长和李娟、徐艳、赵晋、李雪、赵妙等各位老师为撰写本书付出的辛勤汗水，谨此致谢！

由于时间仓促，加上研究水平不足，本书难免会存在一些不足之处，恳请专家和同行们批评指正！

张葵　陈志斌